Bibliografische Information der Deutschen Nationalbibliothek:

Die Deutsche Nationalbibliothek verzeichnet diese Publikation

in der Deutschen Nationalbibliographie; detaillierte bibliografische

Daten sind im Internet über http:// dnb.dnb.de abrufbar.

© 2016 Heinz J. Moll

Herstellung und Verlag:

BoD – Books on Demand, Norderstedt

ISBN 978-3-7412-7957-7

Dank

Allen Personen und Institutionen, die diese Publikation unterstützt haben, spreche ich hiermit meinen herzlichen Dank aus, insbesondere:

- ‚Archäologie Schweiz' und deren Zentralsekretär, Hrn. U. Niffeler
- Bernisches Historisches Museum, Frau F. Tarelli
- Herrn Dr. med. Gerold Drack, St. Gallen
- Schweizerisches Nationalmuseum, Landesmuseum Zürich, Herrn F. Müller
- Frau M. Ziehli, Mötschwil

Ganz besonders danken möchte ich an dieser Stelle meiner Ehepartnerin Esther, die mich bei den unzähligen Wochenendausflügen hin zu den Standorten aller in diesem Werk aufgeführten Grabstätten begleitet und mich dabei ‚logistisch' unterstützt hat.

Ittigen b. Bern, im September 2016   Dr. Heinz J. Moll

Inhaltsverzeichnis

Vorwort 14

1. Aarwangen 16

   1.2. Zopfe 19

2. Arch 23

3. Bäriswil 24

   3.1. Chriegsholz 24

   3.2. Mittelberg 30

4. Bannwil 30

   4.1. Bännlibode 32

   4.2. Rüchihölzli 33

   4.3. Moosbann 40

   4.4. Märgelebode 42

   4.5. Kirche/Friedhof 43

5. Bolligen 43

   5.1. Sädelbach 43

   5.2. Grauholz-Forsthus-Egg 44

6. Diemerswil 45

7. Dotzigen 48

8. Erlach-Jolimont 49

9. Ersigen 52

10. Fraubrunnen 53

10.1 Binelwald 53

10.2 Grafenried - Vorderer und hinterer Eichsberg 54

11. Frauenkappelen 55

12. Grossaffoltern 57

12.1. Äsche(r)te 58

12.2. Rumihubel 61

12.3. Chaltebrünne-Ischlag 62

12.4. Chrummen- bzw. Vorimholz-Ischlag 63

12.5. Reueberg / Gärbi-Ischlag 64

15. Herzogenbuchsee 70

15.1. Oberwald 70

15.2. Oberönz – Aspi 71

15.3. Oberönz – Solachere 72

16. Ins 73

17. Jegenstorf 83

17.1. Hurst – Holzmühle 83

17.2. Scheunen 88

18. Kallnach 90

19. Kernenried 99

20. Kirchlindach 101

20.1. Büelwald 101

20.2. Eigenächer 102

20.3. Niederlindach 102

20.4. Jetzikofen – Vorhölzli 103

21. Koppigen 104

22. Langenthal 106

22.1. Unterhard 106

22.2. Kirchenfeld - Geissbergweg 115

23. Laupen 115

24. Leuzigen 116

24.1. Lerchenberg 117

24.2. Tannen-Ischlag 117

24.3. Heidenmoos („Heidi") 118

24.4. Burg 118

25. Lüscherz 119

26. Lyss 120

26.1. Dreihubelwald 120

26.2. Kreuzwald 121

26.3. Bannholz 121

27. Lyssach 122

28. Meikirch-Grächwil 130

29. Mötschwil 145

30. Mühleberg 149

30.1. Obereiberg 149

30.2. Unghürhubel ... 150

31. Münchenbuchsee ... 163

31.1. Bäreriedwald ... 163

31.2. Limbärgete ... 165

32. Muri BE ... 166

33. Neuenegg ... 167

33.1. Schönenbrunnen ... 168

33.2. Stoosesbode ... 169

33.3. Landstuhl ... 171

33.4. Hinteres Wydenholz ... 173

34. Niederbipp ... 174

34.1 Dörisrain (Dürrisrain) ... 175

34.2 Im Egg ... 175

34.3 Rütihof ... 176

34.4 Tubebode ... 176

35. Niederönz ... 177

36. Orpund-Zihlwil ... 178

37. Rapperswil - Bittwil ... 180

38. Safnern ... 181

39. Schalunen ... 182

40. Schüpfen ... 184

40.1. Stockere – Hindere Ischlag ... 184

40.2. Schwandeberg – Bäreriedwald 185

41. Seeberg 185

41.1. Eichi 185

41.2. Chräjeberg 186

42. Seedorf 187

42.1. Frienisberg-Staatswald 187

42.2. Ischlag 188

43. Stettlen-Deisswil 190

44. Thunstetten – Bützberg 193

44.1. Hard-Tannwäldli 193

44.2. Weissenried 196

45. Urtenen-Schönbühl 202

45.1. Sand und Rödelberg 202

45.2. Buebeloo-Chrache 207

46. Vechigen-Sinneringen 209

47. Walliswil bei Niederbipp 210

48. Wiedlisbach 211

49. Wohlen 212

49.1. Buechwald 212

49.2. Murzelen-Büelhölzli 213

50. Worb-Richigen 219

50.1. Richigen-Buechliwald 219

50.2. Richigen-Stockere 221

50.3. Vielbringen 226

51. Wynau 228

52. Wynigen-Bickigen...229

53. Zollikofen 230

Abkürzungen:

ADB	Archäologischer Dienst des Kantons Bern
AKBE	Archäologie im Kanton Bern
AS	Archäologie Schweiz
[Alt. uns. heidn. Vorz.]	„Alterthümer unserer heidnischen Vorzeit" (Lindenschmit, Ludwig; Mainz, Band 1: 1858, Verlag: von Zabern)
BHM	Bernisches Historisches Museum
JbBHM	Jahrbuch des Bernischen Historischen Museums
JbSGUF	Jahrbuch der Schweizerischen Gesellschaft für Ur- und Frühgeschichte
Jh.	Jahrhundert
JRGZ	Jahrbuch des Römisch-Germanischen Zentralmuseums Mainz
LK	Landeskarte
MAGZ	Mitteilungen der Antiquarischen Gesellschaft Zürich
Pl. /pl.	Planche (fr.)
SGFU	Schweizerische Gesellschaft für Urgeschichte
URL	Uniform Resource Locator (identifiziert und lokalisiert eine Ressource)

Literatur, Quellenangaben:

Der besseren Les- und Auffindbarkeit halber werden die Literaturquellen zusätzlich zum Gesamtverzeichnis am Schluss immer gleich anschliessend an die jeweiligen Original-Zitate (diese jeweils in „Anführungs- und Schlusszeichen" gesetzt) oder anderen Wiedergaben von Informationen in eckigen Klammern [ ] aufgeführt.

Ausschnitte aus topographischen Karten und Darstellungen mit 3D-Reliefschattierung:

Sämtliche Karten-Reproduktionen sind reproduziert mit Bewilligung von swisstopo (BA160202)

Vorwort

Die Region Bern war in der Eisenzeit offensichtlich eines der bevorzugten Siedlungsgebiete der Kelten und von deren Vorfahren: Die vielen Fundstellen von Gräbern aus der Hallstatt- und der La Tène-Periode lassen darauf schliessen, dass keltisch-stämmige Menschen in der Landschaft rund um die heutige Bundeshauptstadt gelebt und in ihrem Lebensraum auch ihre Verstorbenen begraben haben.

Verschiedene Autoren haben die Funde, die zu einem guten Teil schon vor mehr als 100 (teilweise sogar 150) Jahren gemacht wurden, in der damaligen Fachliteratur beschrieben. Das vorliegende Werk zitiert die ersten Fundberichte, die heute noch zu finden sind.

Leider sind die zahlreichen Fundstätten grösstenteils in Vergessenheit geraten und sind bei der zeitgenössischen Bevölkerung daher kaum mehr bekannt. Ziel der vorliegenden Publikation ist es daher, die Existenz der in ihrer Gesamtheit als sehr eindrücklich, ja sogar faszinierend und archäologisch äusserst wertvoll zu bezeichnenden Fundstätten und –objekte wieder in Erinnerung zu rufen und dazu zu animieren, diesen zum Beispiel im Rahmen eines Spaziergangs oder einer Wanderung einen Besuch abzustatten. So habe ich es mir nicht nehmen lassen, alle in diesem Buch erwähnten Fundstellen persönlich zu besichtigen und mir so einen Eindruck vor Ort zu verschaffen.

Lehrpersonen von Sekundar- und Fachmittelschulen sowie von Gymnasien möchte ich animieren, auf der Grundlage dieses Buches die Ur- und Frühgeschichte im Grossraum Bern zu thematisieren: Durch Exkursionen zu den nahe gelegenen Grabstätten unserer Vorfahren kann der Geschichtsunterricht direkt im Gelände und damit sehr anschaulich durchgeführt werden.

Die Aufzählung der Grabstätten erhebt keinen Anspruch auf Vollständigkeit, da sie einerseits geografisch nicht exakt begrenzt ist („nördlicher Teil" des Kantons Bern) und der Autor andererseits überzeugt ist, dass noch eine ganze Reihe von eisenzeitlichen Grabstätten ihrer Entdeckung harren.

Die Fundorte (Namen der jeweiligen politischen Gemeinde) werden in alphabetischer Reihenfolge behandelt. Für die Flur- und Siedlungsbezeichnungen werden die heute gebräuchlichen Ortsnamen verwendet, wie sie auch von der swisstopo in den Landeskarten der Schweiz aufgeführt werden.

Bei der Umschreibung der einzelnen Fundstellen werden zu einem grossen Teil Ausschnitte aus Publikationen zitiert, die älter als 100 Jahre alt und deswegen nicht ohne weiteres zugänglich sind.

Ausgewählte Stellen aus Publikationen über die Funde bei den Ausgrabungen der jeweiligen Tumuli weisen die Interessierten auf weiterführende Literatur hin, wo detaillierte Informationen in Wort und Bild zu finden sind.

Um der/dem Lesenden eine Vorstellung darüber zu geben, aus welchem Zeitalter die im Folgenden präsentierten Grabstätten stammen, seien an dieser Stelle kurz die entsprechenden Zeiträume mit deren Bezeichnungen in Erinnerung gerufen:

Die Mitteleuropäischen Eisenzeit ist von den Forschenden für Ur- und Frühgeschichte in folgende Abschnitte eingeteilt worden (*):

Hallstattzeit	Ha C	800-620 v. Chr.
	Ha D1-D3	620-450 v. Chr.
Latènezeit	LT A	450-380 v. Chr.
	LT B	380-250 v. Chr.
	LT C	250-150 v. Chr.
	LT D	150-15 v. Chr.

(*) Daten aus der Zeittafel in „*Die Welt der Kelten*. Zentren der Macht. Kostbarkeiten der Kunst." Verlag Thorbecke; S. 524f (2012)

So eröffnet sich der/dem Lesenden in diesem Buch eine Welt, die mindestens 2000, zu einem guten Teil sogar gegen 2800 Jahre alt ist.

Ich hoffe, mit diesem Beitrag zur Urgeschichte der Region Bern eine Art „Renaissance" der Interessen für die eindrücklichen Grabstätten in die Wege leiten zu können, die unsere Vorfahren errichtet haben.

Der Autor

1. Aarwangen
1.1. Spichigwald-Moosberg

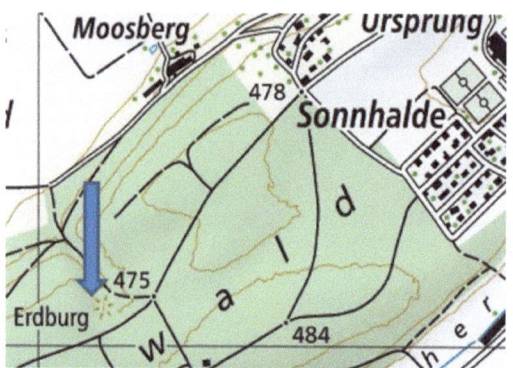

Abb. 1 Die Lage des Grabhügels im Spichigwald, Gemeinde Aarwangen

„Auf der sanften Anhöhe, welche sich im Westen von Aarwangen, gleich hinter der so genannten Oberstadt, erhebt und sich bis nach Berken und Wangen parallel mit der Aare hinzieht (eine der schönst ausgeprägten Längsmoränen des alten Rhonegletschers), liegt der prächtige Tannenhochwald der Burgergemeinde Aarwangen, nach dem am Fuss gelegenen Hof Moosberg der Moosbergwald benannt. Auf einer vor zwei Jahren geschlagenen Parzelle an der Kante des sanften Abfalls des Moränenhügels gegen das flache, an die Aare stossende Feld, jetzt auf nicht bewaldetem Bergrücken stehend, weithin sichtbar, einige Meter westlich des Leutzegrabens, stand ein trefflich erhaltener Grabhügel, der noch von Grabungen unberührt schien. Früher mit mächtigem Hochwald bestanden, war derselbe ausgestockt worden. Es liess sich jedoch trotzdem eine schöne Ausbeute in der Tiefe erwarten und mit grossen Hoffnungen ging ich mit derselben Mannschaft unter der Leitung des Oberbannwartes J. Marti an die vom Burgerrat von Aarwangen in entgegenkommendster Weise gestattete Ausgrabung und Abtragung des von zweijährigem Aufwuchs, welcher versetzt worden war, entblössten Hügels. Derselbe mass von Nord nach Süd: 16 m, von Ost nach West: 18 - 18½ Meter, war also auch, wie der grosse Brandhügel im Zöpfen von elliptischer Form. Auch er schien gegen Osten, mehr aber noch gegen Norden, wo er dicht am Abhang liegt, sehr abgeschwemmt zu sein. Die Höhe betrug 1,60 bis 1,90 m, war aber schwer zu bestimmen, da der Tumulus zum Teil noch auf dem Abhang selbst lag und daher der Naturboden selbst von Norden nach Süden sanft ansteigt.

Montag, den 17. September 1900 fingen wir die Arbeit an der nördlichen und westlichen Peripherie des Tumulus an, in gleicher Weise wie bei den Hügeln im Zöpfen, dem Naturboden eben vorgehend, auf die ganze Höhe abstechend und die Erde rückwärts werfend. Mit Spannung erwarteten wir den Fund eines Steinkranzes, aber bald müssten wir uns überzeugen, dass wir es hier abermals mit einem Brandhügel vom Typus derer im Zöpfen zu tun hatten. Sehr bald zeigte sich dieselbe feine, gelbbraune, sandige Erde ohne alle Steine und die graue Aschenerde (der Zieger) mit Kohlenpartikeln durchsetzt. Der erste Tag brachte im NNW vom Zentrum im

Nordwestquadrant, 7,20 m vom Zentrum, in kaum 70 cm Tiefe die schmale Klinge eines eisernen Messers zum Vorschein. Griffzunge abgebrochen. Länge 11 cm, Breite der Klinge 12 mm. Merkwürdigerweise brachte derselbe Graben in genau entgegengesetzter Richtung im NNO, also im Nordostquadrant, 8,50 m vom Zentrum, und in ungefähr gleicher Tiefe liegend, ein zweites kleines eisernes Messer zum Vorschein. Es ist stark ausgeschweift, mit kurzer, dreieckiger Griffzunge, Spitze abgebrochen. Länge 9 cm, Breite der Klinge 15—18 mm. Beide lagen in Aschenerde mit spärlichen Kohlenschmitzen.

Abb. 2 Der Hügel in der Nähe der Erdburg im Spichigwald, Gemeinde Aarwangen (Foto: H. Moll)

Die Aschenerde nahm zu. Stellenweise kamen lagenförmige, grössere Rostpartien zum Vorschein, aber das Eisen war zergangen. Auch konnte ich hier keine rote Brandschicht (gebrannten Lehm) über dem allmählich ansteigenden Naturboden konstatieren. Auch Scherben von Gefässen waren äusserst spärlich; nichts als grauer sandiger Zieger. Endlich fand sich im NN-Westen vom Zentrum (zirka 7 m) und im Norden (6,20 m), Nordwestquadrant und Nord-Südlinie: je ein feingearbeiteter aber zerbrochener Silexspan, und endlich kam genau im Westen und 6,40 m vom Zentrum, auf der Ost-Westlinie: ein prächtig blau patiniertes Ringlein aus doppeltem Bronzedraht (Fingerring von 18 mm hohler Weite) zum Vorschein, Tiefe 60 cm. In dem Südwestquadranten fand sich in 3,50 m vom Zentrum, in 80 cm Tiefe, ein roh zugeschlagener, plattenförmiger Silexstein, kreisrund, eine Seite leicht ausgehöhlt (wahrscheinlich ein Untersatz für ein Tongefäss [zum Wärmen?]), Durchmesser 10 cm; Dicke 25-30 mm. Endlich, nachdem wir von allen Seiten gegen das Zentrum vorgerückt waren, wo die reine Aschenerde einen Meter hoch lag, fanden wir am Montag, den 23. vormittags, 1 m im NNO vom Zentrum (Nordostquadrant), in 1 m Tiefe, die vollständig erhaltenen zusammen liegenden Stücke einer flachen Schale aus feinem, graubraunem Ton (Speiseopferschale), Durchmesser am oberen Rand 20 cm, des flachen Bodens 5 cm, Höhe 55 mm.

An demselben Nachmittage fanden wir in der Nähe der Schale (gegen NNO) einen Feuersteinsplitter und, genau im Zentrum (unter unserm Zentralpflock), genau in gleicher Tiefe wie die offene Schale (1 m), mitten im Zieger: ein wohlerhaltenes, kleines, schön ausgeschweiftes, eisernes Messer. Der Rücken ist geschweift, die Schneide stark ausgeschweift, Spitze abgerundet, Griffzunge dreieckig. Es hat dieses Stück noch ganz die Form der Bronzemesser der späten Bronzezeit. Länge der Klinge 82 mm, Breite derselben über der abgebrochenen Griffzunge 3 cm, in der Mitte derselben 2 cm. Und nun kam zu guter Letzt auch die zentrale Aschenurne zum Vorschein, 60 cm südöstlich von unserm angenommenen Mittelpunkt, in 1,20 m Tiefe, mitten in reinster Aschenerde. Die Bruchstücke lagen alle aufeinander gedrückt und erst beim Zusammensetzen und Ergänzen ergab sich die schöne Form derselben.

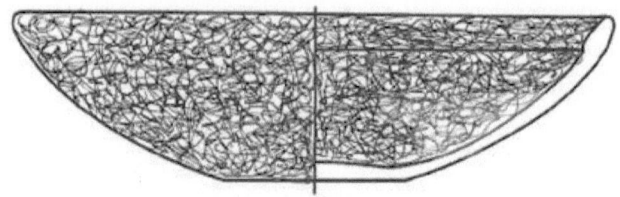

Abb.3 Schale aus grauem, feinem Ton, Oberfläche braun, zusammengesetzt. [1]

Sie hat die typische birnförmige Gestalt mit kleinem flachem Boden, nach oben sich erweiterndem Bauche. Zwischen Bauch und Hals geht eine starke, schnurförmige Leiste zur Verstärkung um das Gefäss herum (auf der so genannten Schulter). Die Dimensionen dieser Prachtsurne sind: Höhe 38 cm; oberer Umfang des Bauches 127 cm; Durchmesser der Halsöffnung 18 cm; Höhe des abstehenden, ausgeschweiften Mundrandes 38 mm; Abstand der Verstärkungsleiste vom Mundrand 10 cm; Durchmesser des flachen Bodens 15 cm.
Diese Urne ist aus feinerem geglättetem Ton gearbeitet, als die im Zöpfen Nr. IV und von schokoladebrauner Farbe.

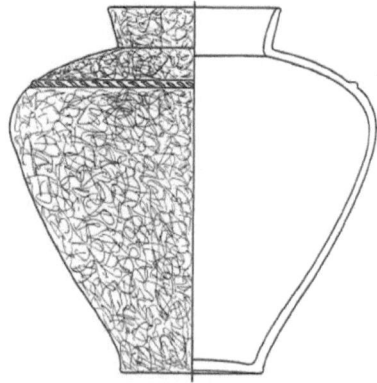

Abb. 4 Urne aus feinem, leicht gemagertem Ton, mit ausladender Bauchung, aussen braungelb, auf der Schulter schnurartig verzierte Tonleiste. [1]

[1] Drack Walter, Ältere Eisenzeit der Schweiz, Kanton Bern, III. Teil, S. 5 und Tafel 4 (1960)

Rekapitulation: Auch der Moosberg-Tumulus gehört, wie Zöpfen Nr. II und IV zu den Brandhügeln ohne Steinkranz und Steinsetzung. Er besteht aus Aschenerde (Zieger) mit zentraler Urne, begleitet von der flachen (Speise-) Schale, einigen Beigaben (hier eisernes Messer) und den nirgends fehlenden Silexmessern oder -Sägen (Schabern). Ausserdem finden sich einige Beigaben zerstreut (hier zwei Messer und ein Bronzedraht-Fingerring), lauter Beweise eines einheitlichen Verfahrens in den Bestattungsgebräuchen einer einzelnen Gegend und während einer bestimmten Zeitepoche, immerhin jedoch modifiziert durch Varianten und charakterisiert durch Beigaben von einem bestimmten chronologisch sicher festzustellenden Typus." [2]

[2] Wiedmer-Stern Jakob, Archäologisches aus dem Oberaargau, im Archiv des Historischen Vereins des Kantons Bern, Band 1, Heft 2, S. 389ff (1903-1904)

1.2. Zopfe

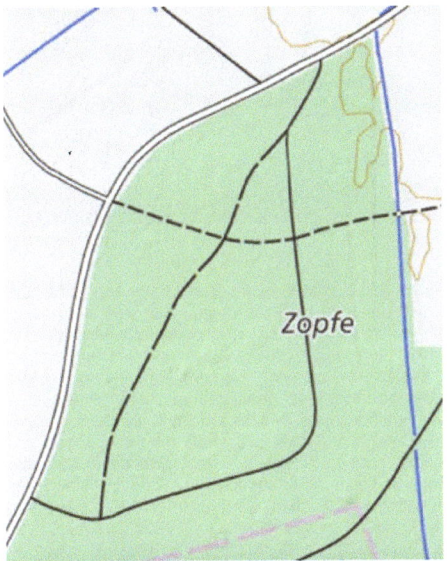

Abb. 5 Das Waldgebiet „Zopfe", Gemeinde Aarwangen, wo gemäss [3] fünf Grabhügel liegen.

„Aus dem Gebiete der eigentlichen Ortschaft (Aarwangen; Anm. des Autors) ist nichts von archäologischen Fundstücken bekannt geworden; desto reicher sind die Ergebnisse aus einigen in dem zwischen Aarwangen und Bützberg sich hinziehenden Walde gelegenen Grabhügeln. Eine Gruppe derselben liegt im Oberhard, im sogenannten Zöpfen, ein einzelner mächtiger Tumulus im Moosberg. Schon Jahn erwähnt jene Gruppe im Abschnitt Langenthal-Oberhard und berichtet von einigen Funden, die von Schatzgräbern bereits hier gemacht worden, meldet aber, dass seine Nachforschungen bei zwei Hügeln im Oberhard (i. e. Zöpfen) resultatlos verliefen.

Im Jahre 1899 nahm Dr. E. von Fellenberg auch diese Gräber systematisch in Angriff. Er schreibt darüber in den Jahresberichten des bernischen historischen Museums von 1899 und 1900 wie folgt:

„ ...Von einer Abtragung der Grabhügel im Burgerwalde „Zöpfen" bei Aarwangen musste bis zum Frühjahr 1899 abgesehen werden, da ein prächtiger, hochstämmiger Tannenwald darauf stand. Im Herbst 1898 und Winter 1898/1899 wurde dieser Hochwald gefällt und sogleich dem Museum mitgeteilt, es liesse sich jetzt am besten eine Ausgrabung der Hügel vornehmen. Glücklicherweise lösten sich, sowohl bezüglich der Hügel im Weissenried, als auch der im Burgerwald bei Aarwangen stehenden, im Frühjahr 1899 alle Schwierigkeiten, und konnte die wichtige Vervollständigung der systematischen Untersuchung in der dortigen Gegend an die Hand genommen und sogleich durchgeführt werden, worüber hier nur in kurzer, summarischer Bericht folgen möge.

Abb. 6 Einer der Grabhügel im „Zopfe" bzw. „Zöpfen" (Foto: H. Moll)

Zöpfen Nr. 1, ebenfalls hervorragend durch gute Erhaltung und namhafte Höhe und anscheinend intakt, war schon seit langem bekannt durch eine auf demselben wachsende Baumgruppe, nämlich durch vier auf ein- und demselben Riesenstock wachsende Tannen. Jede dieser aus demselben Stocke, hoch und schlank, emporragenden Rottannen war von Mannesdicke und noch alle vier kerngesund. Da der Wald, aus lauter solchen Prachttannen bestehend, schlaggreif war, wurden dieselben im Jahre 1898 gefällt, hingegen der merkwürdige Wurzelstock, aus welchem die vier Tannen emporgewachsen, wurde im Interesse der Wissenschaft und als Kuriosität von der Burgergemeinde Aarwangen geschont und, weil auf dem Grabhügel stehend, doppelt interessant, dem historischen Museum in Bern geschenkt mit dem Wunsche, es möchte der Stock in den Anlagen des botanischen Gartens oder des historischen Museums als Sehenswürdigkeit und Merkwürdigkeit aufgestellt werden. Wir übernahmen gerne das Geschenk, da durch Herausnahme des Riesenstocks das Innere des Grabhügels sogleich blossgelegt wurde und unter dem Stock Fundstücke erwartet werden durften. Es erforderte allerdings drei volle Tage Arbeit mit je 6 Mann, um den Riesenstock auszugraben und aus der Grube zu wälzen. Der Transport direkt aus dem Wald per Landstrasse nach dem historischen Museum war auch keine kleine Sache. Es gelang jedoch, ohne Unfall, das 75 Zentner schwere Ungetüm in sehr günstiger Weise und von allen Seiten sichtbar, in der südlichen Anlage des Museums aufzustellen.

Erst jetzt sieht man deutlich, dass es ursprünglich vier dicht aneinander stehende Tannen waren, deren Wurzeln sich so gegenseitig umschlangen, dass sie zuletzt zusammenwuchsen und ein einziger, mächtiger Stock daraus wurde. Unsere Hoffnung, unter dem Wurzelstock in der Tiefe eine Steinsetzung oder Urne oder noch mehr zu finden, wurde einigermassen getäuscht, wie denn das Resultat der ganzen Ausgrabung des Hügels quantitativ ein geringes, allerdings qualitativ ein überraschendes war. Schon beim Umgraben und Abhauen der Wurzeln fanden sich auf der Süd- und Westseite unter und in dieselben eingewachsen, zahlreiche grössere Urnenbruchstücke, anscheinend von einer grossem Urne aus sehr rohem Material und mit viel Quarzsand gemischt. Ich dachte an nichts anderes, als dass wir hier die zentrale Aschenurne gefunden hätten. Allerdings kamen auch Bruchstücke kleinerer Schalen vor, von weit feinerer Arbeit. Jedoch auch nach Herausnahme des ganzen Stocks, wodurch ein Loch von 3 Meter Durchmesser und 1 ½ Meter Tiefe im Hügel entstand, zeigte sich am Boden und an den Wänden lauter feine, mit Asche und Kohle untermengte sandige Erde, jedoch keine Spur einer Steinsetzung. Aber auch, nachdem wir den zentralen Schacht bis zur äussersten Peripherie des Hügels erweitert hatten, fand sich nichts vor als feine Erde, noch hie und da von Kohlen-partikeln durchsetzt, welch letztere allmählich nach der Peripherie zu ganz aufhörten, jedoch keine Spur einer Steinsetzung oder eines Steinkranzes oder einzeln stehender „Merksteine". Erst nachdem der Riesenstock entfernt war, wurde es möglich, die Dimensionen des Grabhügels genau zu bestimmen: Durchmesser von Nord nach Süden: 15 m; von Ost nach West: 14 m und die Höhe 1,70 m. Dann wurde auch der Mittelpunkt des Hügels bestimmt und es fand sich, dass die Riesentanne nordöstlich vom Mittelpunkt gewachsen war. Die Dimensionen wurden nun vom abgesteckten Mittelpunkt aus gemessen. Ausser den oben erwähnten Urnenscherben fand sich unter und neben dem Stock nichts vor, wohl aber stiessen wir noch 50 cm tiefer als der Stock auf einen uralten mit faulem Laub und Gras sauber ausgepolsterten Dachsenkessel, dessen Röhre weit ausserhalb des Grabhügels zutage getreten sein muss, aber offenbar längst verschüttet war.

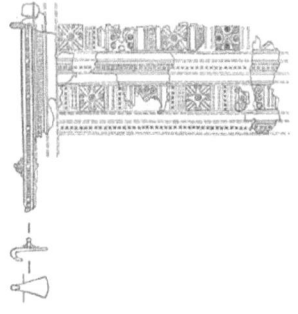

Abb. 7 Gürtelblech aus Aarwangen [3]

[3] Drack Walter, Die Gürtelhacken und Gürtelbleche der Hallstattzeit aus dem schweizerischen Mittelland und Jura, im Jahrbuch der Schweizerischen Gesellschaft für Ur- und Frühgeschichte, Band 54, S. 26 und 48 (1968-69)

Überraschend, wie oben gesagt, waren nun endlich die wenigen Funde, die gemacht wurden. Nur 70 cm südlich vom Rande des Stockes und 75 cm vom Mittelpunkt entfernt, fand sich eine 10 ½ cm lange, prächtig gearbeitete Feuersteinsäge. Die innere Seite der Schneide ist fein gezähnelt, leicht geschweift, während die Rück-seite als vierkantige Leiste zugeschlagen ist und sehr bequem in die Hand passt. Der Stoff ist mattgrauer, feiner Feuerstein und die Arbeit eine äusserst sorgfältige. Näher am Mittelpunkt (zirka 50 cm) fand sich ein grösseres Stück des Randes einer grossen Urne

aus grobem kieseligem Ton. Der Urnenrand ist breit, stark ausladend; um den obern Teil des Bauches läuft eine schnurförmige, rohe Verstärkungsleiste.
Dieses Urnenbruchstück weist ganz sicher auf eine spätere Epoche, als die der Steinzeit, aus welcher die übrigen Funde stammen, hin. Die übrigen Urnenbruchstücke lagen näher an oder teilweise unter dem Stock. Noch auffallender war der Fund eines Steinkeiles aus Serpentin, von dreieckiger Form, um und um geschliffen,
die Schneide schartig, ziemlich verwittert. Derselbe lag in der puren Aschenerde (Zieger) über dem Naturboden, in 7,80 m Entfernung nach Süden, vom Mittelpunkt aus gemessen, in 1,20 m Tiefe. Endlich fand sich in 3 m Abstand vom Mittelpunkt, in südsüdwestlicher Richtung und in der feinen Aschenerde, in ungefähr einem Meter Tiefe, eine sehr fein gearbeitete Pfeilspitze aus weissem, milchquarzähnlichem Feuerstein. Weiter fanden sich durchaus keine andern Artefakte vor und doch wurde der ganze Hügel ausgegraben bis zur äussersten Peripherie, wo jede Spur von Asche und Kohle aufhörte.

Wir haben also hier das höchst wichtige Resultat, ein Brandgrab (denn ein solches war der Tumulus) aus der Steinzeit konstatiert zu haben, denn keine Spur von Metall fand sich vor, dagegen drei Steinartefakte. Es bildet dieser Hügel somit ein Analogon zu dem in den 70er Jahren von Herrn Custos E. von Jenner ausgegrabenen Brandgrab bei Niederried unweit Aarberg, in welchem schon früher die merkwürdigen Steinwerkzeuge ganz eigener Form, namentlich das wundervolle Chloromelanit-Prunkbeil, herrlich geschliffen und nie gebraucht (eine Zierde unserer Sammlung) gefunden worden waren. Ganz ähnlich wie Herr E. von Jenner im Niederried haben auch wir in Hügel I im Zöpfen keine Steinsetzung, keinen Steinkranz oder Steinkern finden können, wohl aber über dem Naturboden eine mächtige Schicht von Asche und Kohlen durchmengter Erde (sogenannter Zieger), die sich in der Mitte des Hügels bis zur Höhe von 70 — 80 cm erhob." [4]

Wiedmer-Stern beschreibt dann in seiner Publikation auch die übrigen vier Ausgrabungen bei den fünf Tumuli im „Zopfe" ausführlich.

[4] Wiedmer-Stern Jakob, Archäologisches aus dem Oberaargau, im Archiv des Historischen Vereins des Kantons Bern, Band 1, Heft 2, S. 364ff (1903-1904)

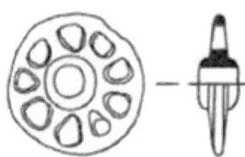

Abb. 8 Kleine, runde Zierscheiben aus massiver Bronze gemäss [5]. Gefunden im Grabhügel IV im Burgerwald «Zöpfen» bei Aarwangen BE, 1899.

„Grabhügel im Zopfen-Wald, 1899. Kleine, runde Zierscheibe aus massiver Bronze, nabenähnlich geformt, mit verdickter Mittelpartie, und von 9 Löchern durchbrochen. Abseits von den übrigen Funden nahe der Grabhügelperipherie entdeckt.
- Museum : BHM Bern.
- Literatur: W. Drack 1960, 3 bzw. Taf. 2, 30" [5]

[5] Drack Walter, Anhängeschmuck der Hallstattzeit aus dem schweizerischen Mittelland und Jura, im Jahrbuch der Schweizerischen Gesellschaft für Ur- und Frühgeschichte, Band 53, S. 33 und 54 (1966-67)

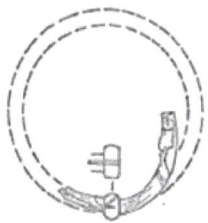

Abb. 9 Fragment aus dem Grabhügel III im „Zopfen", gemäss [6]

Kleines Fragment mit grossem Waldrebenstück, auf der Aussenseite grosses Augenmuster eingraviert.

Grabhügel III im Zopfen(wald), 1899. - Mitfunde nicht mehr ganz genau auszumachen, dabei aber Certosafibeln.

Museum: BHM Bern. - Literatur: W. Drack 1960, 2ff. und Taf. 2, 33." [6]

[6] Drack Walter, Zum bronzenen Ringschmuck der Hallstattzeit aus dem schweizerischen Mittelland und Jura, im Jahrbuch der Schweizerischen Gesellschaft für Ur- und Frühgeschichte, Band 55, S. 72 und 83 (1970)

2. Arch

Abb. 10 Der Grabhügel auf dem Gemeindegebiet von Arch (Foto: H. Moll)

„Anlässlich einer Geländebegehung im Frühsommer 1961 konnte bei LK 1126, 600'175/222'475 ein neuer Grabhügel festgestellt werden. Der Hügel hat einen mittleren Durchmesser von etwa 25 m und eine Höhe von annähernd 2m. JbBHM 41/42, 1961/62, S. 436 (Hans Grütter)." [7]

[7] Jahrbuch der Schweizerischen Gesellschaft für Urgeschichte, Band 51, S. 103 (1964)

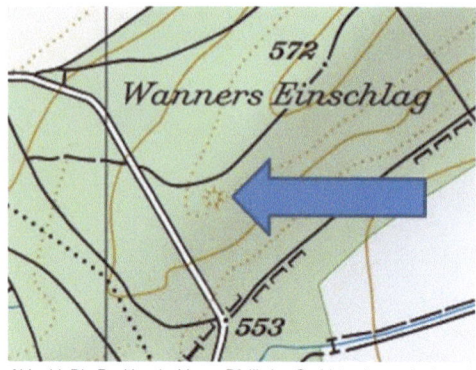

Abb. 11 Die Position (s. blauer Pfeil) des Grabhügels von Arch, nahe der Kantonsgrenze Bern-Solothurn.

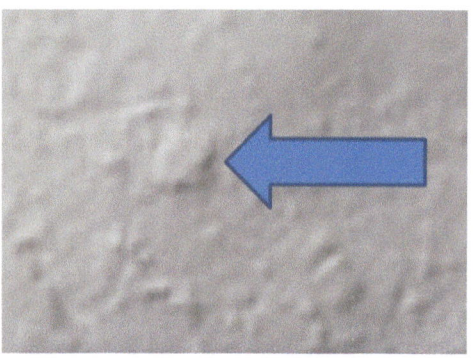

Abb. 12 Die Form des Tumulus (s. blauer Pfeil) ist auch mit der 3D-Reliefschattierung gut erkennbar.

3. Bäriswil

3.1. Chriegsholz

Im Jahresbericht der Schweizerischen Gesellschaft für Urgeschichte von 1908 wird Folgendes berichtet:

„Von Sädelbach wurde dann eine Gruppe Grabhügel im Burgerwalde von Bäriswil, im sogen. „Kriegholz" in Angriff genommen. Während die Hügel 1 und 2 (s. Plan Fig. 9) keine nennenswerten Beigaben enthielten und eigentlich nur starke Steinsetzungen konstatiert werden konnten, ergaben Nr. 3 und 4, nahezu ein Zwillings-hügel, interessante Resultate. Vor allem ist zu erwähnen, dass vor Nr. 3 ein Doppelgraben sich hinzieht, der mindestens gleichaltrig mit dem Hügel sein muss,

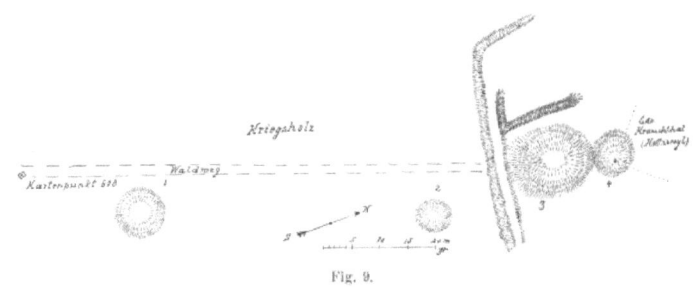

Fig. 9.

Abb. 13 Die Skizze (Figur 9.) der Tumuli von Bäriswil-Chriegsholz von J. Wiedmer-Stern in den Blättern für bernische Geschichte, Kunst und Altertumskunde (1909) [8]

da dessen Mantel deutlich in das Erdwerk hineinreichte. Hügel Nr. 3 und 4 waren förmlich aus Findlingsblöcken aufgeschichtet, zwischen welchen die Beigaben oft tatsächlich eingekeilt lagen. Asche und Kohle durchsetzten die Aufschüttung bis fast an die Oberfläche; bei beiden fanden sich ziemlich im Zentrum und nur 20-30 cm über dem Naturboden über einen kleinen Raum hin zerstreut kalzinierte Splitter von menschlichen Knochen. An Beigaben fanden sich in Hügel Nr. 3, Gruppe a: Ein kleines rohes Töpfchen und zwei offene, schmale Armringe, flach, deren Aussenseite durch zwei Parallelreihen eingepunzter runder Punkte verziert ist. Gruppe b: Zwei eiserne Lanzenspitzen, ein grosser bronzener Gurthaft ohne Verzierungen, eine hübsche Bronzenadel mit Scheibe, eine unverzierte Urne mit kleinem Schälchen im Innern, ein Näpfchen und ein glatter Teller, auf dem ein eisernes Messer querüber lag. Die beiden Depots waren deutlich gesondert und es ist wohl kaum gewagt, anzunehmen, die Gruppe a begreife die Beigaben für ein Kind, die Gruppe b diejenigen für einen Mann in sich.

Reicher noch war das Ergebnis aus Hügel Nr. 4: Zwei ziemlich gut erhaltene sogenannte Tonnenarmwulste, zwei Armgarnituren, bestehend aus je über 50 einzelnen offenen Ringen aus dünnem Bronzedraht; alle sind nach den Enden hin verjüngt, die meisten auf der Aussenseite schraffiert; ein glatter, offener Halsring, drei Paukenfibeln, drei menschliche Zahnkronen, durch Oxyd grün verfärbt (s. darüber den vorstehenden Bericht über die Ausgrabung im Forst 1905), ein unverzierter Gürtelhaft aus Bronze, zwei grosse Ohrringe mit profilierter Aussen-seite, drei flache schmale Armringe und ein Gürtelblech aus Bronze mit gepunzten Ornamenten. Wie üblich ist das für die Ornamente bestimmte Rechteck in horizon- tale Zonen geteilt, die abwechselnd mit Streifen von Svastika, gekreuzten Linien und Punkten besetzt sind. - Die Beigaben weisen die Errichtung der Hügel in die spätere Hallstattzeit; festgestellt sei auch hier, dass in den Tonnenarmwulsten noch die (unverbrannten) Vorderarmknochen stacken. Leider hatte der Hügel Nr. 4 durch frühere Reutarbeiten etwas gelitten; das nahe der Oberfläche eingebettete Gürtelblech besonders war dabei mitgenommen worden. Doch liess sich auch die Unterlage gut erkennen und zum Teil ebenfalls erhalten. Das Blech lag auf dünnem Leder und dieses hinwiederum auf einem mit ganz feinen, in Reihen sitzenden

Bronzeknöpfchen durchwirkten Gewebe. Zuunterst lag ein Holzbrettchen. Der früheren Beschädigung ist wohl auch das Fehlen der Keramik in Hügel Nr. 4 zuzuschreiben*).
*) Gefl. Bericht unseres Präsidenten, Direktor Wiedmer in Bern." [8]

[8] Jahrbuch der Schweizerischen Gesellschaft für Urgeschichte, Band 1, S. 45ff (1908)

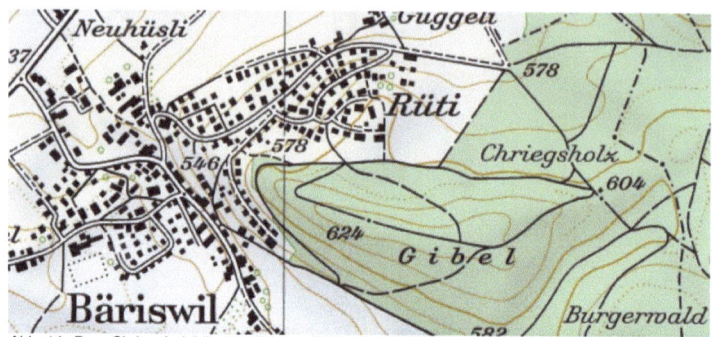

Abb. 14 Das „Chriegsholz" liegt östlich von Bäriswil, auf einer Höhe von ca. 580-605 M.ü.M.

„Ausgrabungen bei Bäriswil: Im Walde zwischen Bäriswil und Hindelbank wurde im April durch den Direktor des historischen Museums, J. Wiedmer-Stern, eine Gruppe von Grabhügeln untersucht. Zwei Hügel mussten mit Rücksicht auf den Waldbestand geschont werden; ein dritter war schon in früherer Zeit durch Graben nach Füchsen beschädigt worden. Ein vierter Hügel zeigte eine außerordentlich starke Steinsetzung, es kamen dort aber keine Funde zu tage. Der fünfte Hügel endlich lieferte zahlreiche Fundstücke. Auch in diesem war die Steinsetzung des Grabes außerordentlich stark, unter diesen Steinen fanden sich die Spuren des Leichenbrandes. Es handelt sich bei all diesen Funden um Brandgräber aus der späteren Hallstattzeit. Im erwähnten Grabe fand man zwei schmale Bronze-Armbänder mit eingepunzten Kreisen, zwei eiserne Lanzenspitzen und ein bronzenes Gürtelblech. Dann eine Gruppe von Gefäßen: eine große rote Urne, die fast unversehrt der Erde enthoben werden konnte, eine hübsche kleine Schale, die in der Urne lag, ein Näpfchen und ein Teller. Auf dem letzteren lag ein eisernes Messer und am Südrande des Grabes fand sich eine Anhäufung von Tierknochen. Die interessantesten Funde kamen in dem anstoßenden, um etwa ein Drittel kleineren Hügel zum Vorschein. Man fand dort drei charakteristische Heftnadeln aus Bronze und ein paar Armbänder aus Bronzedraht. Sie bestehen aus mehr als dreißig Spiralringen, bedeckten also den ganzen Unterarm. Zu diesen Funden kam noch ein einfacher Halsring aus Bronze und endlich ein großes bronzenes Gürtelblech mit getriebenen Ornamenten; besonders interessant ist die vielfache Wiederholung des Hakenkreuzes. Außer diesen Schmuckstücken fand man noch im gleichen Grabe drei Paar bronzene Armringe, verschieden verziert, und zwei sehr interessante tonnenförmige Armspangen, man könnte eher sagen Armwulste, von bedeutender Größe. Sie sind aus Bronzeblech hergestellt und zeigen horizontale Verzierungen.
(Nach „Bund", 16. April 1908.)" [9]

[9] Anzeiger für schweizerische Altertumskunde, herausgegeben vom Schweizerischen Landesmuseum; Band 10, Heft 1, S. 82ff (1908)

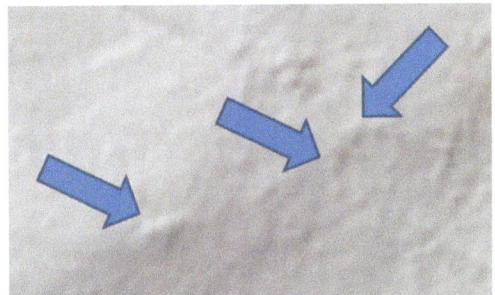

Abb. 15 Die Hügel der auf der Zeichnung von 1908 mit den Nummern 1, 3 und 4 bezeichneten Gräber sind in der Darstellung mit 3D-Reliefschattierung auch heute noch recht gut erkennbar (s. blaue Pfeile), ...

Abb. 16 ...während dem diese auf der normalen, topografischen Karte auch bei Vergrösserung schwierig zu finden sind.

Über das auch im Artikel des Bundes erwähnte Bronzeblech hat J. Wiedmer-Stern 1909 einen separaten Artikel in den Blättern für bernische Geschichte publiziert. [10]

[10] Blätter für bernische Geschichte, Kunst und Altertumskunde; Band 5, Heft 1, S. 26ff (1909)

Abb. 17 Der Grabhügel Nr. 1 (bezüglich der Nummerierung in Abb.13/ Fig. 9.) im Chriegsholz, Bäriswil (Foto: H. Moll)

Im Weiteren findet sich ein Beitrag zum Thema „Tonnenarmbänder" mit schönem Farbfoto in der Serie der „Glanzlichter aus dem Historischen Museum des Kantons Bern". [11]

[11] Müller, Felix; Das keltische Schatzkästlein, BHM, Chronos Verlag, S. 22f (1999)

Abb. 18   Der Grabhügel Nr. 3 (bezüglich der Nummerierung in Abb 13./ Fig. 9.) im Chriegsholz, Gemeinde Bäriswil   (Foto: H. Moll)

Abb. 19   Auf dem Grabhügel Nr. 4 (bezüglich der Nummerierung in Abb. 13./Fig. 9.) im Chriegsholz, Bäriswil. In der Mitte des Bildes ist der Grenzstein der Gemeinden Bäriswil und Krauchthal erkennbar. (Foto: H. Moll)

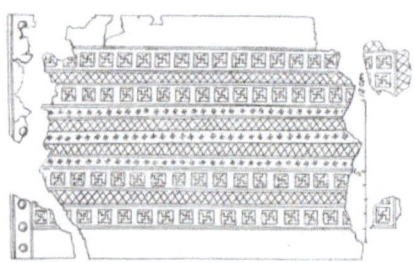

Abb. 20   Das Gürtelblech von Bäriswil [12]

[12] Wiedmer-Stern J., Das Gürtelblech von Bäriswil, in: Blätter für bernische Geschichte, Kunst und Altertumskunde, Band 5, S. 26 (1909)

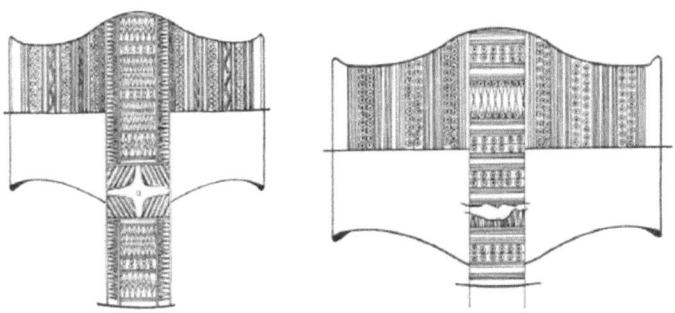

Abb. 21 Tonnenarmbänder aus dem Chriegsholz in Bäriswil [13]

„Grabhügel IV im Kriegsholz, 1908. Zwei verschiedene Tonnenarmbänder als Paar getragen.
Mitfunde: 1 Halsring, 4 Blechbandohrringe, 2 Garnituren à 50 Drahtarmringe, 1 kleines Bronzeblech, Gürtelhaken, 1 Gürtelblech, 1 Bronzeagraffenbesatz.
- Museum : BHM Bern.

[13] Drack Walter, Die hallstattzeitlichen Bronzeblech-Armbänder aus der Schweiz, in:
Jahrbuch der Schweizerischen Gesellschaft für Urgeschichte, Band 52, S. 9 und 33 (1965)

Abb. 22 Ein Tonnenarmband von Bäriswil (Foto: H. Moll, im Bernischen Historischen Museum)

3.2. Mittelberg

In den Fundberichten des Jahres 1994 der Archäologie des Kantons Bern wird von der Entdeckung und Vermessung eines bisher unbekannten hallstattzeitlichen (?) Grabhügels auf dem Mittelberg berichtet [22].

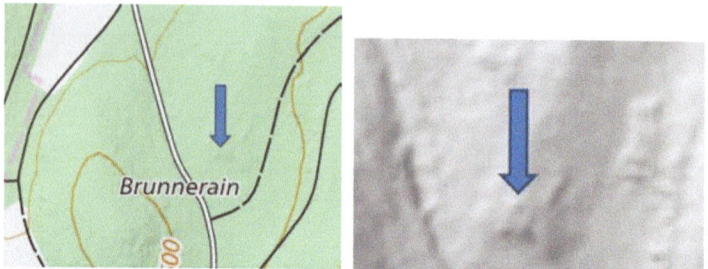

Abb. 23 Der Tumulus am Mittelberg im „Brunnerain" (s. blauer Pfeil) liegt südöstlich vom Zentrum des Dorfes Bäriswil und ist auch mit der 3D-Reliefschattierung gut erkennbar (Bild rechts, s. blauer Pfeil).

[14] Gutscher, Daniel; Suter, Peter J.; In: AKBE 3A, S. 67 (1994) Fundberichte und Aufsätze, Eisenzeit

4. Bannwil

„Über die Untersuchungen Fellenbergs heisst es kurz im Jahresbericht des bernischen historischen Museums pro 1895:

«In den Monaten April und Mai wurden von Dr. Edmund von Fellenberg und Burgerschreiber Ryf in der Umgebung von Bannwyl (Rüttihof, Dörrisrain und Rüchihölzli) einige teilweise leider schon früher durchsuchte Grabhügel geöffnet und denselben Scherben von Aschenurnen entnommen.»

Die Grabhügel Nr. 21 und 14-16 bilden gewissermassen Vorläufer der ausgedehnten Tumuligruppen von Bannwyl.
Den ersten bedeutenden, aber auch nicht ganz genauen Bericht darüber gab Jahn, doch betreffen die kleinen Missverständnisse mehr nur die Lage derjenigen Tumuli, die er nicht selbst gesehen hat. Anderseits muss gesagt sein, dass Jahn ein sehr zuverlässiger Beobachter und Berichterstatter ist, da, wo er selbst die Objekte gesehen hat, ein Umstand, der gerade in Bezug auf Bannwyl sehr wichtig ist. Ich glaube auch, dass man Jahns Verdienst als archäologischer Bahnbrecher im Kanton Bern seiner unglücklichen skiagraphischen Marotte wegen nicht nach Gebühr würdigt. Die meisten Irrtümer in seinem „Kanton Bern" sind darauf zurückzuführen, dass der vielbeschäftigte Mann nicht immer Gelegenheit hatte, die ihm zugekommenen Berichte an Ort und Stelle zu kontrollieren; die vielen veralteten Bezeichnungen und Erklärungen sind begreiflich, wenn man sich vergegenwärtigt, dass seit jener Niederschrift bald 60 Jahre vergangen sind, ein Zeitraum, in welchem erst eigentlich die präzise Archäologie sich entwickelt hat.

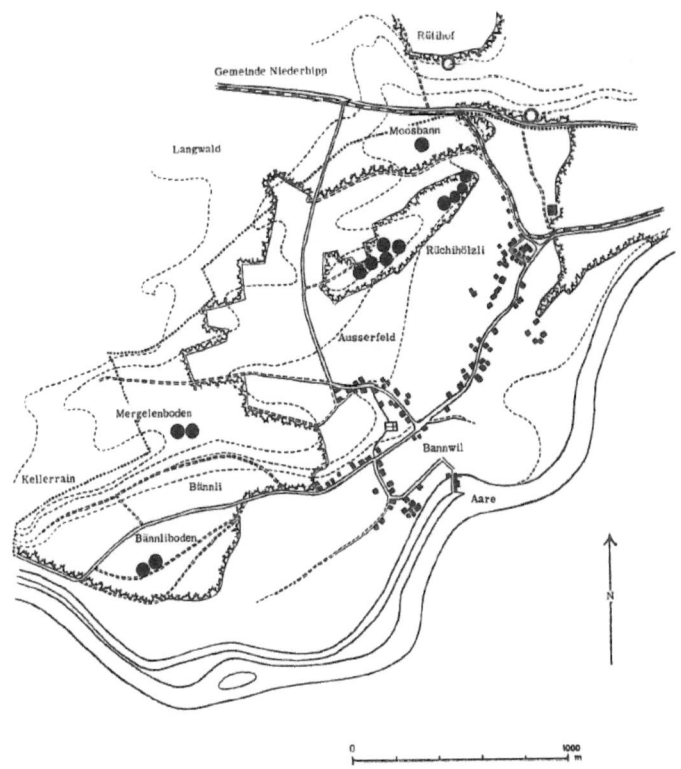

Abb. 24 Situationsplan der Grabhügel auf dem Gemeindegebiet von Bannwil [15]

[15] Drack Walter, Ältere Eisenzeit der Schweiz, Kanton Bern, III. Teil S. 7 (1960)

In Jahns Bericht über die Bannwyler-Gräber lässt sich leicht nachweisen, welche derselben er selbst gesehen hat, und für diese sind seine Angaben zuverlässig; unsicher sind nur jene über die erste Gruppe, für welche er sich auf die Berichte anderer verliess; immerhin lasse ich den betreffenden Abschnitt aus seinem „Kanton Bern" unverkürzt hier folgen, besondere Bemerkungen dazu auf die Beschreibung der einzelnen Gräber versparend. Er lautet:

«Vormittelalterliche Denkmale weist die Umgegend des Ortes in ihren Grabhügeln auf. Diese liegen im sogenannten Längwald, welcher sich in der Länge von Bannwyl bis Wiedlisbach, in der Breite von Niederbipp bis Unter-Walliswyl erstreckt. Es bilden aber die Bannwyler-Grabhügel drei Gruppen.

Die erste liegt südöstlich von Bannwyl, ungefähr auf der Marche der Ämter Wangen und Aarwangen; sie besteht dermalen noch aus drei Hügeln; ein vierter ist abgetragen worden. In diesem fand man in blosser Erde Spuren eines Gerippes, von welchem nur die Kinnlade erhalten war. In einem der andern welche von Schatzgräbern durchwühlt sind, fand sich neben einem Gerippe ein eisernes Schwert vor. Dasselbe war zweischneidig, 2' lang und hatte einen langen, fast zweihändigen Griff; es wich also von der gewöhnlichen Form unserer Grabhügel-Schwerter bedeutend ab. Nach demjenigen zu urteilen, was sich in jenen zwei Grabhügeln vorgefunden hat, scheinen auch die zwei übrigen Hügel dieser Gruppe Beerdigungshügel zu sein, und der Umstand, dass die einzige gefundene Beigabe aus Eisen bestand, weist diese Gruppe der späten römisch-helvetischen Zeit zu.»" [16]

[16] Wiedmer-Stern Jakob, Archäologisches aus dem Oberaargau, im Archiv des Historischen Vereins des Kantons Bern, Band 1, Heft 2, S. 344ff (1903-1904)

„Im Archiv des bernischen historischen Vereins von 1848 beschreibt Jahn eingehend die in seinem „Kanton Bern", laut vorstehendem Abschnitt, summarisch behandelten Bannwylertumuli, sowie die Fundstücke, die ihm bekannt wurden oder die er selbst ausgrub. Seine Gruppenbezeichnungen sind folgendermassen zu verstehen:

Gruppe I: Die Hügel Nr. 10, 14, 15, 16.
„ II: Die Hügel Nr. 13, 18.
„ III: Die Hügel Nr. 1, 2.
„ IV: Die Hügel Nr. 3, 4.

Eine ganze Anzahl der existierenden Tumuli kannte Jahn also überhaupt nicht (5-9, 11, 12, 19-21.) Das Gräberfeld scheint seit Jahns Schürfungen Ruhe gehabt zu haben, bis anfangs der verflossenen 90er Jahre Burgerschreiber Ryf in Bannwyl auf indirekte Veranlassung von Pfarrer Flückiger in Niederbipp dasselbe neuerdings in Angriff nahm." [17]

[17] Wiedmer-Stern Jakob, Archäologisches aus dem Oberaargau, im Archiv des Historischen Vereins des Kantons Bern, Band 1, Heft 2, S. 349 (1903-1904)

4.1. Bännlibode

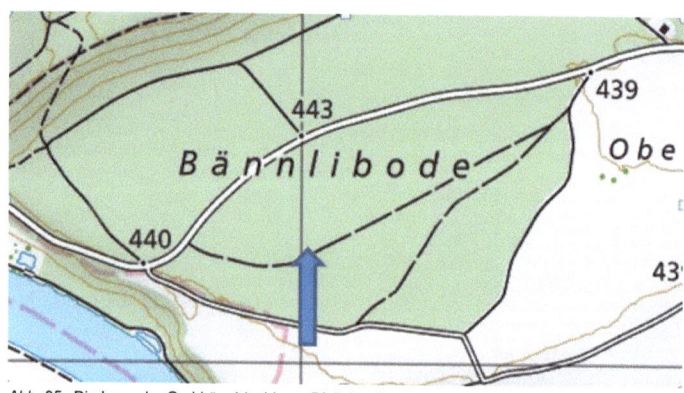

Abb. 25 Die Lage der Grabhügel (s. blauer Pfeil) im „Bännlibode"

„Die zweite Gruppe der Bannwyler-Grabhügel lag in demjenigen südlichen Ausläufer des Längwaldes, welcher als Eichwald die Ebene zwischen Bannwyl und dem Aareufer, Berken gegenüber, bedeckt und vom Waldwege nach Walliswyl begrenzt wird; er trägt den Namen Bännli. Die dortige Gruppe bestand aus zwei Hügeln, welche so ziemlich in der Mitte des Gehölzes nahe beieinander lagen. Beide hatten einen Durchmesser von acht Schritten bei einer Höhe von 3-4 und stellten so ein massiges Kugelsegment dar. Sie waren lediglich aus Kieseln und Bruchstücken erratischer Blöcke aufgeführt und eine dünne Rasendecke bekleidete dieselben. Wegen ihres Steininhaltes wurden sie 1845 von den Landleuten geöffnet und zerstört. Hiebei kam im Zentrum des einen Hügels eine Aschenurne zum Vorschein, die aber leider zertrümmert wurde. Aus den gesammelten Bruchstücken ergibt es sich jedoch, dass dieselbe in Stoff, Form und Grösse den im Niederhard bei Langenthal erhobenen Aschenurnen gleich gewesen ist; nur fehlte dieser ein äusserer Anstrich der schwärzlichen Tonmasse. Von weiteren erhobenen Grabfundstücken wollte nichts verlauten, ebenso wenig davon, dass der Nachbarhügel eine Aschenurne enthalten habe. Dessen ungeachtet ist wohl auch dieser, wie jener, ein Brandhügel gewesen. Mag auch die Errichtung dieser Grabhügel kaum in die keltisch-helvetische Zeit hinaufreichen, so stunden doch ihre Erbauer unter keltischem Kultureinflusse.

Abb. 26 Einer der beiden Grabhügel im „Bännlibode" (Foto: H. Moll)

Dies beweist der Umstand, dass zum Aufbauen der Hügel ausschliesslich Kieselsteine und Bruchstücke erratischer Blöcke verwendet worden sind." [18]

[18] Wiedmer-Stern Jakob, Archäologisches aus dem Oberaargau, im Archiv des Historischen
   Vereins des Kantons Bern, Band 1, Heft 2, S. 346f (1903-1904)

4.2. Rüchihölzli

„Die dritte und vierte Gruppe, jede aus zwei Hügeln bestehend, liegt nordöstlich von Bannwyl im Hölzli, einem Ausläufer des Längwaldes, der, an den Waldbezirk Römiswyl stossend, ein von Süden nach Norden ansteigendes, langgestrecktes Landvorgebirge bedeckt. Dieses, im Norden mit einem erhöhten Terrain zusammenhängend, fällt sowohl auf beiden Seiten, westlich und östlich, als auch in seiner südlichen Verendung so sanft und regelmässig ab, dass der Landmann sich zu der Annahme berechtigt glaubt, es sei die Höhe, auf welcher die Grabhügel stehen, einst Ackerland gewesen. War aber bei deren Erbauung hier kein Wald, so genoss man von der Anhöhe

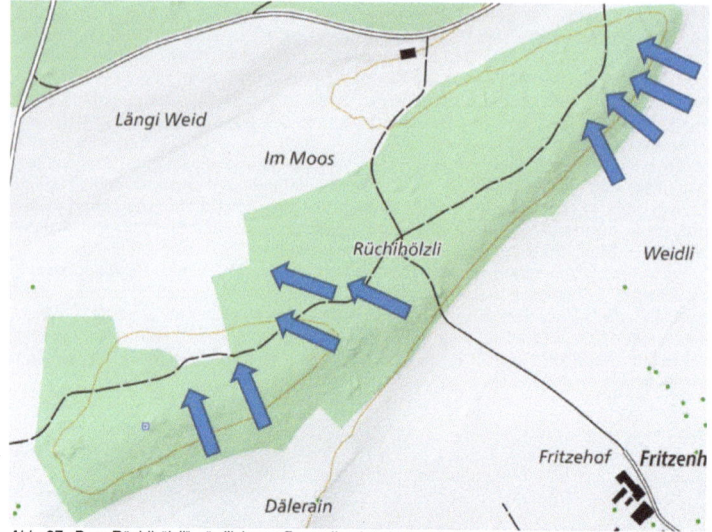

Abb. 27 Das „Rüchihölzli" nördlich von Bannwil, mit seinen zahlreichen Tumuli (s. blaue Pfeile)

eine prächtige Fernsicht, die, nebst der Nähe einer unten zu berührenden Strasse, bei der Wahl des Ortes zu einer Begräbnisstätte wesentlich in Betracht kommen mochte, da Grabhügel vorzugsweise an schön gelegenen Punkten und an Strassen errichtet wurden. Mitten auf dem obern oder nördlichen Teile dieses Landvorgebirges und nahe beieinander liegen die zwei Hügel der einen Gruppe. Sie sind in Form, Grösse und Konstruktion den zwei Hügeln im Bännli auffallend ähnlich. Der eine derselben wurde 1846 sondiert und zeigte eine erstaunliche Masse von Kieselsteinen und Bruchstücken erratischer Blöcke. Wahrscheinlich haben wir also auch hier, wenn nicht keltische, doch römisch-keltische Brandhügel mit Aschenurnen.

Abb. 28 Der östlichste aller Grabhügel im „Ruchihölzli" (Foto: H. Moll)

Die zwei Hügel der zweiten Gruppe liegen ebenfalls mitten auf dem Rücken des Landvorgebirges, aber auf dem südlichen Teile desselben, der eine höher und der ersten Gruppe näher, der andere auf dem südlichsten Höhepunkt, und zwar oberhalb eines starken Erddurchschnittes, welcher den südlichen Abhang hohlwegartig von Westen nach Osten durchzieht und der Rest einer Strasse zu sein scheint, welche aus der Gegend von Niederbipp nach Bannwyl und vielleicht über die Aare nach Stadönz und Herzogenbuchsee führte. Letztere zwei Hügel korrespondieren miteinander in gerader Linie, jedoch in bedeutendem Zwischenräume, und beide weichen in ihrer Form von den zwei Nachbarhügeln ab; sie sind nämlich einem abgestumpften Kegel, nicht einem Kugelsegment, ähnlich, und sie erheben sich im Verhältnis zu ihrer nicht sehr breiten Basis ungemein steil, besonders der untere, der bei einem Durchmesser von nur sieben Schritten eine Höhe von 9' hat und oben massig abgeplattet ist (die Gipfelfläche beträgt in ihrer von Norden nach Süden gerichteten Länge 2½ Schritte, in der Breite zwei Schritte). Während der obere, etwas niedriger bei gleichem Durchmesser 7' Höhe mit einer bedeutenden Abplattung von 2 Schritten ins Gevierte hat. Können beide Grabhügel als eine Art konischer Pyramiden gelten, so ist dies besonders beim letzteren der Fall, denn es scheint, als wenn er, ursprünglich eine stark abgeplattete Pyramide, vier nach den Weltgegenden gekehrte Seiten gehabt und nur durch die Einwirkung der Zeit sich abgerundet habe. Längst schon galten diese zwei Hügel beim Landvolke als heidnische Grabstätten, da sie den Namen der „Hünengräber" tragen; auch hatten dieselben, wie die meisten Grabhügel, schon Schatzgräber angelockt, die es jedoch mit leichtem Anschürfen bewenden liessen." [19]

[19] Wiedmer-Stern Jakob, Archäologisches aus dem Oberaargau, im Archiv des Historischen Vereins des Kantons Bern, Band 1, Heft 2, S. 347f (1903-1904)

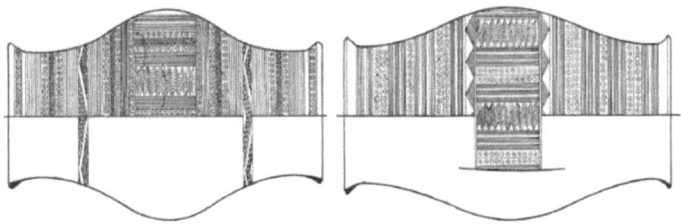

Abb. 29 Tonnenarmbänder aus den Grabhügeln II und IV im Rüchihölzli [20]

[20] Drack Walter, Die hallstattzeitlichen Bronzeblech-Armbänder aus der Schweiz, in: Jahrbuch der Schweizerischen Gesellschaft für Urgeschichte, Band 52, S. 9 (1965)

„Von Herrn Ryf, Burgergemeindeschreiber in Bannwyl bei Aarwangen (wurde angekauft): Ein aus mehreren dünnen Bronzedrähten zusammengerollter, so genannter Noppenring, eine Anzahl Blechstücke aus hübsch "verziertem Bronzeblech, welche zu einer Armschleife gehört haben und eine Anzahl Scherben von einer grossen Aschenurne. Alle diese Gegenstände wurden in einem Grabhügel im sogenannten Rüchihölzli oberhalb Bannwyl gefunden, welchen Herr Ryf ausgegraben hat. Da nach der Aussage desselben die Gegend noch mehrere, teils ganz unerforschte, teils nur unvollständig untersuchte keltische Tumuli besitzt, beschloss die antiquarische Kommission auf den Antrag ihres Präsidenten, eine bestimmte Summe zu Ausgrabungen der dortigen Grabhügel auszusetzen.

Das Resultat der im Monat April und Anfang Mai, und Ende Juni und Anfang Juli 1893 unter der Aufsicht von Herrn Dr. Edm. von Fellenberg und Herrn J. Ryf vorgenommenen Untersuchungen dieser Grabhügel war folgendes:

Zuerst wurden drei Grabhügel im Rüchihölzli, nördlich des Dorfes Bannwyl, welche auf der Höhe eines mit Buchenwald besetzten Hügelzuges gelegen sind, untersucht. Die Lage der Grabhügel wurde möglichst genau auf das Siegfried-Kärtchen „Aarwangen" eingetragen und letztere von Ost nach West nummeriert. Wir können über diese Untersuchungen folgendes mitteilen:

Grabhügel Nr. 1, an einem alten Wegeinschnitt gelegen, noch ganz unberührt. Es fanden sich vor:
a. oberflächlich (60 cm tief) eine alemannische Nachbestattung mit Resten eines Schädels, Glasperlen aus gelbem Schmelz und Bernstein, und eine eiserne Gurtschnalle mit Spuren von Silbertauschierung, sowie zwei dünne Ohrgehänge aus Bronzedraht;
b. in der Tiefe des Tumulus: (bei 1,50 bis 2 m Tiefe) die Scherben einer zerdrückten Aschenurne, ein halbmondförmiges Eisen (Rasiermesser oder Amulett, Mondsbild und ein kleiner eiserner Dolch der typischen Hallstattform".

Grabhügel Nr. 2 war schon im Herbst 1846 von Jahn angegraben worden; er harte eine Menge Steine konstatiert, die Ausgrabung aber nicht vornehmen können. Zu diesem Tumulus meldet der erwähnte Museums bericht weiter: „Grabhügel Nr. 2, schon früher von Herrn Ryf teilweise untersucht. Die jetzige systematische Abtragung brachte in der Tiefe und ziemlich in der Mitte des Hügels eine zerbrochene Aschenurne zum Vorschein, welche auf einem Steinbett aus Rollsteinen stand. Unter dem Steinbett fand sich, in gestampften Lehm eingebettet, eine wohlerhaltene Schale aus halbgebranntem Ton".

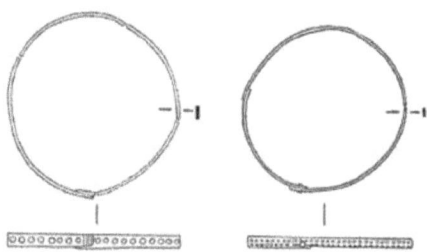

Abb. 30 Bronzeblecharmringe vom Ruchhölzli, Aussenseiten mit Runddellen verziert. [22]

Über eine partielle Untersuchung von Grabhügel Nr. 3, berichtet Jahn in dem bereits erwähnten Band 1848 des Archivs. Darnach wurde der Hügel in der Ausdehnung der Gipfelfläche (NS 2 ½, OW 2 Schritte) nach unten ausgegraben. Dicht unter dem Rasen kam ein 1' mächtiges, breites Steinbett zum Vorschein, unter diesem gelber Lehmsand, aus dem der Hügel besteht, in äusserst trockenem, pulverigem Zustand.

Kaum 2' unter dem Gipfel stiess Jahn auf Skelettreste, die von NO nach SW orien-tiert waren. Reste der Arm- und Beinknochen, sowie das Schädeldach waren noch erhalten. Unter diesem Bestattungsgrab zeigten sich graue Moderstreifen und lockere, staubartige Erde im Innern. (Aschenerde des später konstatierten Brandgrabes?). In der halben Tiefe des Hügels fanden sich gewölbte Bronzeblättchen, deren konvexe Seite mit gepunzten Ornamenten verziert war. Im Tumulus selbst kamen sparsame Kohlenschmitzen vor und auf dem natürlichen Boden eine Steinsetzung, in welcher ein erratisches Fragment auf seiner dem Boden zugekehrten Seite starke Feuerspuren zeigte. Von zwei kleinen Scherben, einer roten und einer grauen, sowie einem schwärzlichen Silexsplitter, die von diesem Grabe stammen, sagt Jahn in seinem Bericht nichts weiter (Museum Bern).

Der Museumsbericht 1893 meldet über das Grab 3: „Grabhügel Nr. 3 war vermutlich schon vor langer Zeit von den Herren Dr. A. Jahn und G. von Bonstetten am Ende der vierziger Jahre ausgegraben worden. „Es fanden sich nur noch kleine Bruchstücke einer Urne vor."

In <u>Grabhügel Nr. 4</u>, dessen Gipfelfläche 3 Schritt ins Geviert hielt, fand Jahn kein Steinbett oben, dagegen kaum 2' unter der Oberfläche ein Skelett, von Ost nach West orientiert. Die starken Röhrenknochen waren noch da, der Schädel dagegen verschwunden. Der Bestattete hatte als einzige Beigabe zur Linken eine Scherbe von schwärzlich-grauem Ton mit rötlicher Aussenseite. Innen und aussen an derselben waren Steinkörner eingebacken; die Aussenseite zeigte deutliche Fingereindrücke, die innere Spatelstriche.

An diesem Grabe hat auch Pfr. Flückiger experimentiert. Der gleiche Museumsbericht (1893) erwähnt Jahns Nachgrabung nicht, nur die letztere, er sagt:

«Gr. Nr. 4 im Rüchihölzli, im Wald des Herrn Paul Flückiger in Dürrenroth gelegen. Dieser grosse Tumulus ist von Herrn Pfarrer Flückiger in Niederbipp durch ein in der Mitte gegrabenes, kreisförmiges Loch teilweise in seiner ursprünglichen Lage zerstört worden. Herr Flückiger fand Reste einer Aschenurne, die verloren gingen.

Die systematische Abgrabung des Hügels ergab:

a. die Blosslegung eines mächtigen, sehr regelmässigen Steinkreises von 7 m Durchmesser.
b. Eine vorzüglich erhaltene Aschenurne mit halbkalzinierten Menschenknochen gefüllt, einen zerbrochenen und drei wohlerhaltene Ringe aus mehrfach zusammengewundenem, dünnem Bronzedraht in der Form der sogenannten Noppen und zwei Armringe aus dickem Bronzedraht, zwei solche aus Bronzeblech mit kreisförmigen Verzierungen, einen eisernen Ring und Bruchstücke verzierter Tongefässe.»" [21]

[21] Wiedmer-Stern Jakob, Archäologisches aus dem Oberaargau, im Archiv des Historischen Vereins des Kantons Bern, Band 1, Heft 2, S. 349ff (1903-1904)

Abb. 31 Spiralarmbänder aus feinem Bronzedraht aus den Grabhügeln II und IV im Rüchihölzli [22]

[22] Drack Walter, Zum bronzenen Ringschmuck der Hallstattzeit aus dem schweizerischen Mittelland und Jura, in: Jahrbuch der Schweizerischen Gesellschaft für Urgeschichte, Band 55, S. 50, 54, 71 und 76 (1970)

„Merkwürdigerweise enthält der Jahresbericht des Museums nichts weiter über die Ergebnisse aus den Gräbern Nr. 6-9 vom Rüchihölzli.

Die Resultate waren folgende:

<u>Grab Nr. 6</u>: Prächtiger, festgefügter Steinkranz, in dessen Mitte eine grosse Urne.
<u>„   „   7</u>: Ziemlich abgeflachter Grabhügel, der wegen Holzbestand nicht gehörig untersucht werden konnte; das Gleiche gilt von
<u>„   „   8</u>, der mit dem vorhergehenden und dem nachfolgenden
<u>„   „   9</u> ein Dreieck bildet. Der letztere ist ein mächtiger, aber durch Rodung stark abgeflachter Tumulus. Er enthielt viele Scherben verschiedener Gefässe aus grauschwarzem Ton. In der Mitte fand sich ein quadrat. Block (Geissberger), den Fellenberg im ersten Augenblick für einen Opferstein hielt. Doch liess er die Ansicht wieder fallen, da Schalen und Blutrinne fehlen.

Im Spätherbst 1900 ging Dr. v. Fellenberg an den noch übriggebliebenen <u>Tumulus Nr. 5</u> im Rüchihölzli. Die vom .Wetter recht ungnädig behandelte Ausgrabung schloss fürs Erste die Untersuchungen bei Bannwyl ab. Der Jahresbericht des bernischen historischen Museums gibt über diese Ausgrabung folgenden Bericht aus Fellenbergs Feder:

„Im Monat Mai 1895 hatte ich die Untersuchung der Grabhügel im sogenannten obern Rüchihölzli (im westlichen Teil des diesen Namen tragenden Waldes) und auf dem höchsten Punkt des Hügelzuges mit der nur teilweise ermöglichten Ausgrabung des zweit-östlichsten der vier in einer Reihe von West nach Ost sich befindenden Tumuli provisorisch abgeschlossen. Derselbe schien trefflich erhalten und allem Anscheine nach intakt, jedoch wuchs ziemlich auf der Mitte desselben eine mächtige Tanne, über dem Wurzelstock zirka 90 cm im Durchmesser messend. Der damalige Besitzer des Waldes, Herr Grossrat P. Flückiger in Dürrenroth, später in Lützelflüh wohnhaft, der an den prächtigen Hochtannen und herrlichen Buchen auf seinem Areal des Rüchihölzliwaldes seine Freude hatte, konnte sich nicht entschliessen, den Baum auf dem Grabhügel fällen zu lassen, und vertröstete uns auf die nicht ferne Zeit, wo wegen des Aufwachsens des jungen Nachwuchses die sämtlichen alten Bäume daselbst würden gefällt werden müssen.

Nach im Jahre 1899 erfolgtem Hinschied des Herrn Flückiger, wurde das Bauerngut in Bannwyl mit dem dazu gehörigen Anteil Rüchihölzliwald von dessen Pächter Leuenberger käuflich erworben und da nun Leuenberger im alten, teilweise sehr defekten Wohnhause, in Stallungen und Speicher viel Reparaturen zu machen gezwungen war und Holz dazu nötig hatte, entschloss er sich, die schlagbaren Bäume im obern Rüchihölzli zu fällen. Auf mein Gesuch wurde nun der Anfang mit der Riesentanne auf dem Tumulus gemacht.

Abb. 32 Rasiermesser, halbrund, mit breitem Rücken, aus dem Tumulus 1 im Rüchihölzli [23]

[23] Drack Walter, Waffen und Messer der Hallstattzeit aus dem schweizerischen Mittelland und Jura, in: Jahrbuch der Schweizerischen Gesellschaft für Ur- und Frühgeschichte, Band 57, S. 162 und 164 (1972-73)

Montag, den 14. November 1900 wurde unter Leitung von Oberbannwart Marti die Tanne gefällt und, genau wie beabsichtigt, in eine Lücke des Unterholzes geworfen wo der Schaden an demselben am geringsten war. Der Stock wurde auf dem Tumulus belassen, um sorgfältig abgegraben zu werden. Schon 1895 hatten wir den Hügel von der West- und Südwestseite angegraben und nur 50-60 cm unter der Oberfläche und etwa 3 Meter einwärts eine mächtige Steinsetzung blossgelegt, die jedoch wegen der grossen Wurzeln der Tanne nicht weiter verfolgt oder abgedeckt werden konnte. Wir hatten uns damals dem Tannenstamm auf etwa 1,50 Meter ge-nähert. Schon 1895 stiessen wir im Innern des Hügels sofort auf die bekannte, feine, gelbe, sandige Erde mit viel grauer Asche (Ziegererde) und Kohlenschmitzen, im ganzen Tumulus herum zerstreut. Denselben mässen wir nun freigelegt und erhielten die Masse: 10,60 Meter von Ost nach West und 12 Meter von Nord nach Süd. Im Jahre 1895 hatten wir in der Mitte der auf der Südseite teilweise blossgelegten Steinsetzung eine Anzahl grösserer grober Scherben gefunden und hatten gehofft, bei Abdeckung derselben die Scherben einer ganzen Urne zu finden, nach Blosslegung der mächtigen Steinsetzung, die sich als ein wahres, sorgfältig gearbeitetes Kyklopenwerk erwies, in .welchem die Steine so sorgfältig und so kompakt durch Lehmverstrich gefügt waren, dass dasselbe mit dem Pickel auseinandergerissen werden musste. Es ergab sich ferner, dass die Steinsetzung ähnlich wie diejenige im Hardwald bei Bützberg, einen altarähnlichen Aufbau aufwies von 1,5 bis 1,2 Meter Höhe, von länglicher Form mit abgerundeten, erhöhten Ecken, die gleich-sam Pfeiler zur Befestigung des Baues darstellen. Das Steinbett war in den Ecken aus 4 Lagen grosser Feldsteine und Findlinge, in der Mitte aus 2-3 Lagen aufgebaut; das Innere (der Boden) aus runden Feldsteinen sorgfältig gepflastert, der Boden bedeckt mit Asche und Kohlen, ohne Spur verbrannter Knochen. Die ganze, 3,60 m lange Steinsetzung, am Nordwestende 2,15 m, am Ostende (teilweise zerstört) 2,20 m, in der Mitte, unter dem Stock, zusammengedrückt, 2,60 m breit, war ganz eingehüllt in Ziegererde und Massen reiner Asche, die merkwürdigerweise an der Aussenseite der Steinsetzung am höchsten aufgeschüttet lag und am reinsten war. Sie war von silbergrauer Farbe, feinpulverig und fühlte sich sehr weich an. Man erhielt den Eindruck, als sei die Asche nach Verbrennungen vom Steinbett weggeräumt und um dasselbe aufgetürmt worden, um für neue Verbrennungen Platz zu machen. Der ganze Tumulus hat an Beigaben nichts ergeben; kaum einige Scherbenbrocken lagen im mächtigen Aufwurf herum zerstreut. Keine Urne. Somit bleibt die Frage offen, ob wir es hier nicht eher (vergleiche Abbildung) mit einem Brandopferaltar als mit einem Leichenbrandhügel zu tun haben (?) *)

* Die Untersuchung des Tumulus Nr. 5 im Rüchihölzli war die letzte Ausgrabung, welche
Dr. E. v. Fellenberg durchzuführen beschieden war; ziemlich genau ein Jahr nach der oberaargauischen Kampagne von 1900 befiel ihn die Krankheit, von der er sich nicht mehr erholen sollte, deren Vorzeichen ihm aber schon bei jener Ausgrabung unter ungünstigen Witterungsverhältnissen Schonung geboten." [24]

[24] Wiedmer-Stern Jakob, Archäologisches aus dem Oberaargau, im Archiv des Historischen Vereins des Kantons Bern, Band 1, Heft 2, S. 355ff (1903-1904)

4.3. Moosbann

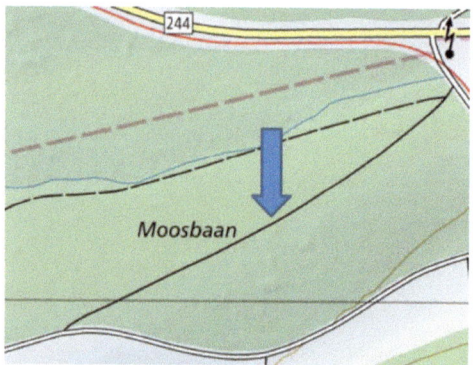

Abb. 33 Die Lage des Tumulus (s.blauer Pfeil) im „Moosbaan" bzw. „Moosbann"

<u>„Grabhügel Nr. 5</u>
Dieser im sogenannten Moosbann, nördlich vom Rüchihölzli (in dichtem Unterholz von Buchen) gelegene Tumulus schien ganz unberührt zu sein.

Abb. 34 Hinter dem Gebüsch am Wegrand im „Moosbann" ist der Grabhügel versteckt
(Foto: H. Moll)

Dessen Abtragung ergab:

a. eine oberflächliche alemannische Nachbestattung (40 bis 50 cm tief) mit Resten einer ganz verrosteten eisernen Gurtschnalle mit bronzenen Knöpfen und einer Anzahl zerstreut im Boden liegender Perlen aus gelbem Schmelz von einem Halsband herrührend.
b. In der Tiefe von 2 Metern fanden sich die zerdrückten Scherben von zwei vollständigen Aschenurnen und einzelne Scherben eines dritten Gefässes. In der Nähe einer dieser schön verzierten Urnen aus schwarzem Ton lag unter den Wurzeln einer grossen Kiefer ein leider in zwei Teile zerbrochenes, 0.83 m langes, eisernes Schwert von der Hallstattform. Die Griffzunge war ebenfalls in drei Stücke zerbrochen. Dieses wegen seines typischen Charakters die Chronologie der Grabhügel von Bannwyl genau fixierende Fundstück ist in den Grabhügeln unseres Landes sehr selten. Über dem Schwerte fand sich ein leider zerbrochenes halbmondförmiges Stück Eisen, wie in Grabhügel Nr. 1." [25]

[25] Wiedmer-Stern Jakob, Archäologisches aus dem Oberaargau, im Archiv des Historischen Vereins des Kantons Bern, Band 1, Heft 2, S. 353 (1903-1904)

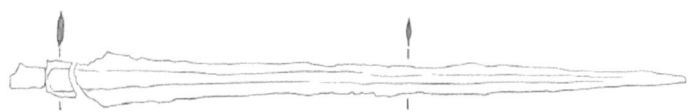

Abb. 35 Griffplattenschwert, stark fragmentiert, mit starker Mittelrippe, aus dem Grabhügel im „Moosbann" [26]

„Griffplattenschwert, stark fragmentiert, mit starker Mittelrippe, röntgentechnisch noch nicht untersucht, Eisen.

Grabhügel X im Moosbann, 1893. - Unweit eines grossen Topfes mit Trichterhals, Schulterwulst und Zickzackdekor aus drei Rillen auf der Bauchung und des halbmondförmigen Rasiermessers gefunden, Hallstatt C.

Museum: BHM Bern. - Literatur: W. Drack 1960, 12 und Taf. 7, 15." [26]

[26] Drack Walter, Waffen und Messer der Hallstattzeit aus dem schweizerischen Mittelland und Jura, in: Jahrbuch der Schweizerischen Gesellschaft für Ur- und Frühgeschichte, Band 57, S. 128f (1972-73)

4.4. Märgelebode

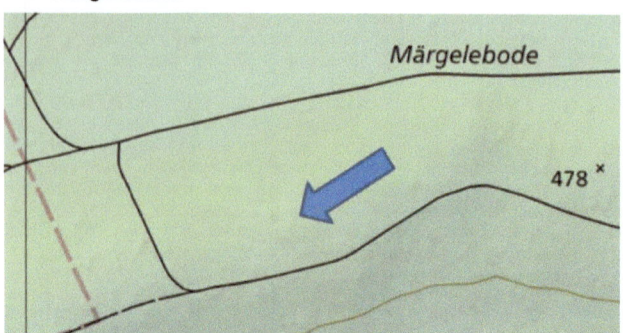

Abb. 36 Hier (s.blauer Pfeil) befinden sich die Grabhügel auf dem „Märgelebode"

„Grabhügel Nr. 6 Im Bännliwald oder Kellersrain, auf dem sogenannten Mergelenboden, westlich von Bannwyl gelegen. Dieser grosse Tumulus wies alte Fuchs- und Dachsbauten auf und ein in eine solche Röhre verschlepptes Bronzebeschläge (wahrscheinlich von einem Kessel, ausserdem die Scherben einer grossen zerdrückten Aschenurne und zweier kleinerer Schalen, sowie tassenförmiger Gefässe aus fein geschlemmtem Ton, die teilweise rot bemalt waren.

In sämtlichen Grabhügeln wurden mehr oder weniger grosse Steinsetzungen von verschiedener Form konstatiert.

Grabhügel Nr. 7 Dieser nachträglich (im Monat Juni und Juli) ausgegrabene Grabhügel liegt ebenfalls im Bännliwald, unweit des vorigen.
Es fand sich in diesem grossen, schon stark abgeflachten Hügel, ein gewaltiger, regelmässiger, kreisförmiger Steinkranz und eine gewaltige Steinsetzung aus bis mehrere Zentner schweren erratischen Blöcken aufgebaut. Als Beigabe lagen in der stark sandigen Erde die Scherben einer grossen Aschenurne aus gelblichem, halbgebranntem Ton".

Abb. 37 Einer der beiden Tumuli im „Märgelebode", Gemeide Bannwil (Foto: H. Moll)

Im folgenden Jahre untersuchte Ryf den noch bestehenden, 1845 laut Jahn's Berichten von den Anwohnern nach Steinen durchwühlten Grabhügel Nr. 13 im Bänniboden.

Der Tumulus war ziemlich abgeflacht. Ryf fand Scherben einer Aschenurne und einzelne Eisenfragmente. Einige Meter jenseits des Hügels zeigte der Boden eine kleine Erhöhung von etwa einem Meter Durchmesser; nach einigen Spaten-stichen kam eine gut erhaltene tassenförmige Schale zum Vorschein (Museum Bern). Nordöstlich von diesem Grab lag auf Punkt 18 der Karte dasjenige, welches 1845 zerstört worden war. Es hatte eine Urne enthalten." [27]

[27] Wiedmer-Stern Jakob, Archäologisches aus dem Oberaargau, im Archiv des Historischen Vereins des Kantons Bern, Band 1, Heft 2, S. 353f (1903-1904)

4.5. Kirche/Friedhof

„Spuren eines eingeebneten Grabhügels (?) auf der aussichtsreichen Terrasse bei der Kirche, innerhalb des derzeitigen Friedhofareals, angeschnitten 1906, erstmals vom Totengräber und Burgerschreiber J. Ryf dem Bernischen Historischen Museum gemeldet.
In einer ziemlich umfangreichen Brandschicht fanden sich «die Scherben einer ... Urne», das heisst wohl eines Topfes, «sowie unkenntliche Eisenfragment und Schweinsknochen». – Es ist gar nicht augeschlossen, dass es sich bei diesen Spuren um die letzten Reste eines abgetragenen Grabhügel handelt." [28]

[28] Drack Walter, Ältere Eisenzeit der Schweiz, Kanton Bern, III. Teil, S. 13f (1960)

5. Bolligen

5.1. Sädelbach

Die genaue Position der folgenden, im Jahrbuch der Schweizerischen Gesellschaft für Urgeschichte [29] beschriebenen Fundstelle konnte der Autor bis heute leider nicht eruieren:

„Gleichfalls in dem unter der landläufigen Bezeichnung Grauholz bekannten Forst-komplex lag südlich des Höhenscheitels im sogenannten Sädelbach ein rundlicher Grabhügel, der die Spuren früherer unbekannter Angrabung zeigte. Dank dem Entgegenkommen der bürgerlichen Forstverwaltung konnte auch dieser einsame Tumulus untersucht werden. - Er enthielt einen unverhältnismässig starken Steinmantel, aber fast keine Brand-spuren und an Beigaben nur zwei ganz einfache Armringe aus flachem Bronzedraht *).
*) Gefl. Bericht unseres Präsidenten, Direktor Wiedmer in Bern." [29]

[29] Jahrbuch der Schweizerischen Gesellschaft für Urgeschichte, Band 1, 45ff (1908)

„Dieser Grabhügel, von dem nichts mehr zu sehen ist, wird hier nur erwähnt, weil er in Tschumi 1953 als bestehend aufgeführt und im kantonalen Hinweisinventar als „Hallstattzeitlicher Grabhügel" enthalten ist (Koordinaten 606'000/205'000). Er ist 1908 beim Strassenbau durch die Bürgerliche Forstverwaltung beseitigt worden, wobei man immerhin dem Historischen Museum Gelegenheit bot, den Grabhügel bei der Abtragung zu untersuchen. So besitzt man darüber wenigstens den Befund von

Direktor J. Wiedmer-Stern im Jahresbericht 1908. Der Tumulus mass 12 m (Nord-Süd) auf 9,5 m (Ost-West) und hatte eine Scheitelhöhe von 2,3 m. Sein „mächtiger Steinkern" kam zwar gut erhalten zum Vorschein, zeigte jedoch Spuren einer frühern, unbekannten Ausgrabung. Diese Schatzgräberei ist wohl auch Schuld daran, dass man 1908 am Grund des Hügels nur zwei einfache Armringe aus Bronze fand – als einziges Ergebnis neben kleinen Kohlenresten.

Der Grabhügel im Sädelbach ist als heute bloss ein Beispiel für die Tatsache, dass im Laufe der Zeit manche Spuren der Vorzeit bei der Waldbewirtschaftung verschwunden sind." [30]

[30] Schmalz Karl Ludwig, Heimatkundlicher Führer Bolligen, Verlag Stämpfli Bern, S. 66 (1985)

5.2. Grauholz-Forsthus-Egg

Abb. 38/39 Die Orientierungstafel (Foto: Christoph Hurni, 2010) und deren Standort (s. blauer Pfeil)

Text unten links: 1 Bottisgrab alte Lage und Grabung 1959
                               2 Bottisgrab neue Lage
                               3 Grabhügel der Hallstattzeit

„Die noch heute lebendige Sage (zu Bottis Grab, Anm. Autor) beweist, dass hier durch Jahrhunderte der Ahnenkult aufrechterhalten blieb. Etwa 30m nach Westen erhebt sich ein Grabhügel, der Spuren von früherer Durchwühlung zeigt." [31]

[31] Tschumi Otto, Urgeschichte des Kantons Bern, S. 209, Bern (1953)

Abb. 40 Der Grabhügel auf der „Egg" in Bolligen (Foto . H. Moll)

6. Diemerswil

Abb. 41 Die Lage des „Brandwaldes" westlich von Diemerswil, der im 19. Jh. noch mit „Diemerswilwald" benannt wurde.

„Herr Dr. J. Uhlmann, dem wir die erste Beschreibung des Refugiums auf dem Schwandenberg verdanken, hat in seinen Schriften (Kollektanea 2 A. 28, S. 145) auch einen Bericht über einen von ihm untersuchten Grabhügel im Diemerswilwald (heutige Bezeichnung „Brandwald") hinterlassen. Dieser Hügel befindet sich westlich Punkt 650 auf dem höchsten Punkt der Anhöhe des genannten Waldes, südlich der sogenannten Weiermatt (vgl. Blatt Schüpfen, Nr. 141, Top. Atlas); er besass 10 Fuss Höhe und 60 Schritte Umfang und wurde von Dr. Uhlmann 1855 entdeckt und untersucht, wobei es sich herausstellte, dass er früher schon einmal durchwühlt worden war. Es fand sich im Zentrum ein Haufen von Rollsteinen; daneben lag sämtliches Eisenwerk von 4 Wagenrädern, von 26 Zoll Durchmesser (78 cm), an den Schienen waren noch Holzreste vorhanden. Der Grabhügel, der offenbar der Hallstattzeit angehört, ist noch heute feststellbar; er zeigt in der Mitte und auf der Westseite die von früheren Grabungen herrührenden Eintiefungen; östlich neben ihm lag ein grosser Gneissfindling, der leider vor wenigen Jahren gesprengt wurde. Etwa 100 Schritte westlich von diesem Hügel zieht sich ein künstlich eingeschnittener Graben von 3-4 Meter Tiefe und 150 Meter Länge in nordsüdlicher Richtung quer durch den schmalen, zungenartigen Hügelzug, der sich als einer der östlichen Ausläufer des Schüpbergplateaus gegen Diemerswil hinabsenkt (vgl. nebenstehendes Kärtchen, Fig. 24). Der Graben ist beidseitig von Wällen, bestehend aus Auswurfmaterial, begleitet. Sein relativ guter Erhaltungszustand lässt im ersten Augenblick auf jüngere Erstellung schliessen; möglicherweise wurde er zum Zwecke der Entsumpfung der Weiermatt nach dem südlich abfliessenden Bache angelegt; allein dieser Annahme steht die Tatsache gegenüber, dass von der Weiermatt auch ein Gefälle in östlicher Richtung vorhanden ist; überdies liegt die Sohle des Grabens gegen 2 Meter höher als der

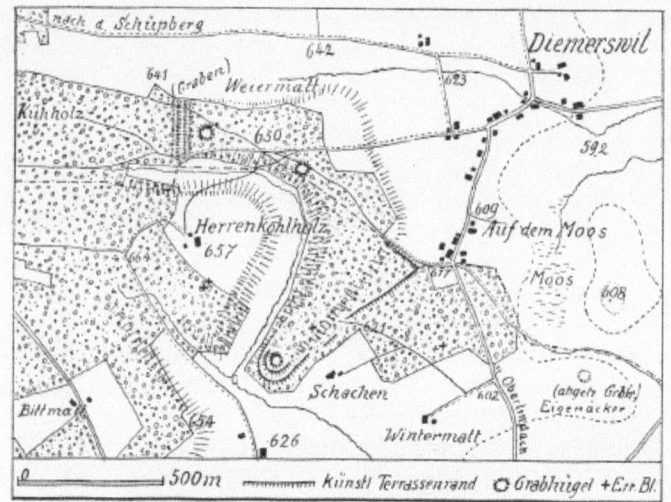

Fig. 24. Kärtchen der Erdwerke im Diemerswilwald.

Abb. 42 Reproduktion der Karte aus der Publikation von König und Nussbaum [32]

nördlich davon gelegene Grund; ob er eine Röhrenleitung birgt, konnte nicht festgestellt werden. Vielleicht liegt hier eine alte, für die Verteidigung eines wichtigen Punktes ausgeführte Anlage vor. Diese Annahme gewinnt an Wahrscheinlichkeit durch die Tatsache, dass in unmittelbarer Nähe noch weitere Grabhügel und Erdwerke vorhanden sind.

Wohl nicht Zufall ist es, dass die drei Grabhügel innerhalb der als Verteidigungslinien gedeuteten Erdwerke erscheinen."

[32] König F., Nussbaum F., Neue Beiträge zur Heimatkunde des Moosseetales (Teil17), in: „Pionier der schweizerischen permanenten Schulausstellung in Bern Band 48, S. 105 (1927)

Abb. 43 Der Tumulus im Brandwald von Diemerswil (Foto: H. Moll)

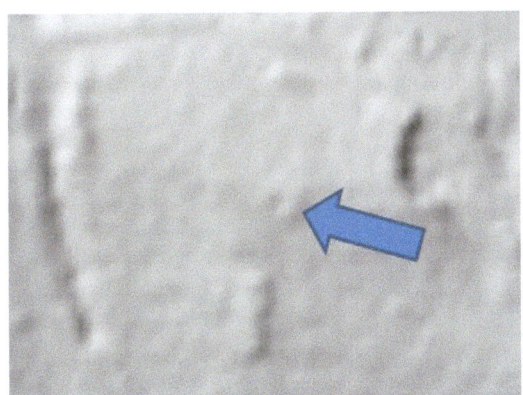

Abb. 44 Das 3D-Reliefschattenbild des „Brandwaldes" (heutiger Name des früheren „Diemerswilwaldes") westlich von Diemerswil: Die Lage der eingetrichterten Grabstätte (s. blauer Pfeil) ist gut zu erkennen. - Der von Dr. Uhlmann schon 1855 beschriebene Längsgraben ist auf der linken Seite des Bildes klar sichtbar.

„Von mindestens drei Grabhügeln im Gebiet des Diemerswilwaldes wurde ein schon früher durchwühlter, südlich Weiermatt, auf dem von West nach Ost streichenden Brandwald gelegener Tumulus im Jahre 1855 von J. Uhlmann untersucht. Ausser Resten von Brandbestattung kamen an Funden nur Stücke von 4 Radreifen zum Vorschein, die im Bernischen Historischen Museum aufbewahrt werden.

Literatur: - J. Uhlmann, Collectanea, Handschr. Notizen und Zeitungsausschnitte, Bern. Hist. Museum A 28, S. 145ff.
- Derselbe, Archäologisches und Anthropologisches, Manuskript, Stadtbibliothek Bern, S. 81. - Jahrbuch des Bern. Hist. Museums, Bern 1928, S. 71. - O. Tschumi, Urgeschichte des Kantons Bern, Bern und Stuttgart 1953, S. 218." [33]

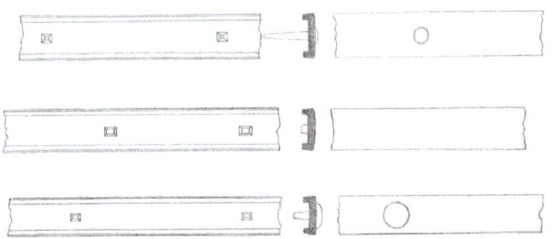

Abb. 45 Fragmente von Radreifen aus Diemerswil, Eisen, Abstand der Nägel 10-13 cm, Durchmesser zwischen 70 und 80 cm. [33]

[33] Drack Walter, Wagengräber und Wagenbestandteile aus Hallstattgrabhügeln der Schweiz, in: Zeitschrift für schweizerische Archäologie und Kunstgeschichte, 18, S. 21 und 59 (1958)

7. Dotzigen

„Das Dorf Dotzigen liegt um den Westabhang des Dotzigen- oder Bürenberges herum. Von der Mitte des Dorfes führt ein tief in Molasse eingeschnittener und steiler Weg, der „hohle Weg" genannt, auf das erste Plateau des Berges, das Dotzigenköpfli (530 M. ü. M.). Unmittelbar an der Ausmündung des Weges befand sich eine Gruppe von Grabhügeln, die um die Mitte des vorigen Jahrhunderts von einem Förster Scherrer ausgegraben wurden. Die Funde aus denselben liegen im historischen Museum in Bern. Die Zahl der Hügel ist heute nicht mehr zu bestimmen. In geringer Entfernung nördlich ist ein schöner Findling mit Gletscherschliffen, der „blaue Stein", westlich davon ein grösserer, aber durch Sprengungen verunstalteter „der graue Stein". Beide sind jetzt durch die naturforschende Gesellschaft gesichert. Die Sage vom Geldsonnen durch kleine grüne Männchen heftet sich an diese Lokalität. Auch sollen hier in unterirdischen Gängen Schätze verborgen sein und noch heute gibt es Leute, die danach graben. Nördlich vom Dotzigenköpfli ist der „Hirzengraben", ein gewaltiger, durch Rutschung entstandener Erdspalt, der früher als ein Refugium angesehen wurde. Es ist aber keine Spur von Menschenarbeit sichtbar. Ich führte einmal den berühmten Archäologen von Bonstetten hierher. Er musste zugeben, es sei hier keine Befestigung irgendwelcher Art. Der mittlere Teil des Dorfes Dotzigen, vom Anfang des „hohlen Weges" bis da, wo das Terrain steil gegen den Eichibach abfällt, steht auf römischen Ruinen, vermischt mit mittelalterlichen, da hier bis zur Reformation eine Kirche mit Totenacker sich befand." [34]

[34] Schmid Eugen, Vorgeschichtliches aus der Gegend von Diessbach b. Büren, in: Jahresbericht der Schweizerischen Gesellschaft für Urgeschichte, Band 2, S. 157 (1909)

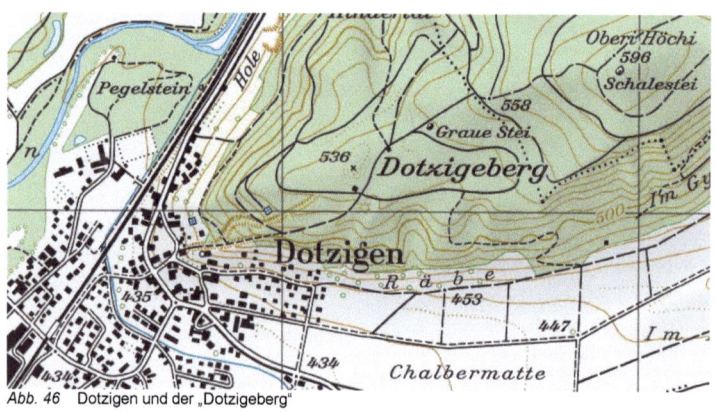

Abb. 46   Dotzigen und der „Dotzigeberg"

„Belege früher Besiedlung sind sechs hallstattzeitliche Grabhügel auf dem Dotzigenberg." [35]

[35] Dubler Anne-Marie, Dotzigen, in: Historisches Lexikon der Schweiz (HLS), Band 3, S. 788f, Schwabe Verlag Basel (2004) - URL: http://www.hls-dhs-dss.ch/textes/d/D229.php

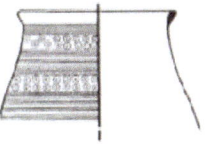

Abb. 47 Fragmente eines Tonnenarmbandes aus einem Grabhügel auf dem „Dotzigenköpfli" [36]

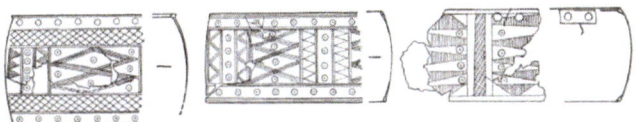

Abb. 48 Breite Blecharmbänder vom „Dotzigenköpfli" [36]

[36] Drack Walter, Die hallstattzeitlichen Bronzeblech-Armbänder aus der Schweiz, in: Jahrbuch der Schweizerischen Gesellschaft für Urgeschichte Band 52, S. 9, 22 33 und 37 (1965)

Abb. 49 Einer der Grabhügel auf dem „Dotzigeberg"   (Foto: H. Moll)

8. Erlach-Jolimont

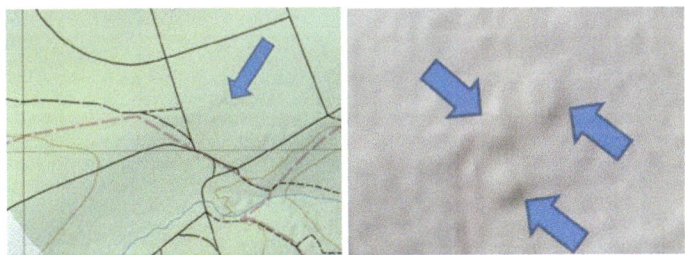

Abb. 50/51 Die Lage der Tumuli auf dem Jolimont oberhalb von Tschugg, auf dem Gemeindegebiet von Erlach, sehr schön erkennbar mittels der Methode der 3D-Reliefschattierung

„Auf dem Julimont, der wenn gleich irrthümlich wegen seiner schönen Aussicht auch Jolimont genannt wird, hat man 1847 und seither sichere Spuren keltisch- helvetischen Alterthums entdeckt Auf dem nach Süden geneigten bewaldeten Plateau des Berges liegen am Wege von Tschugg nach St. Johannsen in einem Dreieck nahe bei einander drei regelmäßig runde Erdhügel von 10 15 und 20' Durchmesser bei 6 bis 8' Höhe an der südlichen Böschung, während die nördliche viel niedriger ist, da die Hügel auf südwärts geneigter Fläche stehen. Im Jahr 1847 geöffnet, erwiesen sie sich als Grabhügel und zeigten folgenden Inhalt:

Im ersten fand man in einem aus großen Kieselsteinen trocken gemauerten Grabe ein sitzend nach Osten gekehrtes Gerippe; nach dem Schädel und andern Knochenresten zu schließen, das eines weiblichen Körpers. Von Mitgaben in Erz fand man einen kleinen Ohrring, einen zierlichen ovalen Armring mit Knöpfen an den etwas geöffnet einander gegenüberstehenden Enden, eine starke Haarnadel mit plattem Kopf und eingegrabenen Linearverzierungen, eine Art Pincette, einen Gürtelhacken, vorne daran ein Bildchen einer stehenden weiblichen Figur mit aufgebundenen Haaren, die seitwärts einen Wulst bilden und mit gegürteltem langem Schleppkock, den die rechte Hand vorne aufwärts zieht, während die oben abgebrochene Linke Etwas getragen zu haben scheint. Schade nur, dass dieses letzte Stück, welches erst nach der Ausgrabung zum Vorschein gekommen ist, durch den Mangel an antiker Erzpatina wie durch die auffallend modernisierende und an die Zeit Ludwigs XIV erinnernde weibliche Toilette sich nicht wenig verdächtig macht. Auch steinerne Mitgaben wurden gefunden: ein Granitstück, das vollkommen naturgetreu und wie von der besten Künstlerhand in Gestalt eines kleinen Schinkens ausgemeißelt ist und ein anderer Stein, welcher eine Schlifffläche und an der entgegenstehenden obern Seite vier eingemeisselte Vertiefungen in der Dimension eines Zolles zeigt, wovon drei neben einander gereiht sind, während die vierte links unter der ersten steht - mutmasslich ein Mahlstein, an welchem die Löcher zum bequemern Handhaben beim Reiben angebracht worden sind. Eine kleine Urne von dunkelbrauner Erde wurde nicht sorgfältig genug erhoben und ging mürb, wie sie war, ganz auseinander.

Der zweite Hügel barg in einem aus Tuffstein gebauten Grabe ein männliches Gerippe, ebenfalls sitzend nach Morgen gekehrt und beinahe ganz vermodert; von Beigaben war nichts zu finden.

Das Grab des dritten Hügels aus Kieselsteinen gebaut und mit gereinigtem Lehm überkittet, enthielt Asche und schwache Knochenreste von zwei unverbrannt Bestatteten, verbrannte Thierknochen, überdies mehrere zerstreut liegende Beigaben, wie beim ersten Grabhügel, theils von Erz theils von Stein. Die erstern waren folgende: ein von Holzresten begleiteter Streitmeißel, der einfachsten und ältesten Form, 5" lang 1" breit ¼" dick; zwei zweischneidige kurze aber verhältnismässig breite Dolchklingen, mit einem nach zur Spitze mitten-durchlaufenden Grat, hinten mit vier Stiften, wovon je zwei einander gegenüberstehen; an der einen der beiden Klingen, von welchen übrigens die eine etwas kürzer als die andere, befanden sich deutliche Spuren eines Griffes oder Futterals von Horn; ausserdem wurden noch mehrere grosse und starke zum Theil verzierte Nadeln gefunden. Die steinernen Beigaben bestunden in vier zum Theil bearbeiteten Stücken: das grösste ist 37 Pfund schwer und zeigt eine rohe Pyramidalgestalt mit stark abgeschliffener Grundfläche; das zweite ist bei gleicher Gestalt viel kleiner; das dritte hat ebenfalls eine Schlifffläche, welcher ein runder Rücken entgegensteht; das vierte stellt einen runden Knopf vor.

Die drei ersteren Steine scheinen, wie der eine der im ersten Grabhügel gefundenen, zum Zermalmen von Getreidekörnern gedient zu haben. Sämtliche zum Bau des ersten und dritten Grabhügels verwendete Kieselsteine müssen mit großer Mühe herbeigeschleppt worden sein, da sich auf dem Julimont keine vorfinden; ebenso wenig lieferte derselbe den zum Bau des zweiten Hügels verwendeten Tuffstein. Unweit dieser Grabhügel, etwas mehr südlich und am Bergabhang oberhalb Tschugg, liegt ein in Form jenen gleicher Hügel; als er 1848 geöffnet wurde, stieß man 3' tief, auf Kiesel und Bruchstücke von römischen Leistenziegeln; weiter fand sich nichts vor. Obschon die Untersuchung wegen des stark beholzten Zustandes des Hügels nicht zu Ende geführt werden konnte, so ist es doch gewiss dass derselbe ebenfalls ein Grabhügel ist, aber weit jünger als jene drei andern aus der römisch-helvetischen Zeit herstammt." [37]

[37] Jahn Albert, Der Kanton Bern, deutschen Theils: antiquarisch-topographisch beschrieben, (mit Aufzählung der helvetischen und römischen Alterthümer ... ; Ein Handbuch für Freunde der vaterländischen Vorzeit), Bern, S. 14ff (1850)

Abb. 52 Einer der drei Grabhügel auf dem Jolimont (Foto: H. Moll)

„Grabhügel I auf dem Jolimont, 847 m ü. M. - Mitfunde nicht völlig gesichert, da möglicherweise eine Brand(?)- und eine spätere Körper(?)-Bestattung vorlag.
- Museum: BHM Bern.
- Literatur: W. Drack 1958, 20 bzw. Taf. 2, 10." [38]

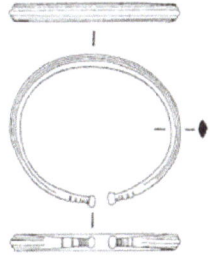

Abb. 53 Armspange mit Stempelende vom Jolimont [38]

[38] Drack Walther, Zum bronzenen Ringschmuck der Hallstattzeit aus dem schweizerischen Mittelland und Jura, in: Jahrbuch der Schweizerischen Gesellschaft für Ur- und Frühgeschichte, Band 55, S. 42 und 69 (1970)

9. Ersigen

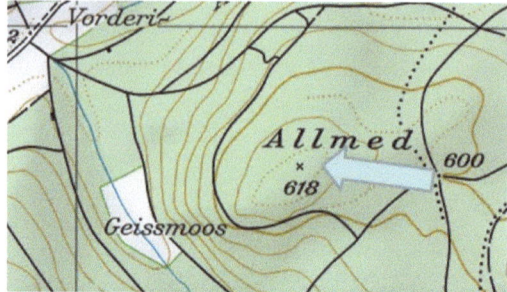

Abb. 54 Die Position der beiden Grabhügel auf der Allmed von Ersigen

„Über Gräber im Geissmoos (Ahnet) östlich von Ersigen sagt der Bericht des Gymnasiums Burgdorf von 1877:
"Unterdessen erinnerte sich Herr Bracher, Gutsbesitzer in Grafenscheuren, eines eigentümlichen Hügelpaares, welches er schon seit langer Zeit kannte. Es befindet sich in einem ungefähr eine Stunde von Burgdorf nordöstlich gelegenen Walde, Ahnet genannt, im Gemeindebezirk Ersigen. Vor vier Jahren schon wurden beide Hügel ohne nennenswertes Resultat geöffnet. Nun machte sich Herr Bracher am 19. Februar neuerdings an die Arbeit.
Die Hügel sind 1½ m hoch und halten 4,5 m im Durchmesser, doch ist der östliche etwas kleiner. In 1½ m Tiefe fand sich eine von Steinen umkränzte Stelle mit Spuren von Asche, und in der östlichen Ecke kamen Urnen zum Vorschein. Im westlichen Grabe fand sich ausserdem in 1½ m Tiefe eine vom Rost gänzlich zerfressene Messerklinge. Die Scherben, mit Ausnahme einiger Punktierungen ohne Ornament, gehörten 6 Gefässen an."
Von den im Osten und Westen der beiden Gräber befindlichen Erdaufwürfen wurde der eine ohne Resultat durchschnitten. - Als Rekapitulation zu diesem Ergebnis nennt der Bericht des Gymnasiums Burgdorf pro 1879 folgende Funde, denen noch die Messerklinge beizufügen ist:

1. Urne mit schwach aufwärts gebogenem Randaufsatz, ohne Verzierung, restauriert. Höhe 35, Durchmesser des Bodens 15, des Bauches 35, der Mündung 17 cm.
2. restaurierte Schale, 9 cm hoch, 12 cm weit.
3. Randstück mit Punktornament.
4. Randstück glatt.

Die beiden Gräber dürften der Spät-Hallstattzeit zuzurechnen sein." [39]

[39] Wiedmer-Stern J., Archäologisches aus dem Oberaargau, in: Archiv des Historischen Vereins des Kantons Bern, Band 17, Heft 2, S. 463f (1903/1904)

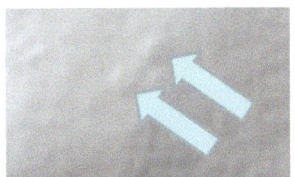

Abb. 55 Mit der 3D-Reliefschattierung sind die beiden Tumuli (s. blaue Pfeile) auf der „Allmed" gut erkennbar.

„Zwei Grabhügel im so genannten „Allmed" oder Allmendwald oberhalb des Geissmooses wurden nach einer ersten Schürfung im Jahre 1873 vom Gutsbesitzer Bracher von Grafenried im Februar 1877 eingehender untersucht.

Grabhügel I: Durchmesser: 4,5 m ; Höhe: rund 1,5 m.
In der Tiefe von 1,5 m (also zu ebener Erde) fand sich eine *von Steinen umkränzte* Stelle mit Spuren von Asche, und im Ostteil kamen *Töpfe* zum Vorschein. Ausserdem soll eine sehr stark verrostete *eiserne Messerklinge* gefunden worden sein.

Grabhügel II: Durchmesser: rund 4 m; Höhe: rund 1 m.
Der östliche Hügel war etwas kleiner als der westliche. Er soll nach A. Heuer im grossen Ganzen gleich aufgebaut gewesen sein wie der westliche, muss also auch einen *Steinkranz* enthalten haben. Ebenfalls im Ostteil des Hügels fanden sich *Gefässreste*. Herren führt 1879 folgende Objekte aus den beiden Hügeln auf:

- Topf aus Ton, mit schwach aufwärts gebogenem Rand, ohne Verzierungen,
  35 cm hoch, fehlt.
- Schale, Ton, dem Rand entlang Punktverzierung, fehlt.
- Rand- und Bodenfragment einer weiteren Schale, fehlt.

[40] Drack Walter, Ältere Eisenzeit der Schweiz, Kanton Bern, III. Teil, S. 17f (1960)

Abb. 56 Einer der von Brombeergestrüpp überwachsenen Grabhügel auf der „Almed" in Ersigen (Foto: H. Moll)

10. Fraubrunnen

10.1 Binelwald

„Ein Grabhügel im Bin(n)elwald, 20 Minuten westlich Fraubrunnen, der wahrscheinlich von J. Keiser aus Burgdorf am 16. und 17. Oktober 1877 «untersucht» wurde, ergab als Funde: «Trinkgeschirr», ein kleines «Bronzestückchen», «stark verrostete Rüstungen» sowie «Radschienen mit nach innen gebogenem Rand», wovon nur diese erhalten geblieben sind (Sammlung des Rittervereins Burgdorf, Schloss Burgdorf)." [41]

[41] J. Keiser, Antiquarische Notizen aus der Umgegend von Burgdorf, in: Jahresbericht des Gymnasiums Burgdorf pro 1877/78, S. 13 Burgdorf (1879)

Abb. 57 Der „Binelwald" (s. blauer Pfeil) westlich von Fraubrunnen

Abb. 58 Fragment eines Radreifens aus dem Hallstattgrab in Fraubrunnen, Eisen, Abstand der Nägel unbekannt, Durchmesser 72 cm. [42]

[42] Drack Walter, Wagengräber und Wagenbestandteile aus Hallstattgrabhügeln der Schweiz, S. 56ff (1958)

10.2 Grafenried - Vorderer und hinterer Eichsberg

„Hallstättische Grabhügel im Eichsberg" [43]

[43] Dubler Anne-Marie, Grafenried, in: Historisches Lexikon der Schweiz, Band 5, S. 586f (2006)

Abb. 59 Der Tumulus auf dem vorderen Eichsberg   (Foto: H. Moll)

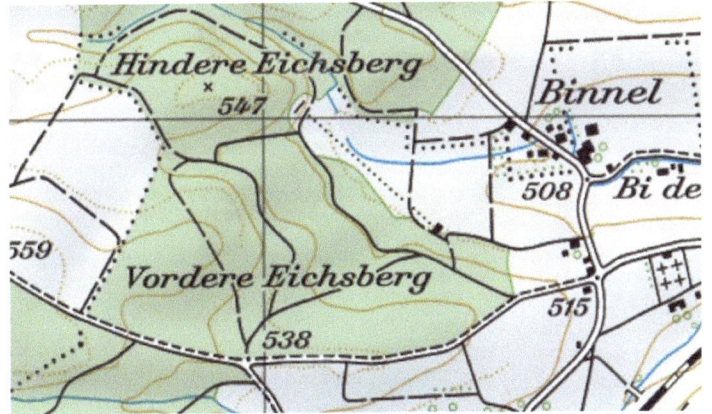

Abb. 60 Der vordere und der hintere Eichsberg, nördlich vom Dorfzentrum von Grafenried

Abb. 61 Der Tumulus auf dem hinteren Eichsberg (Foto: H. Moll)

11. Frauenkappelen

Abb. 62 Geographische Lage des „Spilwalds" auf dem westlichen Gemeindegebiet von Frauenkappelen

„Reste verbrannter Knochen, ohne Knochenurne beigesetzt, hat der Verfasser anderswo bereits in drei Grabhügeln aufgefunden: 1) in zwei Grabhügeln im Spielwald oberhalb Längägerten, ..." [44]

„Beiläufig erwähne ich hier noch eine in der Tat merkwürdige Benennung von Grabhügeln: es ist die der „Laubhüttenfest-Hubel", welche wenigstens die Grabhügel im Spielwald beim dortigen Landvolk tragen. Dieses verbindet damit die Vorstellung, dass von denselben herab zur Heidenzeit die heidnischen Pfaffen dem Volke gepredigt hätten. Liegt dieser Vorstellung nicht eine traditionelle Erinnerung an Benutzung der Grabhügel auch für heidnische gottesdienstliche Akte zu Grunde?" [44]

[44] Jahn A., Historisch-antiquarische Abhandlung über die Grabhügel bei Langenthal und Bannwyl, ein Beitrag zur Kunde der heidnischen Grab-Altertümer des Kantons Bern, In: Abhandlungen des Historischen Vereins des Kantons Bern, 1, S. 191 und 221 (1848)

Abb. 63 Fragment eines Gürtelbleches, Bronze, mit Kerbschnittdekor; aus dem Spilwald, Gemeinde Frauenkappelen [45]

[45] de Bonstetten G., Recueil d'antiquités suisses, S. 34 und Tafel XI, Bern, Paris, Leipzig (1855)

Abb. 64 Einer der Grabhügel im Spielwald, Gemeinde Frauenkappelen (Foto: H. Moll)

„Fragment eines Gürtelbleches, Bronze, mit Kerbschnittdekor. Der große dreiglied-rige Zierniet zeigt an, dass hier das Stück einer Randpartie vorliegt. Das Fragment ist offenbar einerseits entlang einer Längsrippe und anderseits entlang dem runden Zierstreifen mit Kerbschnittdekor ausgebrochen. Ein weiterer Zierstreifen mit einem Kerbschnittzickzack-Linienmotiv ist dem Rand entlang parallel geführt.

Aus einem der Grabhügel im Spielwald, 1846/47. Die erwähnten Mitfunde (?) sind nicht mehr vorhanden.

Museum: BHM Bern. - Literatur: W. Drack 1958, 4, Taf. 23, 18." [46]

[46] Walter Drack, Die Gürtelhaken und Gürtelbleche der Hallstattzeit Jahrbuch der Schweizerischen Gesellschaft für Ur- und Frühgeschichte 54, S. 47 (1968-1969)

12. Grossaffoltern

„Geometer Moser hat die vielen Tumuli in der Nähe von Grossaffoltern aufgenommen und uns eine Skizze über den Standort eingesandt; diese dient zugleich zur Rektifikation der von Bonstetten, Arch. K. Bern, gemachten Angaben. Danach befinden sich im Krummen nördlich des Dorfes 3, im Kaltenbrunnenwald, ebenfalls 3, auf dem Rumihubel wieder 3, aber kleine, im Eschetenwald 11. Zwischen Schünenberg und Wengi dehnt sich ein grosses Moos aus, in dem auch schon Funde gemacht wurden, vgl. das auf S. 32 und 47 Gesagte. Einige dieser Grabhügelgruppen dürften der H. angehören, vgl. 2. JB. SGU., 161; es muss aber darauf
geachtet werden, dass in der Nähe, bei Messen, frühgermanische Tumuli liegen." [47]

[47] Jahresbericht der Schweizerischen Gesellschaft für Urgeschichte, Band 11, S. 46 (1918)

„1875. Im *Krummeneinschlag* oder *Krummen,* nördlich des Dorfes: drei Grabhügel, wovon der erste eine Tonurne barg, drei im *Kaltenbrunnenwald,* drei auf dem *Rumihubel* (kleine), elf im *Äschetenwald,* drei weitere südwestlich davon.
JSCU 1909,160; 1918,46; 1919/ 20,76; 1911, 48 (Plan von B. Moser im Archiv SGU).
1947 wurde eine schon früher bekannte Gruppe von Grabhügeln am Nordrand des *Äschetenwaldes* ausgegraben. Grabhügel II mit Totenverbrennung : zwei Tonnenarmringe, zwei schmale Bronzearmbänder mit Kreispunktmuster, ein Spiralarmring, zwei Bronzeringlein und ein Bronzekettchen (Abb. 143). Mus. Bem. JHMB 1946,61; 1947.33f.; 1948,24f JSGU 1947, 33f." [48]

[48] Tschumi Otto, Urgeschichte des Kantons Bern, S. 229ff, Verlag Hans Huber, Bern (1953)

„Die Hügelnekropolen in der Umgebung von Grossaffoltern sind durch das Bernische Historische Museum kartographisch aufgenommen worden. Die Nekropole Aeschertenwald (LK 1146, 593 650/211 650) umfasst 21 Tumuli; im Chaltenbrünne-Ischlag (LK 1146, 595 750/212 950) und in der Waldparzelle südlich von Rumi (LK 1146, 595 820/212425) gelang es, eine weitere Gruppe von insgesamt 20 Hügeln zu erfassen. Drei weitere befinden sich im Vorimholz (LK 1146, 594 575/213 490) und ein einzelner auf dem Reuenberg (LK I:I46, 593 575/212 950). Es ist durchaus möglich, dass in den Wäldern nördlich von Grossaffoltern noch weitere Grabhügel existieren. Bei der Zusammenstellung unberücksichtigt blieben allfällig eingeebnete Tumuli in den landwirtschaftlich genutzten Zonen. Von den insgesamt 45 Hügeln konnten 35 erhaltungswürdige unter Denkmalschutz gestellt werden.

JbBHM 41/42, 1961/62, 436 (Hans Grütter)." [49]

[49] Jahresbuch der Schweizerischen Gesellschaft für Urgeschichte, Band 51, S. 103 (1964)

12.1. Äsche(r)te

„Im „Aeschertenwald" am Wege nach Bundkofen sind eine ganze Anzahl sehr grosser, noch unerforschter Grabhügel zu sehen." [50]

[50] Schmid Eugen, Vorgeschichtliches aus der Gegend von Diessbach bei Büren (Kt. Bern), in: Jahresbericht der Schweizerischen Gesellschaft für Urgeschichte, Band 2, S. 160 (1909)

„Grossaffoltern BE, Äschetenwald, Grabhügel 11/1947, wahrscheinlich nicht Brand-, sondern Körperbestattung: 2 Tonnenarmringe, — außerdem (obzwar die Lage nicht sehr gut beobachtet worden zu sein scheint) 2 schmale Armbänder, 1 Spiralarmring, 2 kleine Ringlein, 1 Kettchen." [51]

[51] Jahrbuch der Schweizerischen Gesellschaft für Urgeschichte, Band 40, S. 239 (1949-1950)

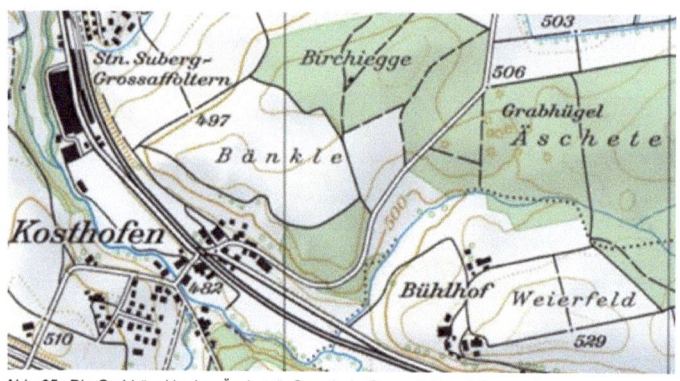

Abb. 65 Die Grabhügel in der „Äschete", Gemeinde Grossaffoltern (oben rechts)

„Im Jahre 1947 wurde der späthallstättische Grabhügel II der Nordgruppe im Äschetenwald (13. JB. SGU. 1921, 48) ausgegraben. „Die Funde bestanden aus 2 Tonnenarmringen, 2 schmalen Bronzearmbändern mit Kreispunktmuster, 1 Spiralarmring, 2 Bronzeringlein und 1 Bronzekettchen. O. Tschumi, JB. Hist. Mus. Bern 1948, 24 ff.)" [52]

[52] Jahrbuch der Schweizerischen Gesellschaft für Urgeschichte, Band 41, S. 91 (1951)

Abb. 66 Grabhügel im „Aeschetewald", Gemeinde Grossaffoltern (Foto: H. Moll)

Abb. 67 Spiralarmbänder aus feinem Bronzedraht [53]

„Ein Paar wie Typus «Wohlen». - Grabhügel von 1947 am Nordrand des Eschetenwaldes, 1947. - Körperbestattung, bei welcher ausserdem noch lagen : 1 Tonnenarmband, 2 Armringe aus massiver Bronze, 2 Bronzeohrringe, 1 Bronzekettchen. Museum: BHM Bern. - Literatur: W. Drack 1959, 21 f. und Taf. 7,15." [53]

[53] Drack Walter, Zum bronzenen Ringschmuck der Hallstattzeit aus dem schweizerischen Mittelland und Jura, in „Jahrbuch der Schweizerischen Gesellschaft für Ur- und Frühgeschichte" Band 55, S. 54 und 76 (1970)

Abb. 67 Ein weiterer Grabhügel im „Aeschetewald", Gemeinde Grossaffoltern (Foto: H. Moll)

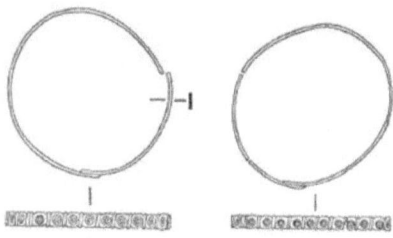

Abb. 68   Armringpaar (Nrn. 7, 8) [54]

„Ebenfalls als frühen Armschmuck lassen sich Armringe aus schmalem Bronzeblech mit Dellen- und Augenmusterdekor bestimmen. Bei verschiedenen Stücken sind die Dellen oder Augenmuster innerhalb eines fein fazettierten Randes durch einfache Rippchen voneinander getrennt, so bei den Nrn. 7 und 8 aus Grossaffoltern." [53]

„Die Zeitstellung in Hallstatt D/I basiert vorab auf den Fundumständen der Nrn. 7 und 8 von Grossaffoltern, 10-12 aus Bäriswil und 13 aus Bannwil, wo überall Tonnenarmbänder mitvergesellschaftet waren (Vgl. dazu W. Drack 1965, bes.18.)." [53]

„Armringpaar, fragmentiert, Ränder leicht fazettiert, mit Querrippen und dazwischen je 1 Augenmuster. Aus einem der Grabhügel im Eschetenwald, 1947. Damals kamen noch zum Vorschein: 2 Tonnenarmbänder, 2 kleine Ringlein, 1Spiralarmring, alles Bronze." [54]

Museum: BHM Bern. - Literatur: W. Drack 1959, 21 f., Taf. 7, 12 und 13.

[54]   Drack Walter, Zum bronzenen Ringschmuck der Hallstattzeit aus dem schweizerischen Mittelland und Jura, in „Jahrbuch der Schweizerischen Gesellschaft für Ur- und Frühgeschichte" Band 55, S. 25, 39 und 71 (1970)

Abb. 69   Die Nekropole „Aeschete", dargestellt mit 3D-Reliefschattierung: Deutlich sind mehrere Tumuli zu erkennnen.

Abb. 70 Fragmentiertes Tonnenarmband [55]

„Grabhügel Nr. 2 im Eschetenwald bei Kosthofen, 1947. Ein Paar. Mitfunde: 1 massiver Bronzearmring, 1 weiterer solcher Armring, 2 Bronzeringlein, 1 Spiralring. Museum: BHM Bern. Literatur: Drack 1959, 22, Taf. 7, 11." [55]

[55] Drack Walter, Die hallstattzeitlichen Bronzeblech-Armbänder aus der Schweiz, in:
Jahrbuch der Schweizerischen Gesellschaft für Urgeschichte, Band 52, S. 9 und 33 (1965)

12.2. Rumihubel

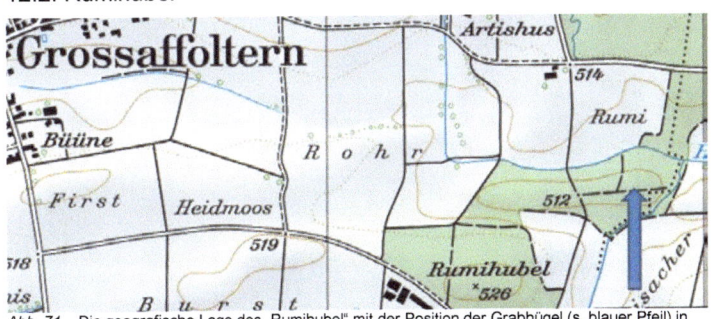

Abb. 71 Die geografische Lage des „Rumihubel" mit der Position der Grabhügel (s. blauer Pfeil) in Grossaffoltern

„Südöstlich von Vorimholz, auf den „Rumihubeln", sind einige teilweise zerstörte Grabhügel." [56]

[56] Schmid Eugen, Vorgeschichtliches aus der Gegend von Diessbach bei Büren (Kt. Bern), in:
Jahresbericht der Schweizerischen Gesellschaft für Urgeschichte, Band 2, S. 161 (1909)

Abb. 72 Einer der Grabhügel auf dem „Rumihubel" in Grossaffoltern (Foto: H. Moll)

12.3. Chaltebrünne-Ischlag

Abb. 73 Die Lage des Waldgebietes „Chaltebrünne-Ischlag" mit der Position der Grabhügel (s. blauer Pfeil) in Grossaffoltern

Abb. 74 Ein Tumulus auf dem „Chaltebrünne-Ischlag" in Grossaffoltern (Foto: H. Moll)

12.4. Chrummen- bzw. Vorimholz-Ischlag

Abb. 75 „Chrumme und Vorimholz-Ischlag" nordöstlich des Dorfkerns von Grossaffoltern, mit der Position der Grabhügel (s. blauer Pfeil) am Waldrand

„1875. Im „Krummeneinschlag" oder „Krummen", nördlich des Dorfes: drei Grab-hügel, wovon der erste eine Tonurne barg.
JSGU 1909, 160; 1918, 46; 1919/20, 76; 1921, 48 (Plan von B. Moser im Archiv SGU" [57]

[57] Tschumi Otto, Urgeschichte des Kantons Bern, S. 229, Verlag Hans Huber (1953)

Abb. 76 Ein Grabhügel auf dem „Vorimholz-Ischlag" in Grossaffoltern (Foto: H. Moll)

12.5. Reueberg / Gärbi-Ischlag

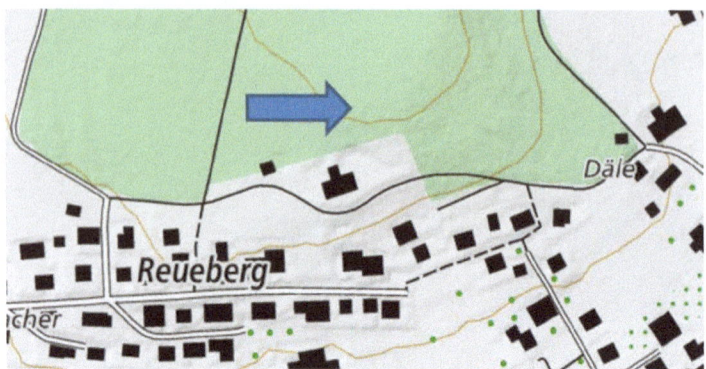

Abb. 77 Der „Reueberg" nördlich des Dorfkerns von Grossaffoltern mit der Position des Grabhügels (s. blauer Pfeil)

„Die Hügelnekropolen in der Umgebung von Grossaffoltern sind durch das Bernische Historische Museum kartographisch aufgenommen worden. (…)
… ein einzelner auf dem Reuenberg (LK 1146, 593 575/212 950). [58]

[58] Jahresbuch der Schweizerischen Gesellschaft für Urgeschichte, Band 51, S. 103 (1964)

Abb. 78 Der Tumulus auf dem „Reueberg" (Foto H. Moll)

13. Grosshöchstetten

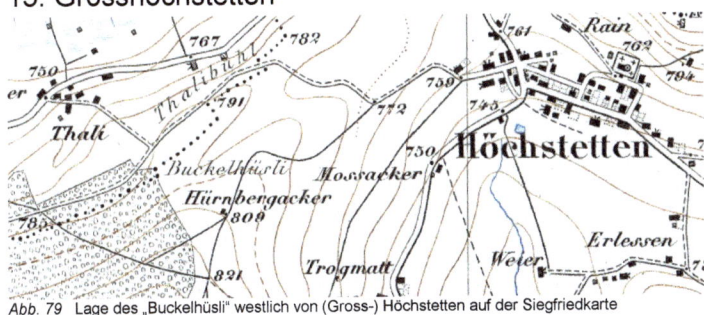

Abb. 79 Lage des „Buckelhüsli" westlich von (Gross-) Höchstetten auf der Siegfriedkarte (Stand 1900)

„Beim Buckelhüsli, etwa 1 km südwestlich von Gr.-Höchstetten, wurden bei der Anlage einer Kiesgrube auf aussichtsreicher Höhe nach einander zwei Skelettgräber entdeckt, deren Inhalt, dank den Bemühungen des Herrn Oberst Bühlmann, in das Antiquarium des historischen Museums in Bern gelangte.

Das erste Grab, etwa 60 cm tief im Boden, enthielt an Beigaben: eine graue Tonperle mit drei Augen oder Wülsten von blauem und gelbem Schmelz (Durchmesser: ca. 2 cm); vier weiße und gelbliche Glasringe zu Gehängen (Durchmesser: ca. 2,5 cm), neun blaue und sechs graue durchbohrte Glasperlchen; Spangenfragmente aus dünnem Bronzedraht. Nach Aussage eines Arbeiters waren die Perlen am Drahtring aufgereiht.

Das zweite Grab, wenige Schritte vom ersten entfernt, barg die Überreste eines Kindes mit Milchzähnen und mit einem Loch im Schädel; der Kopf ruhte auf einem Stein. Als Beigaben fanden sich ein gelbgläserner kantiger Ring (äußerer Durchmesser: 4,1cm, innerer Durchmesser: 1,6 cm) und einige Bruchstücke eiserner Fibeln. Der Charakter des Fundes weist die beiden Gräber der vorrömischen gallo-helvetischen Zeit zu". [59/60]

[59] „Der Bund", 28. Juni 1903
[60] Anzeiger für schweizerische Altertumskunde, Band 5, S. 224f (1903-1904)

Eine schöne Darstellung der in Grosshöchstetten gefundenen Glasperlen aus der Latènezeit findet sich im „keltischen Schatzkästlein. [61]

[61] Müller, Felix, Das keltische Schatzkästlein (Glanzlichter aus dem Bernischen Historischen Museum 1), 64 S., Chronos Verlag Zürich (1999)

14. Hermrigen

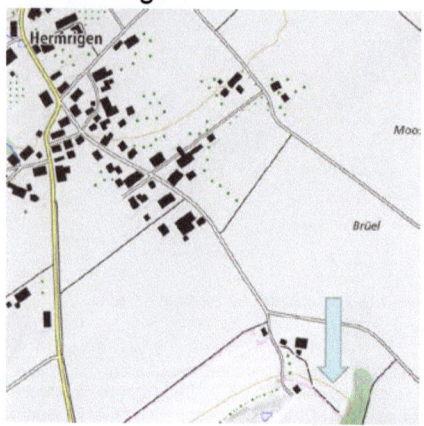

Abb. 80 Die Lage der Fundstelle südlich von Hermrigen beim „Holehölzli" (s. blauer Pfeil)

„Aus den Fundnotizen E. F. Müllers (1800—1858) wird ein Grabhügel von 39,5 Fuß Dm. und 2,5 Fuß Höhe mit sieben Skeletbestattungen, wovon drei mit Richtung OW und vier mit Richtung NS, im Hermrigenmoos bekannt.

Beigaben: Vierfach geripptes Goldblech, Goldring, Tonring, zwei Kahnfibeln, Bronzering mit Zängelchen, Kopfkratzer, Ohrlöffel, Halsring mit Goldblech überzogen, Rest einer Fibel, Rest eines ringförmigen Anhängers aus Gold, gedrehter Bronzering, Randstück eines bauchigen Bronzegefäßes. In dem Grabhügel bildeten Schneckenhäuschen einen Ring, innerhalb dessen drei Skelette bestattet waren. Tschumi in Jahrb. d. bern. Mus. 1930." [62]

[62] Jahresbericht der Schweizerischen Gesellschaft für Urgeschichte Band 22, S. 51 (1930)

Abb. 81 Die Fundstelle südlich von Hermrigen beim „Holehölzli" (Foto: H. Moll)

„Nach A. Jahn wurde 1829 ein Hügel abgetragen. (Nach Bonstetten-Quiquerez-Uhlmann handelte es sich überhaupt nur um *einen* Hügel.) Im Jahre 1849 hat E. F. Müller aus Nidau einen (weiteren?) Hügel «genauer untersucht».

Der Grabhügel von 1849. Durchmesser: ca. 13m, Höhe: ca. 80 cm. Der Hügel enthielt 7 Körperbestattungen, von welchen drei von Nord nach Süd, vier dagegen von Ost nach West orientiert waren. Drei Bestattungen sollen innerhalb eines Kreises aus Heliciden-Schneckenhäuschen gelegen haben." [63]

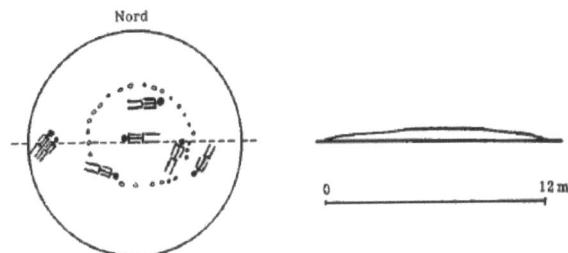

Abb. 82 Grundriss und Querschnitt des Grabhügels von Hermrigen. Nach einer Bleistiftskizze im Museum Schwab, Biel, umgezeichnet von W. Stäuble, Zürich. [63]

[63] Drack Walter, Ältere Eisenzeit der Schweiz, Kanton Bern, I. Teil S. 5 (1958)

„Nach dem Katalog des Museums Schwab in Biel sollen die dort aufbewahrten Radfragmente aus einem Tumulus der Grabhügelgruppe (?) südöstlich Hermrigen, im Ostteil des Holenhölzli, hart am Rande des Hermrigenmooses gelegen, stammen. E. F. Müller soll sie dort gemäss Katalog von 1871/72 des Museums Schwab in Biel gefunden haben, obgleich Müller nur eine Sondierung, diejenige von 1849, nachgewiesen werden kann. Die früheren Grabungen, die von A. Jahn und G. von Bonstetten erwähnt sind, ergaben keine Wagen- oder Wagenradfunde. Mangels anderweitiger Belege sehe ich mich gezwungen, mich an den Katalog des Museums Schwab zu halten. Immerhin gestatte ich mir, im Text Hermrigen mit Anführungs- und Schlusszeichen zu versehen, weil ich persönlich dafür halte, dass die auf Tafel 22 gezeichneten Objekte zu den Funden aus Ins geschlagen werden sollten.

Literatur: O. Tschumi, Urgeschichte des Kantons Bern, Bern und Stuttgart 1953, S. 236: «Im Hermrigenmoos: Ein Grabhügel mit Radreifen von einer Wagenbestattung und sieben Skeletten» - obgleich auf dem von mir bei den Akten E. F. Müller im Museum Schwab in Biel kopierten Skizzenplan des Grabhügels 1849 nicht der geringste Anhaltspunkt für ein Rad, geschweige denn für einen ganzen Wagen zu entdecken ist. - Vgl. auch W. Drack, Ältere Eisenzeit der Schweiz, Kanton Bern, I. Teil (Materialhefte zur Ur' und Frühgeschichte der Schweiz, Heft 1), Basel 1958." [64]

[64] Drack Walter, Wagengräber und Wagenbestandteile aus Hallstattgrabhügeln der Schweiz, in: Zeitschrift für schweizerische Archäologie und Kunstgeschichte, 18, S. 60 (1958)

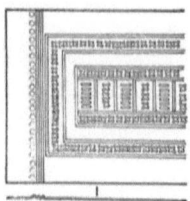

Abb. 83   Gürtelblech aus dem Grab in Hermrigen [65]

„Fragmente von einem Gürtelblech, Bronze, mit punziertem Dekor. Vom Gürtelblech ist nur so viel erhalten, dass wenigstens die Breite sowie die Gestaltung der beiden Längsränder und der einen Schmalseite bekannt sind. Diese letztere ist durch zwei parallele Rippchen von der Schaufläche abgetrennt, und parallel dazu sind Buckelchen perlschnurartig aufgereiht. Die Schaufläche ihrerseits war mittels einer Bordüre, bestehend aus x-Motiven zwischen einfachen Rippchen, sowie durch eine ebenso breite unverzierte Zone eingerahmt. Die eigentliche Zierzone setzte sich aus senkrecht angeordneten, gleich breiten, hochrechteckigen Zierbändchen, abwechselnd Linien und x-Motive zeigend, zusammen, die ihrerseits oben und unten von mit Rippen umzogenen Bändern aus x-Motiven abgegrenzt wurden." [65]

„Grabhügel im Ostteil des Holenhölzli beim Hermrigenmoos, 1829. Der Hügel enthielt angeblich 7 Körperbestattungen, deren Einzelinventare nicht mehr mit Sicherheit auszumachen sind. Insgesamt stammen von Hermrigen die folgenden weiteren Objekte: Fragmente eines Golddiadems, Armring aus Eisen, mit Goldfolie über- zogen, Halsring aus Eisen, ebenfalls mit Goldfolie überzogen, das Fragment eines Goldohrrings, Lignitarmring, 2 Kahnfibeln, 2 Toilettennecessaires, das Fragment einer Paukenfibel, eine gerippte Armspange, ein massiver Armring, ein hohler Armring, Randfragmente eines Beckens, alles Bronze, sowie Wagenbestandteile: Nabendeckelreste, Reifenstücke.
- Museum: MSCH Biel. - Literatur: W. Drack 1958, 6, Taf. 3, 13." [65]

[65] Drack Walter, Die Gürtelhacken und Gürtelbleche der Hallstattzeit aus dem schweizerischen Mittelland und Jura, in: Jahrbuch der Schweizerischen Gesellschaft für Ur- und Frühgeschichte, Band 54, S. 25 und 47f (1968-1969)

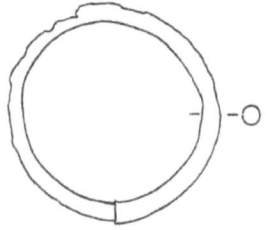

Abb. 84   Fragmentierter Hohlbronzefussring aus dem Grab in Hermrigen [66]

[66] Drack Walter, Zum bronzenen Ringschmuck der Hallstattzeit aus dem schweizerischen Mittelland und Jura, in: Jahrbuch der Schweizerischen Gesellschaft für Ur- und Frühgeschichte, Band 55, S. 66 und 82 (1970)

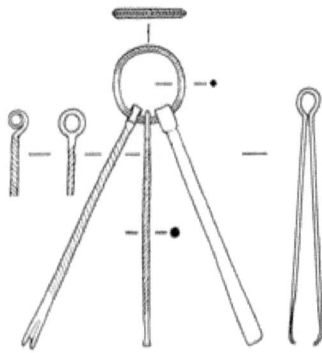

Abb. 85 Toiletten-Necessaire, bestehend aus Pinzette, Ohrlöffelchen und «Sonde», aus dem Grab in Hermrigen [67]

[67] Drack Walter, Waffen und Messer der Hallstattzeit aus dem schweizerischen Mittelland und Jura, in: Jahrbuch der Schweizerischen Gesellschaft für Ur- und Frühgeschichte, Band 57, S. 164ff (1972 und 1973)

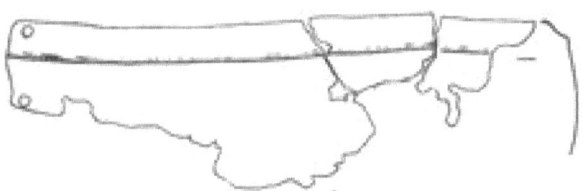

Abb. 86 Randfragment eines halbkugeligen Beckens. Zwischen einwärts und S-förmig gebogenem Rand und Wandung eine Hohlkehle. [68]

[68] Drack Walter, Die Metallgefäße der Hallstattzeit aus dem schweizerischen Mittelland und Jura, in: Jahrbuch der Schweizerischen Gesellschaft für Ur- und Frühgeschichte, Band 60, S. 106ff und 117 (1977)

15. Herzogenbuchsee

15.1. Oberwald

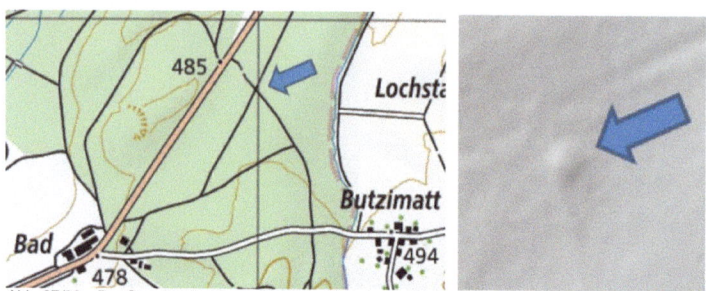

Abb. 87/88   Der Standort (s. blauer Pfeil) des Tumulus im Oberwald, gut erkennbar mit der 3D-Reliefschattierung (rechtes Bild)

„Etwas ausserhalb des alten Bades, im Anfang des Waldes zwischen Herzogenbuchsee und Bützberg, rechts von der Landstrasse, liegen zwei ziemlich grosse Tumuli, die schon in den vierziger Jahren, als Jahn sie sah, angeschnitten waren, jedenfalls von Schatzgräbern. Eine weitere „Untersuchung" wurde anfangs der verflossenen 70er Jahre von Privaten vorgenommen. Nach Bonstettens archäologischer Karte fanden sie in der Basis des einen Grabes einen römischen Ziegel, im andern Ziegel, unkenntliche römische Münzen und Eisenreste. Bei beiden war
keine Spur einer Einfassung oder Steinsetzung zu erkennen." [69]

[69] Wiedmer-Stern J., Archäologisches aus dem Oberaargau, in: Archiv des Historischen Vereins
    des Kantons Bern, Band 17, Heft 2, S. 453 (1903/1904)

Abb. 89   Der eindrückliche Tumulus im „Oberwald" nordöstlich von Herzogenbuchsee (Foto: H. Moll)

15.2. Oberönz – Aspi

Abb. 90/91 Der Standort (s. blauer Pfeil) des in Abb. 89 abgebildeten Tumulus in der „Aspi", gut erkennbar mit der 3D-Reliefschattierung (rechtes Bild)

„Unmittelbar am Wege nach dem Steinhof, liegen zwei weitere, sehr abgeflachte Hügel im so genannten „Aspi" dicht beisammen. Den kleineren, südlichen, untersuchte der Verfasser im April 1902. Die Durchmesser waren folgende: NS 7,20 m, OW 6 m, die Maximalhöhe 0,7 m. Ein steinkranzähnliches Depot von Kieseln fand sich im SW, SO und S. Die Peripheriestücke im Osten und Westen waren je mit einem grossen Baum bestanden und konnten daher nicht vollständig untersucht werden. Die Schichten im Innern des Hügels waren, besonders die obern, durch frühere Reutarbeiten etwas gestört. Eine Anhäufung von grösseren Steinen in der Mitte kann nicht wohl als Steinsetzung gelten, da sie doch zu spärlich war und grosse Geschiebe überhaupt in dem Moräneschutt, aus dem der Höhenzug besteht, sehr häufig sind; sie fanden sich auch im Mantel des Hügels. Über die ganze Basis hin zog sich auf dem rotgebrannten Boden eine Aschenschicht, die stark mit Kohlenschmitzen durchsetzt war und besonders zwischen Mitte und Südpunkt bis zu 0,6 m Mächtigkeit anstieg.

Abb. 92 Einer der Tumuli im „Aspi", Gemeinde Herzogenbuchsee-Oberönz (Foto: H. Moll)

2,2 m vom westlichen Messpunkt nach Ost fand sich in 0,7 m Tiefe als einzige Beigabe ein künstlich bearbeitetes Feuersteinstück, das als Fragment eines Schabers gelten kann. Weder von Scherben, noch von Metall war eine Spur zu finden. Dass wir es hier mit einem neolithischen Brandgrab zu tun hätten, ist mehr als zweifelhaft, denn nicht nur der vorhin erwähnte, sondern auch die folgenden Hügel desselben Reviers gehören einer viel spätern, jedenfalls der römischen, Epoche an. Es ist vielmehr wahrscheinlich, dass wir auch hier an ein Grab dieser Periode zu denken haben, in das das Silexstück zufällig, vielleicht von einer der Fundstellen am nahen Burgäschisee her, verschleppt wurde. Für das Alter der Grabanlage beweist es jedenfalls wenig oder gar nichts. Denn der direkt daneben liegende grössere Hügel ergab bei einer Anschürfung Zieger mit Kohlenpartikeln und eine kleine römische Scherbe." [70]

[70] Wiedmer-Stern J., Archäologisches aus dem Oberaargau, in: Archiv des Historischen Vereins des Kantons Bern, Band 17, Heft 2, S. 455f (1903/1904)

15.3. Oberönz – Solachere

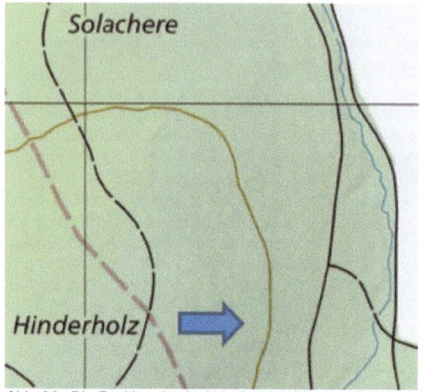

Abb. 93   Die Position des in Abb. 94 abgebildeten Grabhügels in der „Solachere"

„Zwei weitere Tumuli liegen westlich von diesen am Nordostabhang der Solachern, der obere auf der Kante einer hübschen Flussterrasse, der andere, kleinere, einige Schritte

Abb. 94   Der Grabhügel in der „Solachere"   (Foto: H. Moll)

nördlich und unterhalb desselben. Beide konnten des Bestandes wegen nur angeschürft werden und erwiesen sich als Brandhügel nach der Art derjenigen im Aspi. Der obere ergab in dem schmalen Schacht nur Zieger und Kohlenpartikel, der untere überdies einige kleine, festgebrannte, rote Scherbenbrocken und einen eisernen Nagelkopf." [71]

[71] Wiedmer-Stern J., Archäologisches aus dem Oberaargau, in: Archiv des Historischen Vereins des Kantons Bern, Band 17, Heft 2, S. 456 (1903/1904)

16. Ins

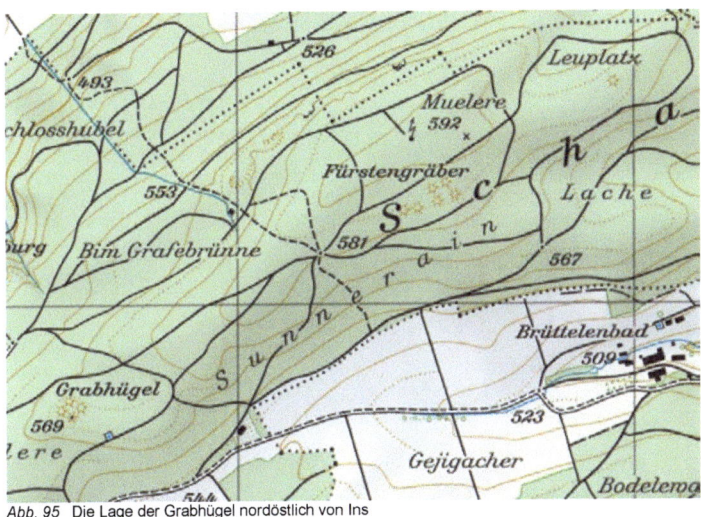

Abb. 95 Die Lage der Grabhügel nordöstlich von Ins

„Collier en bronze se fermant par un crochet qui se fixait a une tige transversale (brisée). Il est orné de traits légèrement graves formant des dessins à lambrequins et a lignes rompues, genre d'ornement qui ne parait déjà plus appartenir à l'époque Celtique. Ce collier a été trouvé a Anet dans une tombelle a noyau de pierres; il était accompagné d'un brassard en bronze (Pl. X. Fig. 8) et d'un autre en bois; d'un bouclier avec umbo et cercles en bronze pareil à celui de la Pl. VIII, et de bracelets du même métal. Ce bronze n'a que 24 cent. de long, et ne pouvait s'ajuster qu'a un très petit cou. Peut-être était-ce un collier de chien tue sur la tombe de son maitre. Les tumuli d'Anet ne contenaient malheureusement que des fragments d'ossements méconnaissables.

Abb. 96 Collier en bronze [72]

Grand brassard en bois en forme de cône tronqué, étroit vers la main et s'élargissant du cote de l'avant-bras. Il a un centim. dans la plus grande épaisseur et douze centim. de hauteur, mais comme il est brisé à l'extrémité étroite, il a dû avoir une dimension plus grande encore. Ce brassard se trouvait dans la 10ème tombelle d'Anet avec un second brassard en bois, les fragments d'un troisième en bronze, des bracelets et une feuille de bronze portant gravée en relief une croix grecque entourée comme d'un cadre de lignes striées. La tombelle était à noyau de pierres (v. T. d'Anet)." [72]

Abb. 97 Grand brassard en bois en forme de cône tronqué [72]

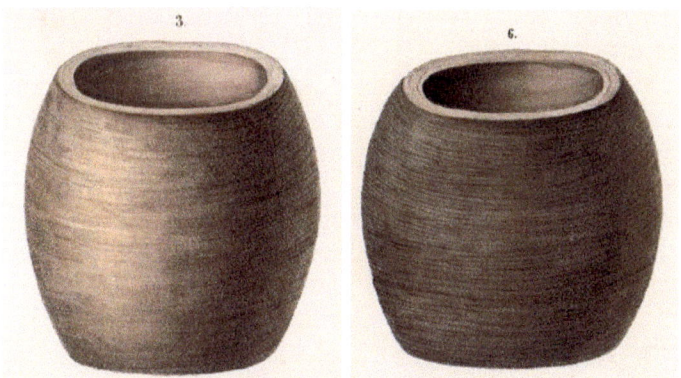

Abb. 98/99 Brassards en bois des tumuli d' Anet. [72]

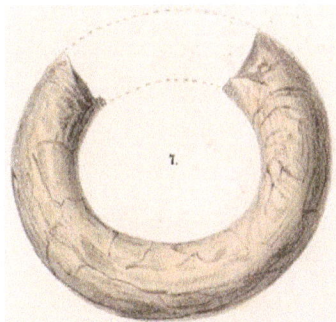

Abb. 100 Bracelet en bois, brisé. Des tumuli d'Anet. [72]

Abb. 101 Fragment d'un brassard en bois avec une raînure et un trou rond à chaque extrémité. (Même tumulus que le brassard Fig. 2.) [72]

Abb. 102 Bracelet des tumuli d'Anet [72]

Beau brassard en bronze de 17 cent. de long, et plus large du cote de l'avant-bras; aux deux. extrémités, ornements en lignes disquées et en stries. Sur la partie renflée du milieu, quatre cadres ou médaillons séparés chacun par une large raie a stries transversales. Ces médaillons représentent alternativement: 1) une croix disquée et. striée, entourée de lignes formant rayons, et 2) dix-huit disques pointillés, ranges sur trois lignes terminées de deux côtés par une bordure de huit triangles ou dents de loup.

Abb. 103 Brassard en bronze, représenté de profil [72]

Ce brassard, comme on le voit Fig. 2, où il est représenté de profil, ne couvrait que la partie supérieure du poignet. Il n'existe sur]es deux côtes aucune trace d'agrafe ou de crochet pour le fixer et il est probable qu'on le garnissait intérieure-ment d'une feuille de cuir qui dépassait le bronze des deux côtes, de manière à recouvrir le dessous du poignet, et se terminait par des lanières en courroies qu' on serrait à volonté. L'intérieur du brassard était en outre garni de bois; j'en ai recueilli quelques fragments qu'on a représentés ici. Il contenait encore les restes d'une longue baguette de bois imprégnée de vert-de-gris, et deux petits bracelets. Ce bronze pro- vient d'un tumulus d'Anet ou se trouvait également le collier.(Fig. 8, Pl. VII). Une des tombelles de Besançon dont j'ai parlé plus haut, a fourni un brassard pareil à celui-ci: Des tombes de plusieurs autres localités m'en ont aussi présenté de semblables.

[72] de Bonstetten G., Recueil d'antiquités suisses, S. 31ff und Tafeln VII, IX und X, Bern (1855)

Abb. 104 Zwei der Grabhügel auf dem Grossholz-Schaltenrain, Gemeinde Ins   (Foto: H. Moll)

„Le tumulus Nr. 3 du groupe fouillé par G. de Bonstetten recouvrait deux tombes; l'une, placée au sommet, renfermait deux brassards de bronze et une plaque de ceinture gravée. La seconde se trouvait à la base du tumulus; son mobilier se composait d'un disque ajouré reposant sur une couche de cuir, d'un brassard en lignite et de quelques bracelets minces (Musée de Berne)." [73]

[73] Viollier D., Un groupe de tumuli hallstattiens à propos des plaques ajourées avec cercles concentriques mobiles, in: Anzeiger für schweizerische Altertumskunde, Band 12, S. 258 (1910)

„Das Museum Schwab in Biel enthält, wie das historische Museum Bern, sehr interessante Funde aus Grabhügeln im so genannten Schaltenrain. Dieser Schaltenrain ist im Wesentlichen der Inser Einungswald, welcher etwa zwei Dutzend kleinere und grössere Grabhügel enthält. Besonders bemerkenswert ist eine Gruppe von 10 beieinander stehenden Hügeln, von denen der grösste zirka 6 m Höhe aufweist. Einer der mittelgrossen Hügel dieser Gruppe wurde nun im Herbst 1908 vom Sekretär unserer Gesellschaft für das Museum Schwab untersucht. Er enthielt innerhalb eines riesigen Steinkernes die Reste eines zweirädrigen Wagens und über denselben verbrannte menschliche Knochen. Ausserdem fand sich ein Brandgrab mit einem Gürtelblech aus Bronze, Ringen und Gefässen aussen am Steinkern. An einer dritten Stelle stiess man auf Tonnenarmwulste von Bronze, Spiralringe und aschenreiche Erde und an einer vierten Stelle fanden sich Bronzeringe.
Es steht zu hoffen, dass die Ausgrabungen fortgesetzt werden und soll erst später ein detaillierter, nach den Fundprotokollen abgefasster Bericht erstattet werden." [74]

[74] Jahrbuch der Schweizerischen Gesellschaft für Urgeschichte, Band 1, 45ff (1908)

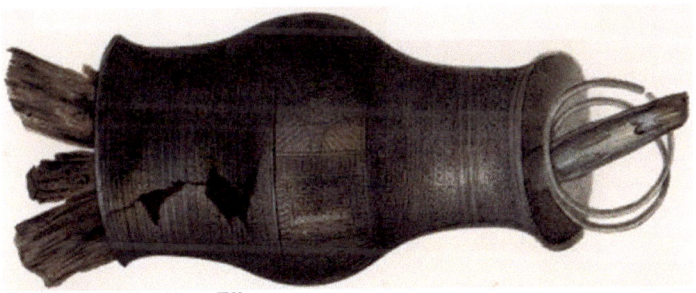

Abb. 105 Brassard en bronze [72]

Abb. 106   Einer der Grabhügel in der Holzmatt, Gemeinde Ins (Foto: H. Moll)

„Das Museum Schwab in Biel besitzt eine bemerkenswerte Sammlung von Fundstücken, die von Ausgrabungen im sog. Schaltenrain herrühren. Man versteht unter dieser Bezeichnung den waldigen Höhenzug, der das grosse Moos vom Bielersee trennt und sich von Hagneck in westlicher Richtung gegen Ins hinzieht. Zwischen Brüttelen und Vinelz, südöstlich von der alten Fenisburg, befindet sich im so genannten Grossholz, dem Gemeindewald von Ins, eine Gruppe von elf grossen Grabhügeln und eine weitere Anzahl findet man verteilt über das ganze Plateau jenes aussichtsreichen Höhenzuges.

Die Funde im Museum Schwab stammen von den Nachgrabungen her, die der als Archäologe bekannte Oberst Schwab, der Schöpfer des Museums, im Verein mit seinem Freund, Regierungsstatthalter Müller in Nidau, in den 50er Jahren des vorigen Jahrhunderts daselbst vornehmen liess. Auch der Berner G. von Bonstetten liess um die gleiche Zeit daselbst Grabungen anstellen und zwar in jener Gruppe von Grabhügeln, die in einer Reihe von zehn auffallend hohen Erhebungen, nicht weit oberhalb dem Brüttelenbad, im sog. Grossholz, liegen. Über diese Ausgrabungen hat von Bonstetten einen Bericht veröffentlicht:
„Notices sur les tombelles d'Anet", Bern 1849, worin besonders die Bronzefunde und die goldverzierten Schmuckgegenstände beschrieben und abgebildet sind. Obschon Bonstetten damals laut seinen eigenen Aufzeichnungen alle zehn Grabhügel angeschürft hatte - ein elfter liegt einige hundert Schritte nördlich davon -, so ergab es sich anlässlich einer gründlichen Untersuchung, die zwei Mitglieder der Museums-Kommission von Biel an Ort und Stelle vorgenommen hatten, dass die Nachgrabungen in einigen dieser Grabhügel nur ganz oberflächlich gewesen sein mussten, und dass zu hoffen sei, die eigentlich tiefer liegenden Grabstellen noch intakt anzutreffen.

Im Oktober 1908 wurde einer dieser Grabhügel am Schaltenrain unter Leitung von Dr. J. Heierli aus Zürich durch die Kommission des Museums Schwab durch vorsichtige Abtragung untersucht. Es zeigte sich dabei, dass ein solcher Grabhügel mehr als eine

Grabstätte aufwies: Der geöffnete enthielt nicht weniger als vier Grabstellen, die zum Teil durch ein mächtiges Steinbett von ineinander gefügten Rollkieseln erratischen Ursprungs kegelförmig eingedeckt waren. Sehr interessant waren die Reste eines mit Eisen beschlagenen Streitwagens, von dem die Radreifen und sonstigen Beschläge alle beieinander liegend gefunden wurden. Nicht minder wertvoll war der Fund eines schön verzierten Gürtelbleches aus getriebener Bronze. Armringe, Halsgehänge und weitere Bronzegegenstände fanden sich ebenfalls vor. Hart bei diesen Gräbern befand sich die Brandurne mit zwei darin befindlichen kleineren Tongefäßen, den verbrannten Überresten von Knochen und Kohle, sowie eine sehr schön gearbeitete Bronzenadel und eine farbige Glasperle mit weiß emaillierter Farbe. („Schweiz. Handelscourier", Biel, 4. Nov. 1908.)" [75]

[75] Anzeiger für schweizerische Altertumskunde: Neue Folge, Band 10 S. 267f (1908)

Abb. 107/8   Goldene Trinkgefässe aus den Gräbern in Ins, um 550 v. Chr. (Foto: H. Moll im BHM)
              Goldfolienüberzug halbkugeliger Schalen aus organischem Material (durch Plexiglas ersetzt)

„Drei Gruppen von Grabhügeln zu 4, 11 und 12 Tumuli erwähnt J. Heierli im Dossier «Ins-Anet», heute in den Materialien Heierli im Archiv der SGU. Baron G. de Bonstetten öffnete 1S48 zehn Hügel, wobei nicht mehr festzustellen ist, bei welcher Gruppe. Am ehesten kommt die Gruppe im « Grossholz» in Frage. Im Jahre 1849 versuchte sich dann E. F. Müller aus Nidau an den Hügeln. Auch diese Grabungen sind nicht mehr sicher lokalisierbar. 1908 untersuchte J. Heierli im Auftrage des Museums Schwab in Biel in Zusammenarbeit mit H. Labhardt aus Biel einen «Hügel IV», führte aber die Arbeiten aus unbekannten Gründen nie zu Ende. Da die Grabungen Bonstettens, E. F. Müllers und J. Heierlis nur mittels grösserer und kleinerer Suchgräben durchgeführt worden sind, muss vorausgesetzt werden, dass kein einziger der Grossholz- bzw. Schaltenrain-Grabhügel vollständig untersucht worden ist. Es handelt sich darum in allen Fällen um unvollständige Fundensembles. Hinzu kommt noch, dass besonders die Funde der von Bonstetten-Grabungen im Bernischen Historischen Museum mehrmals «gesiebt» wurden, die alles andere als eine Klärung bewirkt haben. Die übrigen Funde werden im Museum Schwab in Biel aufbewahrt.

Alle drei Grabungen führten zur Entdeckung von Wagenbestandteilen.
Anlässlich der Sondierungen von Bonstettens wurden derlei Objekte gehoben:

a) Im Grabhügel II bei Knochenfragmenten, Eisenringen und Keramikfragmenten: Radreifenstücke.
b) Im Grabhügel VI (=Ins 1848/VI-u) zusammen mit Leder-, Holz-, Eisen- und Bronzeresten, bronzeverzierten Lederstreifen von Pferdegeschirr, einem Goldkügelchen und einem Rasiermesser unter einem «immensen Steinhaufen»: Radreifenreste, durchbrochene Bronzeplättchen, bronzeüberzogene Radspeichen, 2 Bronzeknäufe.
c) Ebenfalls noch im Grabhügel VI, aber einiges über der oben geschilderten Bestattung (=Doppelbestattung oder einfache Körperbestattung?), entdeckte Bonstetten 4 Radreifen mit Nabendeckeln aus Eisen, im Rechteck angeordnet, dazwischen aber zahlreiche Eisenfragmente, das Stück eines Oberschenkelknochens und einen schlanken Dolch mit Bronzescheide.

Abb. 109 Goldenes Gehänge aus einem Inser Tumulus, wahrscheinlich aus Italien (etrusk.) stammend (Foto: H. Moll im BHM)

d) Im Grabhügel VIII über einem unteren Begräbnis in einem Steinkern ausser Schädelresten zusammen mit einem Bronzekessel, einem goldenen Ohrring mit Stöpselverschluss sowie 17 Goldfolien eines Colliers und den Resten einer goldenen Kapsel aus 2 sphäroiden Folien: zwei ehemals aufrechtgestellte Wagenräder, das heisst deren Eisenteile.
e) Die anlässlich der Sondierungen E. F. Müllers zutage geförderten Wagenradreste sind weder im Bernischen Historischen Museum noch im Museum Schwab, wo sie a priori zu suchen sind, aufzufinden. Meine Vermutung geht dahin, dass die dort als unter «Hermrigen» katalogisierten Wagenradbestandteile zu den Funden aus den Grabhügeln aus Ins-Grossholz beim Ins-Schaltenrain zu schlagen sind.
f) Das gleiche Schicksal wie die von E. F. Müller aufgefundenen Wagenradreste erfuhren die von J. Heierli in seinem Tagebuch skizzierten und später erwähnten zwei Räder und weitere Reste eines Wagens. Sie sind nirgends mehr auffindbar. (Sie sollten wie die übrigen von Heierli entdeckten Objekte im Museum Schwab in Biel liegen.)
Unter einem mächtigen Steinkern, der an verschiedenen Orten, besonders aber im Zentrum Spuren von «Gewölben» aufgewiesen haben soll, fanden sich im Zentrum über dem gewachsenen Boden die Fragmente von zwei Rädern und die Eisenreste eines Wagens. Ungefähr einen Meter westlich davon lagen die Scherben eines rottonigen Topfes. Hart am süd-östlichen Rand des Steinkerns

eine Gefässgruppe und mitten drin eine Urne mit Aschenfüllung, wozu Heierli noch eine Nadel und einen Silex zählte. Dicht am östlichen Rand, innerhalb oder ausserhalb des Steinkerns, entdeckte man ein Brandgrab mit Gürtelblech, Paukenfibel, Kahnfibel, Bronzeagraffenbesatz und Kohlenstückchen. Im Südwestsektor und gegen das Zentrum hin lagen Bronzeringe. Direkt auf dem Steinkern oder in dessen oberster Partie fanden sich Teile eines Bronzegehänges, 2 Tonnenarmbänder, Spiralarmringe, wohl die Schmuckstücke zu einer Körperbestattung.

Literatur:
Grabung G. von Bonstetten : - G. de Bonstetten, Notice sur les tombelles d'Anet, Berne 1849. - G. de Bonstetten, Recueil d'Antiquités Suisses, Bern-Paris-Leipzig 1855, Tafel 9-11, resp. 1er supplément, 1860, Tafel 14-15. - O. Tschumi, Die so genannten Fürstengräber von Ins (Kt. Bern), Ins-Grossholz 1848, in: Jb. des Bern. Hist. Museums, 1947, S. 40ff. - W. Kimmig und W. Rest, Ein Fürstengrab der späten Hallstattzeit von Kappel am Rhein, in: 1. Jb. des Römisch-Germanischen Zentralmuseums Mainz, 1954, S. 196ff (zu den Goldfunden).
Grabung E. F. Müller: Brief E. F. Müllers vom 9. August 1849 an Ferdinand Keller in Zürich (Archiv der Antiq. Ges. Zürich im Schweiz. Landesmuseum, Zürich). - O. Tschumi, Fundnotizen von E. F. Müller, in: Jb. des Bern. Historischen Museums, X. Jg. 1930, S. 49ff.
Grabung J. Heierli: Materialien Heierli, Dossier «Ins-Anet», Tagebuchnotizen in Stolze-Stenographie und Postkarte von H. Labhardt an J. Heierli vom 28. Mai 1909 (Archiv der SGU). I. JbSGU 1908, S. 51 ; II. JbSGU 1909, S. 82. - Vgl. auch W. Drack, Ältere Eisenzeit der Schweiz, Kanton Bern, 1. Teil (Materialhefte zur Ur- und Frühgeschichte der Schweiz, Heft 1), Basel 1958." [76]

[76] Drack Walter, Wagengräber und Wagenbestandteile aus Hallstattgrabhügeln der Schweiz, in: Zeitschrift für schweizerische Archäologie und Kunstgeschichte, 18, S. 60ff (1958)

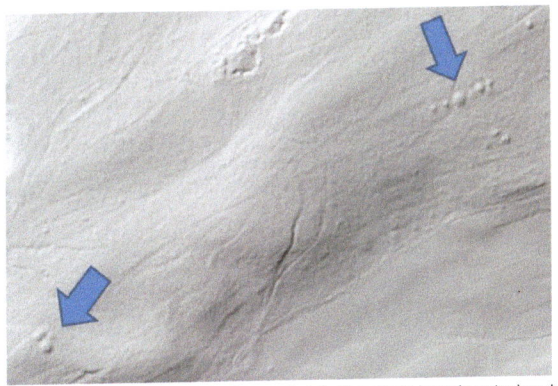

Abb.110 Mit der 3D-Reliefschattierung sind die Tumuli von Ins sehr gut erkennbar (s. blaue Pfeile). Rechts oben ist auch der „Grabhügel Nr. 11" zu erkennen.

„Auf dem westl. Teil des zwischen dem Gr. Moos und dem Bielersee gelegenen lang gestreckten, heute bewaldeten Höhenzuges Schaltenrain fanden sich, aufgereiht auf einer Distanz von 2 km, einzelne eisenzeitl. Grabhügel und Hügelgruppen. Die mindestens vier Fundstellen haben in der älteren Literatur versch., z.T. gleichlautende Benennungen erfahren, was zu Identifizierungsproblemen führte. Die Fundstellen von West nach Ost: 1. Riederen, Holzmatt oder Einungswald (mind. vier Hügel), 2. Sunnenrain, Grossholz, Schaltenrain oder Sieben Wege (mind. zehn Hügel), 3. Grossholz oder Leuplatz (mind. zwei Hügel), 4. unmittelbar östlich anschliessend in der Gem. Brüttelen Schaltenrain oder Grossholz (mind. ein Hügel). Ausgrabungen fanden statt unter der Leitung von Gustav von Bonstetten 1848 (Funde im Bern. Hist. Museum), von Emanuel F. Müller 1849 und von Jakob Heierli 1908-09 (Funde im Museum Schwab, Biel). Der ungewöhnlich grosse und reiche Fundbestand ist heute nur noch in Einzelfällen und mit Vorbehalten einem bestimmten Hügel oder Grabinventar zuzuweisen.

 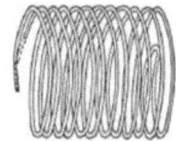

Abb. 111 Spiralarmbänder aus Bronzedraht [77]

[77] Drack Walter, Zum bronzenen Ringschmuck der Hallstattzeit aus dem schweizerischen Mittelland und Jura, in: Jahrbuch der Schweizerischen Gesellschaft für Ur- und Frühgeschichte, Band 55, S. 74 (1970)

Von Bonstettens Grabungen (vermutlich im Sunnenrain) förderten mind. zehn z.T. in einer Linie aufgereihte Hügel (Höhe 1,8-4,5 m) zu Tage. Der Hügel VI enthielt angeblich zwei Wagengräber (hallstattzeitlich, 7. Jh. v. Chr.). Zuunterst in einem mächtigen Steinkern befanden sich metallene Bestandteile von Wagenrädern und des Wagenkastens, während sämtl. Holzteile bis auf einige Speichenfragmente im Boden zerfallen waren. Neben einem nietenbeschlagenen Lederbesatz vom Zugjoch, Lederteilen und Trensenfragmenten des Pferdegeschirrs fand sich auch eine kleine Anhängerkugel aus Goldblech von 1,4 cm Durchmesser mit qualitativ hoch stehender Granulationsarbeit, wie sie sonst nur aus etrusk. Gräbern bekannt ist. Auch die verwendeten Lotusmotive und der diagonale Flächenmäander verweisen auf die italische Halbinsel. Zur Kugel gehört eine Fuchsschwanzkette aus Golddraht (Länge 38,8 cm). Weitere Funde: ein halbmondförmiges Rasiermesser und in höherer Lage Überreste von vier Rädern eines weiteren Wagens sowie ein schlanker Dolch mit eiserner Klinge und bronzener Blechscheide.

Der Hügel VIII enthielt folgendes Ensemble, angeblich zwischen zwei aufrecht stehenden Wagenrädern: u.a. einen konischen Bronzekessel (Situla); zwei punzverzierte Goldblechkalotten mit umgebördeltem Rand (Überzüge von Trinkgefässen aus Holz?) mit Parallelen im süddt. Raum; 17 kleine Goldfolien (Perlencollier oder Kleiderbesatz?); einen goldenen Ohrring. In Hügel III fanden sich Körpergräber mit typ. Frauenschmuck der Späthallstattzeit (7./6. Jh. v. Chr.).

Die Grabungen Müllers 1849 und Heierlis 1908-09 in mehreren Grabhügeln unbekannter Lokalisierung förderten erneut Wagenteile sowie Schmuckstücke aus Glas,

Bernstein, Lignit, Gold und Bronze zutage; u.a. zahlreichen Armschmuck und versch. Typen von Gewandhaften der Hallstattzeit. Bemerkenswert ist ein kurzes Eisenschwert mit bronzener Scheide und geflügeltem, durchbrochenem Ortband aus dem Beginn der Frühlatènezeit (5. Jh. v. Chr.).

Die Fundumstände wurden nicht dokumentiert. Die zu den Gräbern gehörenden Wohnstätten sind bis jetzt unbekannt. Der für das schweiz. Mittelland ungewöhnlich reiche Goldschmuck und die im Totenbrauchtum verwendeten Zeremonialwagen verweisen auf eine vermögende Oberschicht mit lokalem Herrschaftsbereich und Fernbeziehungen zu den Hochkulturen des Mittelmeerraums." [78]

[78] Felix Müller, Ins, in: Historisches Lexikon der Schweiz (HLS), Band 6, Basel 2005, S. 645 (2007). URL: http://www.hls-dhs-dss.ch/textes/d/D285.php

17. Jegenstorf

17.1. Hurst – Holzmühle

„Vom Direktor des historischen Museums Bern, der die Ausgrabung im Hurst leitete, erhielten wir folgenden verdankenswerten Bericht:

Abb. 112 Jegenstorf – Hursch/Waldächer/Holzmüliwald: Das Fundareal befindet sich auf der linken Seite des Kartenauschnitts, westlich des Weilers Holzmühle.

Im „Hurst" unterhalb Jegenstorf, nahe dem Weiler Holzmühle, liegen in unregelmässiger Gruppierung 11 verschieden grosse Tumuli. Bis auf den Standort von zweien war das Areal vor zirka 60 Jahren urbarisiert worden und die Hügel, über die bereits Jahn in seinem Kt. Bern, S. 413 ff. berichtet, liefen nachgerade Gefahr, durch den Pflug vollständig verebnet zu werden. Mit Ausnahme der beiden mit Wald bestandenen (von denen der eine, im Holzmühlenwäldchen, durch eine kleine Lehmgrube zur Hälfte abgetragen war) wurden die Hügel nun bis auf den Grund untersucht und zwar mit einem sehr erfreulichen Erfolg. Sei es, dass die oberen Lagen der Steinsetzungen der Bodenbearbeitung zum Opfer gefallen oder, was wahrscheinlich ist, die Setzungen von Anfang rudimentär errichtet worden waren: Es fanden sich nur spärliche Zusammenstellungen grösserer Findlinge in einzelnen, gar keine solchen in andern Hügeln.

Über die Funde (s. Detail im Jahresbericht des historischen Museums Bern pro 1907) mag ein allgemeiner Bericht genügen. Die Keramik wies neben den gewöhnlichen grossen und unverzierten Urnen nebst den sie zumeist begleitenden feinen Schälchen auffällig viel feinere, reich verzierte Keramik auf. Besondere Erwähnung verdient da ein ziemlich steilwandiger Teller mit eingeritzten radialen Dreiecken und Zwischenräumen in Karminrot auf gelbbraunem Grund. Ebenso sind interessant ein kleines, braunes Schälchen mit Ornament aus Fingernageleindrücken rund um den Hals, ein anderes mit karminroter Aussenseite, ein drittes, aussen hochrot, mit eingepressten Zickzack rund um die Schultern (das Ornament ist vermittelst eines gravierten Bronzeringes hergestellt worden), ein einhenkliges, sehr schön proportioniertes Krüglein, eine kleine Urne mit hochroter Aussenseite und runden, eingestochenen Punkten um den Hals. Das schönste Stück aber ist leider nur noch durch ein Fragment vertreten: Eine ziemlich grosse Schüssel mit schwach gewölbter Wandung. Der Rand ist sehr fein ausgezogen und auf der Aussenseite mit Graphit bemalt, der ein bläuliche Färbung angenommen hat. Mit deutlichem Absatz schliesst sich an diesen glatten Rand eine Zone geometrischer Ornamente, die mit Graphit und Karminrot angelegt waren. Die tiefen Umrisse der Zeichnung sind mit einer weissen Masse ausgefüllt. Es handelt sich um ein sehr gutes Stück jener Verzierungstechnik, wie sie in der Ostschweiz und besonders in Süddeutschland in prachtvollen Beispielen anzutreffen ist, in unserm speziellen Gebiete aber selten vorkommt.

Abb. 113 Fundort Jegenstorf: Bemaltes Tongeschirr diente zur Aufnahme der Asche und von Speiseresten (Foto: H. Moll im BHM)

Merkwürdiger Weise fand sich nicht der kleinste Gegenstand aus Bronze; aus Eisen sind zu erwähnen mehrere Messer der bekannten Form, ein Wagenrad mit Naben- und Reifbeschläge, ein sehr beschädigter Antennendolch und verschiedene Ringe. Auch bei den Eisenobjekten fand sich nun ein Depot, das spezieller Erwähnung wert ist: 24 eiserne Pfeilspitzen mit Widerhaken und, wohl irgendwie zu denselben gehörig, drei eiserne, ineinander geschobene Doppelringe. Die Pfeilspitzen lagen so im Boden, dass angenommen werden muss, die Pfeile seien als Bündel beigesetzt worden; die drei kleinen Doppelringe lagen etwas unterhalb der Spitzen in der Schaftrichtung.

Das wertvollste und interessanteste Fundstück ist aber ein ausserordentlich zierlicher Goldschmuck in Filigranarbeit (Fig. 8).

Abb. 114/115   Goldblechkugel mit aufgesetzten Perlenstreifen.
- links: Zeichnung im Originalartikel von 1908
- rechts: Foto von H. Moll im BHM

Die Goldblechkugel mit den aufgesetzten Perlenstreifen ist an den Polen durchbohrt und hat eine gewisse Ähnlichkeit mit derjenigen aus einem Grabhügel von Ins in der Bonstettensammlung des Berner historischen Museums. Der halbmondförmige, aus tordiertem Draht verfertigte zweite Teil des Schmuckes zeigt in einer Mäanderfüllung ein Motiv, das auf griechische oder etruskische Überlieferung hinweist und falls nicht der Schmuck als solcher aus diesem Kulturgebiet stammt (was bezweifelt werden darf), so weist er doch ausgesprochen auf Stilvorlagen dieser Provenienz hin, wie die goldenen Gurtbänder von Allenlüften. Bei dem Goldschmuck lag ein zierliches Ringlein (Gehänge) aus Pechkohle.

Eine sehr überraschende Beobachtung darf nicht unerwähnt bleiben: Bei zwei Grabhügeln fanden sich unterhalb der unverletzten Aschenschicht Löcher von 7 bis 11 cm oberem Durchmesser, die spitz in den Naturboden hinunter verliefen. Sie begrenzten unregelmässige Vierecke und rührten zweifellos von verschwundenen Pfahlspitzen her. Waren diese Pfähle zur Befestigung des Holzstosses eingerammt worden?
Überall waren sie auf der Aussenseite durch grosse Steine begrenzt, die in diesem Falle die Pfähle gestützt hätten. In einem andern Falle fand sich ein ovaler Hohlraum, der, nach einer Moderschicht zu urteilen, ursprünglich mit einem Brett bedeckt gewesen war. Nach einer Verfärbung des Grundes in der Höhlung war hier irgendeine organische Substanz vermodert.

Zu bemerken ist noch, dass auch bei dieser Grabhügelgruppe der grösste Tumulus nur ausgedehnte Brandschichten und vereinzelte Scherben enthielt, wie in Subingen (s. Anzeiger für Schweizer. Altertumskunde 1908, Heft 4), so dass sich die Frage ergibt, ob diese mächtigen Erdaufschüttungen wirkliche Grabhügel oder bloss Krematorien waren". [79]

[79] Jahrbuch der Schweizerischen Gesellschaft für Urgeschichte, Band 1, 45ff (1908)

„Jegenstorf (Amt Fraubrunnen, Bern): Der Goldschmuck vom Hurst, den wir im 1. JB. SGU., 1908,45, abbildeten, wird von O. Tschumi im JB. Hist. Mus. Bern 1938, 98 ff. einer neuen Betrachtung unterzogen. „Er besteht aus einem halbkreisförmigen Gehänge und einer Goldkugel, vermutlich Darstellungen von Sonne und Mond. Etruskische Beeinflussung geht aus der angewendeten Technik hervor. Es sind nämlich Granulierreihen unregelmäßig auf die Goldkugel angeschmolzen." „Diese Granulation oder Astragalierung erreichte ihre höchste Blüte bei den Etruskern im 7. Jh. und gehörte zur Ausfuhrware, die auch die nordalpinen Gebiete erreichte.

Das gewaltsame Ausmerzen des etruskischen Einflusses aus unserem Denkmälerbestand lässt sich auf die Dauer nicht verantworten." [80]

[80] Jahrbuch der Schweizerischen Gesellschaft für Urgeschichte Band 30, S. 91 (1938)

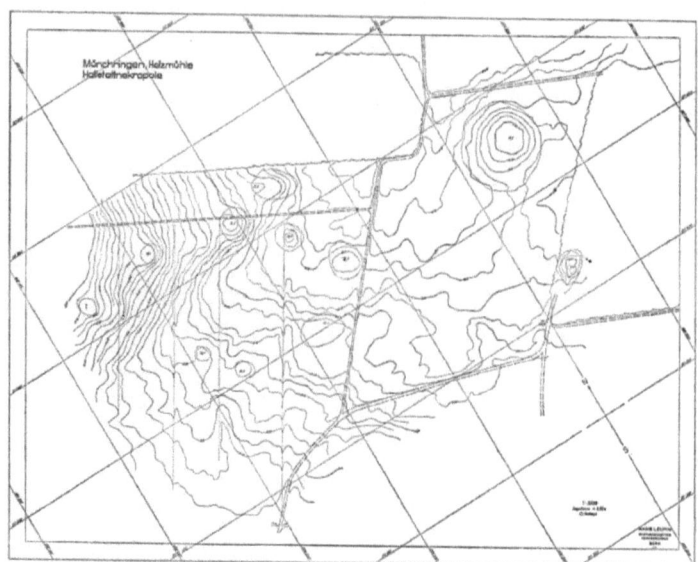

Abb. 116   Jegenstorf-Münchringen, Holzmühle: Photogrammetrisch kartierter Geländeausschnitt mit Grabhügelgruppe [81]

„Die stereoskopische Bearbeitung der für den Nationalstrassenbau angefertigten Reihenbilder des Raumes Holzmühle (Münchringen, Gemeinde Jegenstorf) ließ die in der Literatur unter Jegenstorf aufgeführte Hallstattnekropole erkennen. Die Grabhügel liegen in einer landwirtschaftlich sehr intensiv bebauten Zone und sind deshalb so sehr verflacht, dass sie in ihrer Mehrzahl im Gelände kaum mehr feststellbar sind. Das Luftbild erfasste die Objekte in der Weise, dass sich einzelne der Tumuli ohne Zuhilfenahme des Stereoskops allein schon durch Bodenverfärbung vom Umgelände abhoben. Die auf photogrammetrischer Basis durch H. Leupin, Bern, gewonnene Kurvenkarte ersetzt eine aus den fünfziger Jahren des vorigen Jahrhunderts stammende Handskizze von A. Jahn.
JbBHM 39/40, 1959/60 (1961), 317." [81]

[81] Jahrbuch der Schweizerischen Gesellschaft für Urgeschichte, Band 49, S. 50 (1962)

Abb. 117 Das Luftbild zeigt schwache Bodenverfärbungen an einigen Stellen, wo sich früher die Tumuli befunden haben.

Abb. 118 Blick auf die „Waldächer", zwischen „Holzmüliwald" und „Hursch" Richtung Nord-Nordwest: Die meisten der anfangs des 20. Jh. entdeckten Gräber lagen hier, wo sich nun die Ackerlandschaft ausdehnt. Rechts vom Standort des Fotografen wurde im Holzmüliwald ein weiteres Grab gefunden, dessen Hügel heute noch gut gleich eingangs des Waldes erkennbar ist. (Foto: H. Moll)

Abb. 119 Mit der 3D-Reliefschattierung ist der einzige Hügel, der sich heute im Holzmüliwald befindet und deshalb nicht verflacht worden ist, noch heute relativ gut erkennbar.

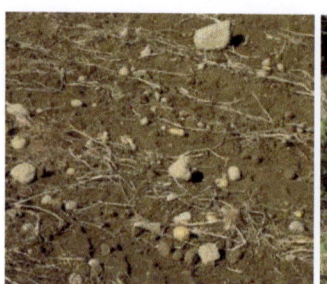

Abb. 120/121 Steine *auf* wie auch *neben* den Ackerfurchen zeugen von den ehemaligen Grabhügeln.
(Fotos: H. Moll)

„Von 11 Grabhügeln westlich der Häusergruppe «Holzmühle» im Hurstwald, die schon A. Jahn angegraben und derer sich Dr. König in Schönbühl angenommen hatte, die aber erst im Jahre 1907 von J. Wiedmer-Stern einigermassen richtig untersucht wurden, enthielt der Grabhügel I Reste von 2 Wagenrädern.

Funde: Körperbestattung (?), Brandbestattung (?), eiserner Antennendolch, eiserne Kette, alles verloren. Auch die Wagenradreste gingen verloren.
Literatur: A. Jahn, Der Kanton Bern deutschen Theils, antiquarisch-topographisch beschrieben (usw.), Bern und Zürich 1850, S. 4isff - J. Wiedmer-Stern (sub: Archäologische Abteilung), Jb. Bern. Hist. Mus. 1907, S. 22f." [82]

[82] Drack Walter, Wagengräber und Wagenbestandteile aus Hallstattgrabhügeln der Schweiz, in: Zeitschrift für schweizerische Archäologie und Kunstgeschichte, 18, S. 62 (1958)

17.2. Scheunen

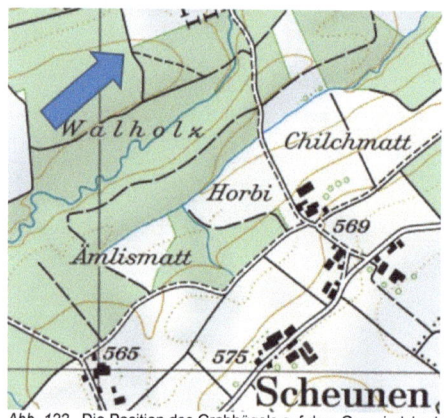

Abb. 122 Die Position des Grabhügels auf dem Gemeindeboden von Scheunen (politische Gemeinde Jegenstorf), gemäss Angaben von Tatarinoff [84]

Bei den im Folgenden beschrieben Grabhügeln handelt es sich mit hoher Wahrscheinlichkeit um diejenigen im Küngelihübel auf dem Gemeindegebiet von Messen SO, beschrieben unter „Rapperswil-Bittwil":

„Fünf Grabhügel bei Scheunen oder Schünen an der solothurnischen Grenze gegen Messen standen in zwei ziemlich weit auseinander liegenden Gruppen beisammen. Zwei flache Hügelchen bildeten die erste gegen Bittwil gelegene Gruppe. Im einen derselben hatte Lehrer Wyttenbach im vorigen Winter unter einer starken Steinsetzung ein Eisenmesserchen mit Bronzegriff gefunden. Die nachfolgende Ausgrabung legte die Steinsetzung bloss, ergab aber keine weiteren Funde. Die noch flachere Erhöhung daneben enthielt eine schwächere Steinsetzung, aber keine Funde. Nur hier und da zeigten sich, wie im ersten Hügel, spärliche Kohlenspuren. In einer Art Ausläufer des Hügels, kam ein verrosteter alemannischer Skramasax mit Resten von einfachen eisernen Gürtelbeschlägen zum Vorschein. Von Knochen fand sich keine Spur mehr (Jahresbericht des historischen Museums in Bern pro 1909 p. 9 (vgl. auch Anzeiger 1909, p. 186 und 189)." [83]

[83] Jahresbericht der Schweizerischen Gesellschaft für Urgeschichte, Band 3, S. 83f (1910)

„Bezirkslehrer Käser, der uns bei dieser Besichtigung begleitete, signalisierte uns bei diesem Anlass einen von Eugen Schmid erkannten Grabhügel in der Nähe, in der bernischen Einung Schünen, gleiches Blatt, 57 mm von rechts, 69 mm von unten." [84]

[84] Tatarinoff, E., Prähistorisch-archäologische Statistik des Kantons Solothurn, 6. Folge, im: Jahrbuch für solothurnische Geschichte, Band 6, Seite 210 (1933)

Abb. 123 Der Grabhügel im „Steiholz" von Scheunen, gemäss Tatarinoff [83] (Foto: H. Moll)

„Drei Grabhügel im so genannten «Wald» wurden wie jene im Wald gegen Bittwil *im* Jahre 1908 von J. Wiedmer-Stern untersucht. Die Hügel lagen unfern der Grenze zwischen den Gemeinden Scheunen und Messen.

Grabhügel I (Höhe und Durchmesser unbekannt).
Der grösste Hügel enthielt eine «mächtige *Steinsetzung*», unter der eine «Schicht zerstampfter *Scherben,* die zu einer hallstattzeitlichen Urne (?) gehört hatten, zum

Vorschein kam. Ausserdem förderten die Ausgräber zwei eiserne Messer, einen Rostklumpen und eine eiserne «Gurtschnalle» als Zeugen «einer frühgermanischen Bestattung» zutage. - Funde sind keine mehr vorhanden.

Grabhügel II und III (Höhe und Durchmesser unbekannt).
Auch diese beiden Hügel enthielten *je eine Steinsetzung,* ergaben aber keine Funde.

Literatur: - J. Wiedmer-Stern (sub: Archäologische Abteilung), JbBHMB 1908, S. 10.
- 0. Tschumi, Urgeschichte des Kantons Bern, Bern und Stuttgart 1953, S. 337
- *Museum:* Bernisches Historisches Museum, Bern." [85]

[85] Drack Walter, Ältere Eisenzeit der Schweiz, Kanton Bern, II. Teil, S. 25f (1959)

18. Kallnach

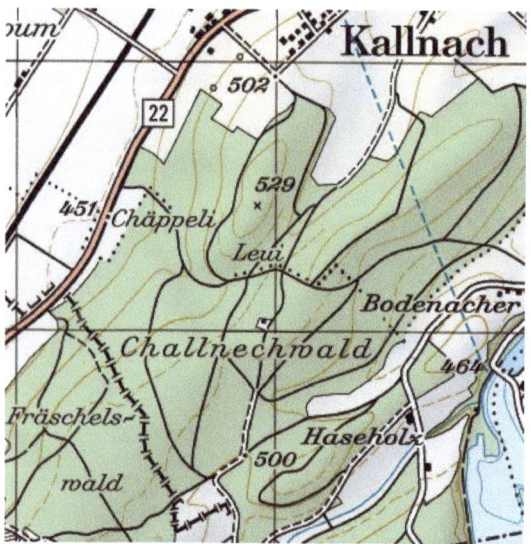

Abb. 124 Die Lage des „Challnechwalds" südlich von Kallnach, mit dem (auf der Karte nicht namentlich aufgeführten) „Käppelihubel", der im Bericht von E. von Fellenberg mehrfach erwähnt wird [86].

„Es war im Jahre 1874, als mein Freund, Pfarrer Küchler in Kallnach, bei einem Besuch in Bern mir die Mitteilung machte, es seien im Oberholze oberhalb des Dorfes Kallnach eine Anzahl kleiner Erhöhungen sichtbar, welche, der Regelmässigkeit des Aufbaues nach, künstlich und wahrscheinlich Grabhügel sein dürften. Der grösste derselben heisst der »Käppelihubel« und soll der Sage nach auf ihm oder in dessen Nähe eine Kapelle gestanden sein.

Angeregt durch diese interessante Mitteilung, benutzten Herr Stadtrat Bürki, Herr Custos Jenner und der Unterzeichnete einen schönen Sommer-Sonntag desselben Jahres, um einen Ausflug nach Kallnach zu machen und unter der kundigen Führung des Herrn Pfarrers diesen Hügeln einen Besuch abzustatten. Man steigt vom Dorfe Kallnach gegen Südwesten sanft empor, zuerst durch Obstgärten, Felder und Wiesen, bis der Weg längs einer in einem spitzen Winkel in den Wald einspringenden Wiese gerade nach Süden abbiegt und in sanftem Ansteigen auf das hochgelegene Plateau des mit prächtigem Hochwald bestandenen Oberholzes führt. Der Weg heisst auf der Flurkarte: Buttenweg.

Gerade auf der höchsten Fläche des Plateaus oder des breiten Grates, welchen hier das Oberholz bildet, unweit der Stelle, wo der Weg nach Golaten langsam abfallt, erblicken wir von Weitem, rechts vom Weg, unter einzeln stehenden grossen Buchen den ersten der Hügel, den sogen. »Käppelihubel«. Auf den ersten Blick sehen wir, dass diese regelmässige Erhöhung nichts anderes als ein Grabhügel sein kann. Der Hügel ist ziemlich kreisrund, steigt auf allen Seiten gleichmassig steil an und misst 80-90 Fuss im Durchmesser, bei 15-18 Fuss effektiver Höhe über dem Naturboden. An verschiedenen Stellen sind unregelmässige Löcher gegraben, welche, wie uns Herr Pfarrer Küchler versichert, von Jägern herrühren, welche den hier hausenden Füchsen nachstellen. Unweit des grossen »Käppelihubels«, gegen Westen zu, erblicken wir noch zwei andere, kleinere und bedeutend flachere Hügel von mehr elliptischer Form, von denen der eine ebenfalls durch Fuchsgruben verunstaltet ist. Jedoch konnten wir uns überzeugen, dass keiner dieser Hügel systematisch oder gründlich war durchsucht worden, denn durch keinen derselben war ein durchgehend bis auf den Naturboden reichender Graben gezogen. Einige hundert Schritte von der Gruppe der drei »Käppelihubel« entfernt, führte uns Herr Pfarrer Küchler zu einem vierten, ziemlich grossen, aber ebenfalls flachen Hügel, welcher in dichtem Tannengestrüpp stand und durchaus unberührt zu sein schien. Die Waldparzelle, worin letzterer lag, heisst Bachersriedwald und stösst an den Freschelswald der Gemeinde Freschels.

Wir hatten nach der Besichtigung dieser noch nie wissenschaftlich untersuchten Hügel die Überzeugung gewonnen, dass sie wohl etwas bergen könnten und nahmen uns vor, zu geeigneter Zeit genauere Untersuchungen vorzunehmen.

Abb. 125 Der „grosse Käppelihubel" im „Oberholz" von Kallnach. (Foto: H. Moll)

Unser Spaziergang führte uns weiter durch den prächtigen Niederriedwald auf dem Weg nach Golaten, bis wir, aus diesem heraustretend, den Weg über die Buchsenlehmmatte nach Niederried einschlugen. Auf der Buchsenlehmmatte, dicht am Walde, wurde das Jahr zuvor beim Verebnen des Bodens eine prächtige, nie gebrauchte Steinaxt aus dunkelgrünem, flammig geflecktem, glänzend poliertem Chloromelanit gefunden. In der Nähe lag eine Lamelle von Feuerstein. Dieses ausserordentlich interessante Stück, wohl die schönste bis jetzt in der Schweiz gefundene Steinaxt, wurde durch gütige Vermittlung des Herrn Dr. Salchli in Aarberg Herrn alt Grossrat Bürki übermittelt. (Fischer, »Nephrit und Jadeit«, Pag. 3(38.) Von der Erhöhung, worin jenes Prachtsbeil gefunden worden war, sah man allerdings nichts mehr; der Boden war verebnet, jedoch nicht weit davon ein Erdhaufen errichtet worden, worin sich noch Gegenstände, welche man beim Ausheben der Erde nicht bemerkt hatte, vorfanden. In dem Graben, welcher dem Saume des Waldes entlang sich hinzieht, hatte Herr Jenner sehr bald Kohlenpartikeln und Asche entdeckt. Später grub derselbe aus Auftrag Herrn Bürki's an derselben Stelle weiter nach und fand ebenfalls viel Kohle und Asche (Taf. XXII, 2), ein Beweis, dass die Fundstätte des Chloromelanit-Beiles ein Grabhügel war und dieses offenbar ein Votivbeil und nicht ein Handwerkszeug gewesen sein muss.

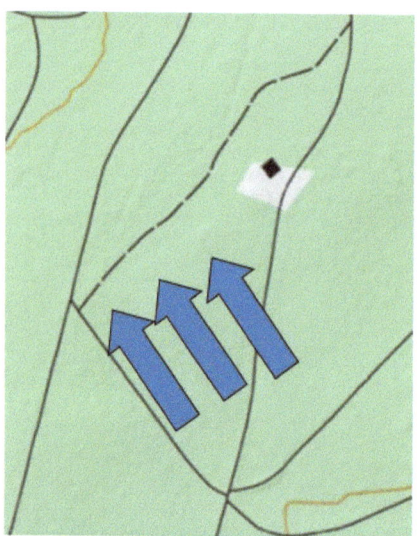

Abb. 126 Situationsplan der im Bericht von E. von Fellenberg [85] beschriebenen Gegend mit der Lage der Tumuli A, B und C (s. blaue Pfeile)

Im Herbste 1874 liess nun Herr G. von Bonstetten-Rougemont auf gemachte Mitteilung von der Existenz der noch unberührten Grabhügel von Kallnach bin durch Herrn Custos Jenner zwei derselben ausgraben und Pläne davon aufnehmen.

Herr Jenner machte sich zuerst hinter den grossen »Käppelihubel« (Taf. XXII, 3, 4), welcher durch einen bis auf den Naturboden reichenden Graben aufgeschlossen wurde. Etwas östlich von dem Mittelpunkte des Tumulus stiess Herr Jenner auf das aus groben Kieselsteinen roh zusammengefügte Steinbett, welches, von Nordwest nach Südost orientiert, 17 Fuss lang, im Mittel 6 Fuss breit und 4 Fuss hoch sich erwies (Taf. XXIII, 1). Auf der Südseite des Steinbettes, ausserhalb desselben, lagen die Überreste einer schwach gebrannten tönernen Aschenurne, deren ursprüngliche Form sich nicht mehr bestimmen lässt. Nachdem das ganze Innere des grossen Hügels ausgehoben worden war, ohne dass etwas gefunden wurde, erhielt man die Überzeugung, dass dieser Tumulus, wie die meisten ähnlichen von solchen Dimensionen, ein Brandhügel gewesen sein muss, und da das Steinbett vollständig blossgelegt, wurde die Arbeit eingestellt und der zweite Tumulus B (Taf. XXII, Z) eröffnet.

Herr Jenner fand folgende Verhältnisse : Das Steinbett lag ganz exzentrisch, d. h. 7 Fuss vom Mittelpunkt des Tumulus, in seiner Längenachse ebenfalls von Südost nach Nordwest orientiert, in seiner Hauptform dreieckig gebaut, grösste Länge 7 Fuss, grösste Breite 6 Fuss, und 3 Fuss hoch, ebenfalls aus Feldsteinen und erratischen Blöcken roh zusammengefügt. Dieser Tumulus wurde vollständig umgegraben und es fanden sich als einzige Beigabe ziemlich entfernt vom Steinbett und in nur 1$^1/_2$ Fuss Tiefe zahlreiche Bruchstücke eines ziemlich grossen, kreisrunden Kessels aus Bronzeblech, die jedoch so dünn und verwittert sind, dass sich die ursprüngliche Form des Kessels nicht herausbringen lässt. Ein einziges Stück der Wandung lässt auf einen Durchmesser von zirka 18 Zoll schliessen. Beide Tumuli A (Käppelihubel) und B waren aus feiner, gelber, lehmiger Walderde aufgebaut, welche reichlich von Asche und Kohle durchsetzt war; stellenweise war die Erde so aschenreich, dass sie von den Arbeitern mit dem charakteristischen Ausdruck »Zieger« bezeichnet wurde.

Bei diesen Arbeiten verblieb es in Kallnach bis zum Jahre 1877, wo ich einer freundlichen Einladung meines Freundes, Pfarrer Küchler, nicht zu widerstehen vermochte und im Juli eintraf, um auf einige Tage daselbst Quartier zu nehmen. Nach der geringen Ausbeute, welche die beiden ersten Hügel A und B geliefert hatten, warf ich mein Augenmerk zuerst auf den abseits und isoliert gelegenen Hügel D im Buchersriedwalde.

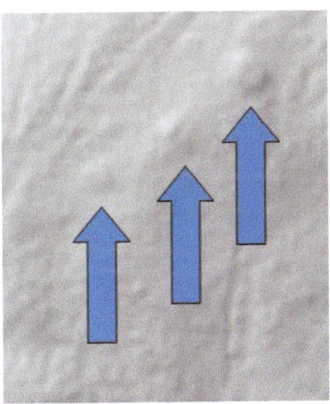

Abb. 127 Die mit der 3D-Reliefschattierung gut erkennbaren Tumuli A, B und C (s. blaue Pfeile)

Bereitwilligst wurde von der Gemeinde Kallnach die Erlaubnis erteilt, gegen Vergütung des Waldschadens eine Anzahl jüngerer Bäume zu fällen und ich beschloss, den Hügel von der Fläche des Naturbodens her auf beiden Seiten gleichzeitig anzugreifen und ihn so vollständig abzutragen.

Dieser Grabhügel (Taf. XXII, 1, und XXIII, 3) mass in seiner grössten Länge von Südwest nach Nordost 57 Fuss, in der andern, dazu rechtwinkligen Richtung 56 Fuss, so dass er als kreisrund zu betrachten war. Grösste Höhe über dem Boden des Steinbettes 12 Fuss. Dieses selbst lag, wie die der andern Tumuli, ebenfalls exzentrisch, so dass von der Mitte des Steinbetts nach dem südlichen Rand des Hügels 32 Fuss, nach dem nördlichen nur 25 Fuss gemessen wurden. Das Steinbett (Taf. XXIII, 3, 3', 32) dieses Hügels war der imposanteste Bau der Art, den ich noch gesehen, und übertraf in der Grösse der dazu verwendeten Blöcke noch bedeutend das Steinbett des grossen Hügels bei Allenlüften (siehe »Antiquarische Mitteilungen« 1870). Besonders war die Nordseite des Steinbettes aus mächtigen, 3-4 Fuss im Durchmesser haltenden, mehr oder weniger runden und tafelförmigen erratischen Blöcken 3-4 Fuss hoch aufgemauert. Dimensionen des Steinbetts: Nordost 14 Fuss 5 Zoll Länge, Südwest 9 Fuss 5 Zoll, Ost 8 Fuss 6 Zoll, West. 12 Fuss 5 Zoll Frontlänge. - Der Kranz des Steinbettes war durchweg aus grossen Blöcken aufgebaut, deren Zwischenräume, sowie das Innere der Bettung aus kleineren Rollsteinen oder Kieseln sorgfältig gefügt und durch gestampften Lehm fest verbunden waren. Überall zahlreiche Kohlen- und Aschenspuren. An Fundstücken oder Beigaben erwies sich dieser Tumulus als etwas reicher als seine Vorgänger im Oberholz.

Am Rande des Steinbettes auf der Nordwestseite fand sich, zwischen den Steinen eingeklemmt, eine sehr verrostete Lanzenspitze von nicht ganz 7 Zoll Länge vor, deren Spitze allerdings fehlt. Sie hat eine 6 Linien im Durchmesser haltende kreisrunde Dülle, welche als Rippe sich bis zur Spitze der Lanze fortsetzt, und misst an der breitesten Stelle der Bahn 2 Zoll 3 Linien. Die Form dieser Lanzenspitze ist sehr ähnlich den vorrömischen aus gleichem Metall von der Station La Tène am Neuenburger-See. Ferner fand sich ebenfalls ausserhalb des Steinbettes, auf dessen Westseite, eine ganz zerdrückte Aschenurne von feinem, gelblichem, halbgebranntem Ton, welche mit weisslicher Asche und Kohlenpartikeln gefüllt war. Dieser Aschentopf hat einen kleinen Boden und erweitert sich nach oben rasch, der Rand scheint etwas einwärts gebogen zu sein. Parallele, rings umlaufende, horizontale Striche sind die einzigen bemerkbaren Verzierungen. Von besonderem Interesse waren hier ziemliche Quantitäten verkohlter Eicheln, welche sich auf dem Steinbett gehäuft vorfanden und vermutlich geopfert worden sein mögen. Im Übrigen bestand der ganze Tumulus aus derselben feinen, gelben Sanderde, mit viel Asche und Kohle untermischt, wie die oben erwähnten A und B; auch hier stellenweise ganze Partien einer so genannten Ziegererde.

Nun wurde der vierte und letzte der Kallnacher Grabhügel in Angriff genommen und zwar der dritte derer im Oberholz C. Auch dieser zeigte unregelmässige Löcher, die wahrscheinlich von Fuchsbauen herrühren mochten. Der Durchmesser dieses Grabhügels mass von Nord nach Süd 50 Fuss, von Ost nach West 40, die grösste Höhe über dem Naturboden 6 Fuss, über dem grösseren Steinbett 4 Fuss. Auch hier lagen die Steinbette, denn es fanden sich ihrer zwei, ganz exzentrisch zur Mitte des Tumulus.

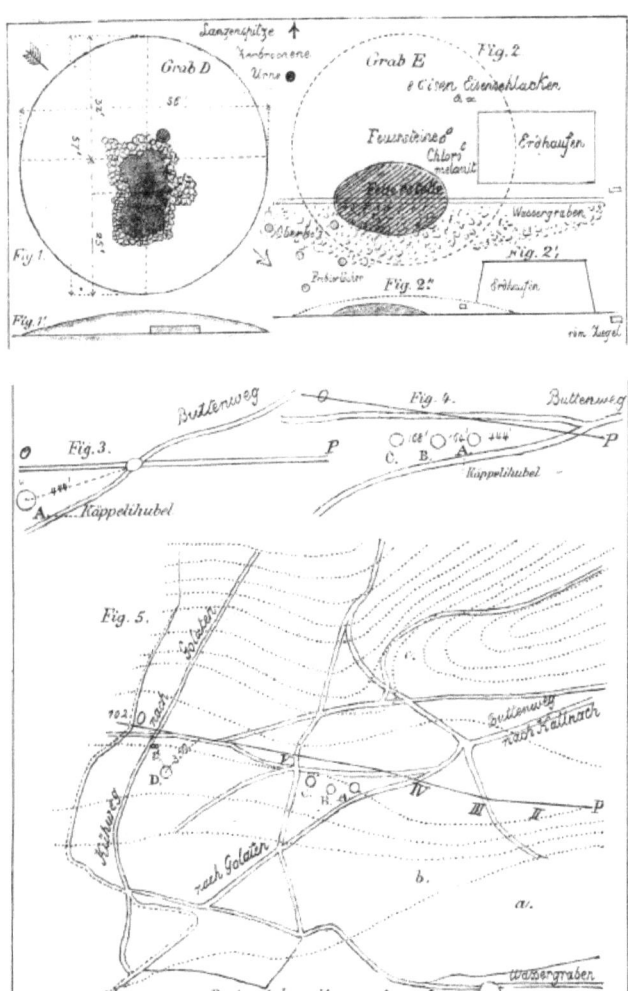

Abb. 128 Ausschnitte aus der Tafel XXII [86]

Das grössere Steinbett, aus massig grossen Rollsteinen und kleineren erratischen Blöcken länglich parallelepipedisch aufgebaut, mass 8 Fuss grösste Länge; grösste Breite auf der Südseite 3 Fuss 8 Zoll, in der Mitte 2 Fuss; auf der Nordseite

2 Fuss 5 Zoll. Die Höhe des Steinbettes war nicht über 1 Fuss 5 Zoll. Dieses Steinbett lag vom Südrand des Tumulus nur 18 Fuss entfernt, während dessen Nordseite vom Nordrande des Tumulus 27 Fuss entfernt lag. Noch mehr seitwärts, auf der Westseite des Grabhügels, zirka 6 Fuss vom grossen Steinbett entfernt, stiess ich auf ein zweites, kleineres Steinbett, welches in seiner Hauptachse in derselben Richtung von Südost nach Nordwest lag, wie das grössere. Dieses Steinbettchen mass nur 6 Fuss Länge, auf der breiteren Seite 2 und auf der schmälern nur 1 Fuss 5 Zoll Breite, und war aus kleineren Rollsteinen und gestampftem Lehm aufgebaut. Von Fundstücken enthoben wir diesem Tumulus bloss Reste einer zerdrückten Aschenurne, deren Form nicht mehr eruiert werden kann; ferner ausserhalb des grossen Steinbettes zirka 2 Fuss entfernt, auf der Südseite, fand sich eine Armspange aus Lignit von 2 Zoll 6 Linien äusserem Durchmesser und 1½ Zoll Höhe, bei 3 Linien Dicke. Dieser Armring war in lauter Lamellen zerfallen, die erst mit grosser Sorgfalt getrocknet und zur Erhaltung mit Leim getränkt werden mussten. Offenbar entspricht dieser Armring einem schmächtigen weiblichen Handgelenk und wir werden nicht irren, wenn wir diesen Grabhügel einer Mutter, der das grössere Steinbett, und einem Kinde, dem das kleinere Steinbett entspricht, zuweisen, während wir den Tumulus D im Buchersriedwald wegen seiner vorgefundenen Lanzenspitze einem helvetischen Kriegsmann zuschreiben können. Auch hier fanden sich grössere Mengen verkohlter Eicheln teils auf, teils unmittelbar am Steinbett vor.

Dies die Resultate der Untersuchungen der Grabhügel bei Kallnach, die, obgleich arm an Funden und Beigaben, besonders von Metall, doch alle die gleichen Eigentümlichkeiten im Bau des Steinbetts zeigen und von denen der eine, der »Käppelihubel«, als ein grosser Brandhügel oder Massengrab, die andern eher als einzelnen Personen geweihte Grabstätten zu betrachten sein möchten; besonders charakteristisch ist für die eine die Lanze, für die andere der Armring aus Lignit und des Kindes kleines Steinbettchen.

Nachtrag

Letzten Herbst wurden wieder von Herrn Dr. Salchli in Aarberg Herrn Bürki von derselben Fundstätte in der Buchsenlehmatt zwei steinerne Gegenstände übermittelt, nämlich eine prachtvolle, glatt polierte und scharf geschliffene Axt aus Hornblende-Smaragdit-Gabbro erratisch aus den Walliseralpen, von ganz eigentümlicher, bei uns sehr selten vorkommender Form, sowie eine aus grauem, kieseligem Kalk verfertigte, sehr vollkommene Axt, in Form eines Spatels, in der Form der Votivbeile (z. B. aus Morbihan). Diese Gegenstände haben sich an der gleichen Stelle wie die schöne Chloromelanit-Axt gefunden.

Soeben erhalte ich von Herrn Bürki den Plan (Taf. XXII, 2), welchen Herr Jenner von der Stelle, wo auf der Buchsenlehmatte das prächtige Chloromelanit-Beil gefunden wurde und welche er im Mai 1875 des Genauesten durchforscht, aufgenommen hat. Herr Jenner fand im noch nicht ganz verebneten Teil Feuersteinlamellen, sowie Eisenschlacken, so dass man annehmen könnte, der Tumulus reiche noch bis in die Eisenzeit hinein, was das Vorkommen solcher reinen Votivbeile aus Stein sehr wohl annehmen liesse. Denn offenbar haben wir es hier keineswegs mit Waffen zum Gebrauch zu tun, sondern mit kostbaren, einem Helden gewidmeten Weihstücken. Letztes Jahr (1878) scheint nun auch der Erdhaufen, der wahrscheinlich vom Aushub des Wassergrabens stammte, weggeräumt und auf die Felder verführt worden zu sein, wobei die beiden Beile aus Gabbro und eisenschüssigem Kieselkalk

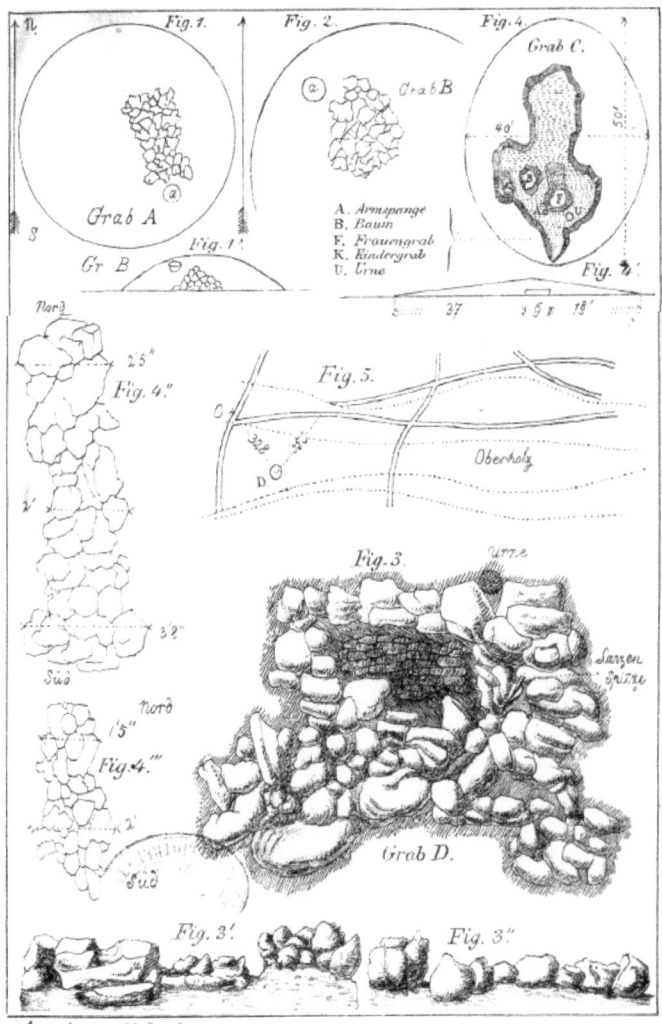

Abb. 129 Ausschnitte aus der Tafel XXIII [86]

gefunden und von Herrn Dr. Suicidi der Wissenschaft gerettet wurden, für welche Bemühungen ihm hier der lebhafteste Dank unserer Sammlung ausgesprochen sei." [86]

[86] von Fellenberg Edmund, Die Grabhügel im Oberholz bei Kallnach, Anzeiger für schweizerische Altertumskunde, Band 3, Heft 2 S. 910ff (1876-1879)

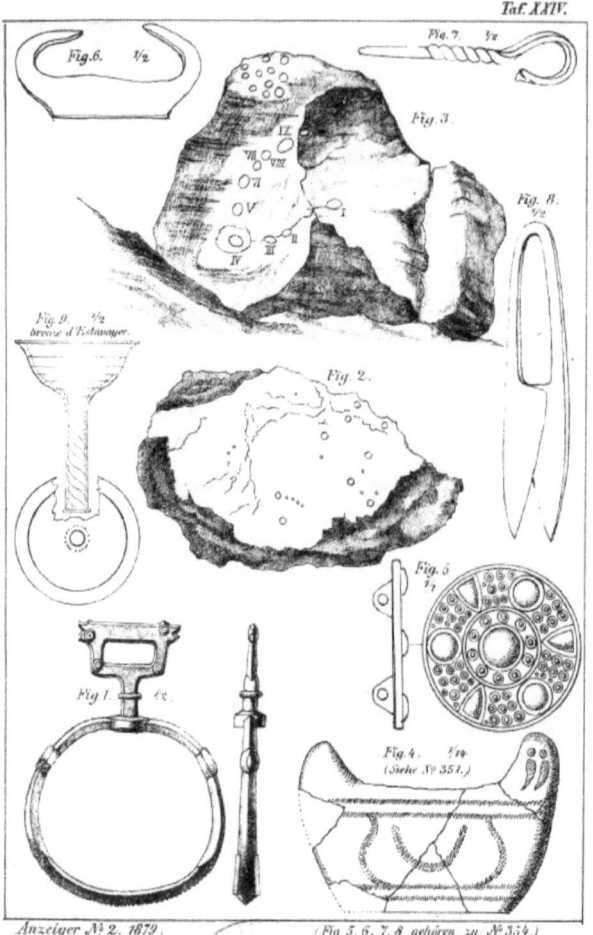

Abb. 130   Ausschnitte aus der Tafel XXIII [86]

19. Kernenried

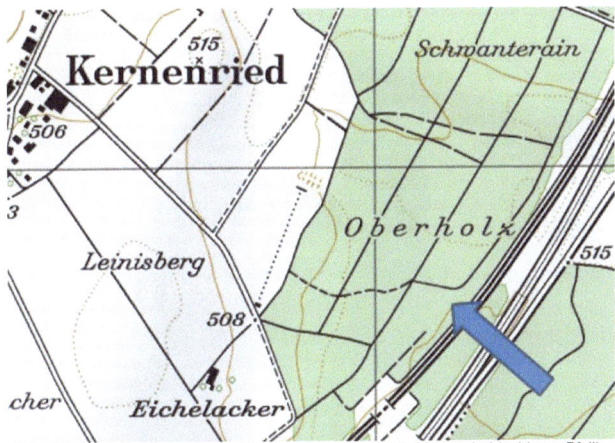

Abb. 131 Die Lage des grössten Grabhügels im Oberholz, Kernenried (s. blauer Pfeil)

„Die beiden anlässlich der Streckenbearbeitung der projektierten Nationalstraße Bern-Zürich im Oberholz bei Kernenried aufgefundenen Hallstattgrabhügel sind wie folgt zu charakterisieren: Hügel 1 noch völlig intakt, Durchmesser an der Basis 10 m, Höhe 1,05 m. Zum Teil angegraben ist Hügel 2, der bei einem mittleren Basisdurchmesser von 12 m eine Höhe von 1,5 m aufweist und 54 m NNW von Hügel 1 liegt (LK 1147, 609200/212700).   - JbBHM 39/40, S. 317, 1959/60 (1961)." [87]

[87] Jahrbuch der Schweizerischen Gesellschaft für Urgeschichte, Band 49, 50 (1962)

Abb. 132 Der Grabhügel 2 im Oberholz, Kernenried (Foto: H. Moll))

„Auf der Bahn-2000-Neubaustrecke Mattstetten-Rothrist stiessen die Archäologinnen und Archäologen des Kantons Bern auf einen wichtigen Fund: In Kernenried legten sie von Juli bis November 1997 einen Grabhügel aus der frühen Eisenzeit (800-600 v. Ch.) frei. Im Zentrum des Grabhügels von Kernenried liegt die Zentralbestattung oder das Gründungsgrab. Die ebenerdige Körperbestattung konnte jedoch nur noch als schwache Bodenverfärbung in der Grabkammer erkannt werden. Vom persönlichen Besitz war ein stark korrodiertes Messer oder ein Dolch aus Eisen erhalten. Am Fussende lagen Scherben von zwei grossen Keramikgefässen. Diese Hauptbestattung wurde durch eine jüngere Brandbestattung gestört, welche in einem organischen Behälter direkt in die Erde eingelassen wurde. Im Leichenbrand eingebettet lag ein Armring, der aus der Zeit um 600-450 v. Chr. stammt. Solche Nachbestattungen sind keine Seltenheit: Bis ins frühe Mittelalter hinein wurden die prähistorischen Grabhügel wieder verwendet." [88]

[88] Aeberhard Sandra, An der Zukunft gebaut - auf die Vergangenheit gestossen, in: VIA, das Magazin der Bahn, 16ff, 1/1998

„ÄLTERE EISENZEIT: Kernenried BE, *Oberholz*: Geplante Rettungsgrabung. Grabhügel. Zentrale Körperbestattung mit zwei Keramikgefässen und einem eisernen Messer oder Dolch (Ha C). Grabkammer vermutlich in Blockbauweise. Nachbestattung (Kremation), aufgrund eines Armrings Ha D zu datieren." [89]

[89] Fundbericht 1997 des ADB, in: JbSGUF 81, S. 256-324 (1998)

„Bei den Untersuchungen auf dem zukünftigen Trassee der Bahn 2000 wurden mehr als 20 neue Fundstellen entdeckt. In Kernenried BE *Oberholz* musste der kleinste der noch erhaltenen fünf Grabhügel untersucht werden. Die zentrale Körperbestattung der frühen Hallstattzeit war lediglich durch eine Nachbestattung gestört, die ebenfalls noch in die Hallstattzeit datiert werden kann. In geringer Entfernung konnte noch ein Flachgrab einer Frau mit reicher Trachtausstattung dokumentiert werden." [90]

[90] Ramstein, Marianne und Suter, Peter J., Bahn 2000: die Nekropolen von Kernenried und Langenthal, in: AS 24, 3, S. 15-21 (2001)

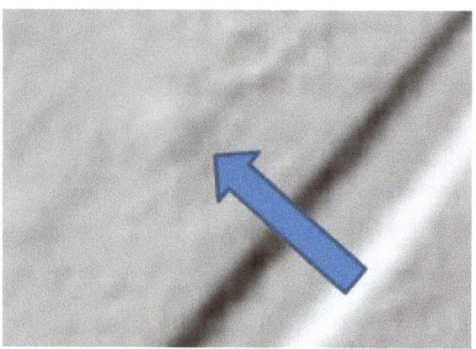

Abb. 133 Auf dem 3D-Schattenreliefbild ist der Grabhügel gut erkennbar. Auf der rechten Seite das diagonal verlaufende Geleisetrassee der SBB.

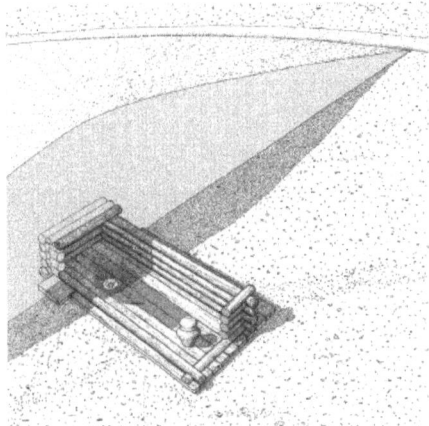

Abb. 134 Kernenried BE, Oberholz. Rekonstruktionsversuch des Grabhügels. Die hölzerne Grabkammer ist wahrscheinlich in Blockbauweise konstruiert. Der Leichenschatten» zeichnet sich auf dem Grabkammerboden ab. Die Keramikgefässe stehen am Fussende, das Messer liegt in der Beckengegend. Der Leichenbrand der Nachbestattung (mit Armring) stört das Zentralgrab im Brustbereich. [91]

[91] Jahrbuch der Schweizerischen Gesellschaft für Ur- und Frühgeschichte, Band 81, S. 281 (1998)

20. Kirchlindach

20.1. Büelwald

„Durch Herrn J. Walter in Oberlindach wurden wir auf einen zweiten Grabhügel, südöstlich Punkt 650, sowie auf deutliche Terrassenränder aufmerksam gemacht, die sich westlich der Häusergruppe «Auf dem Moos» im Oberlindachbuchwald vorfinden. Der Grabhügel (Fig. 25) und die Terrassenränder liegen, ähnlich wie die Erdwerke im Bärenriedwald, auf der Grenze zweier Amtsbezirke; der bisher noch nicht untersuchte Grabhügel befindet sich in 650 Meter Höhe; die nach aussen um 1,5 bis 2 Meter abfallenden Terrassenränder bilden westlich Punkt 617 einen spitzen Winkel; ein Schenkel läuft dem Waldrand entlang, der andere zieht sich südwestwärts gegen Punkt 621, nördlich des Hofes Schachen (vgl. Fig. 24).

Bei Anlass einer Besichtigung des Gebietes durch die Gesellschaft bernischer Privatforscher im Spätsommer 1927 wurde ein weiterer Grabhügel entdeckt, dessen Lage recht eigentümlich ist; er befindet sich bei Punkt 647 auf dem hügelartigen Vorsprung des Oberlindachwaldes, westlich des schon genannten Hofes Schachen im so genannten Schachenhölzli ; in seiner Nähe liegen mehrere Findlinge; solche kommen auch im östlichen Waldgebiet vor. Eine erneute Begehung zu Anfang November 1927 mit Herrn J. Walter führte zur Auffindung von deutlichen Terrassen, die sich am Abhang des etwa 25 Meter hohen Vorsprunges in 640 und 630 Meter Höhe halbkreisförmig um den eben angeführten Grabhügel herumziehen und sich ein Stück weit nordwärts, den steilen Westabhang entlang verfolgen lassen; in nord-östlicher Richtung sind sie wenig entwickelt. Das Kartenbild lässt aber vermuten, dass sie hier in Zusammenhang gestanden haben dürften mit dem Terrassenrand, der sich bis Punkt 621 verfolgen liess." [92]

20.2. Eigenächer

„Von der Lage eines nun mehr abgetragenen Grabhügels östlich der Wintermatt bei den « Eigenäckern », machte uns ebenfalls Herr J. Walter nähere Angaben." [92]

Abb. 135   Die geografische Lage des Büelwalds und der „Eigenächer" östlich des Dorfkerns von Kirchlindach, auf denen sich gemäss J. Walther ein weitere Grabhügel befunden haben soll. [92]

[92] König F., Nussbaum F., Neue Beiträge zur Heimatkunde des Moosseetales (Teil 17), in: „Pionier", Organ der schweiz. permanenten Schulausstellung in Bern, Band 48, S. 107 (1927)

20.3. Niederlindach

„1846 soll nach A. Jahn in Nieder- oder Steglindach (alte Bezeichnung für Kirchlindach) beim Sandgraben ein Gerippe mit zwei goldenen Ohrringen und einem bronzenen, verzierten Armring mit Stöpselschliesse gefunden worden sein: er vermutet dort „keltische" Reihengräber. Nach Jahn ist Steglindach 1281 urkundlich genannt. [93]

[93] Tschumi Otto, Urgeschichte des Kantons Bern, S. 258, Bern (1953)

Abb. 136 Die Position des Fundorts gemäss [94]

„An der Straße in Niederlindach (LK 1166, 598.900/204.800) — 1883 — Latènezeit
Lit.: FS; KAB; Mus.-Arch. Nr.4; AAMB 1870—94, Bd. II; Berichte 1886, 21; Tschumi
1953, 258; vgl. a. Jahn 1850, 369, 509; Bonstetten 1876, 22; Viollier 1916, 108—109
A 39: Calvarium, weiblich, matur" [94]

[94] Mitteilungen der Naturforschenden Gesellschaft in Bern. Neue Folge, 13, S. 29 (1956)

20.4. Jetzikofen – Vorhölzli

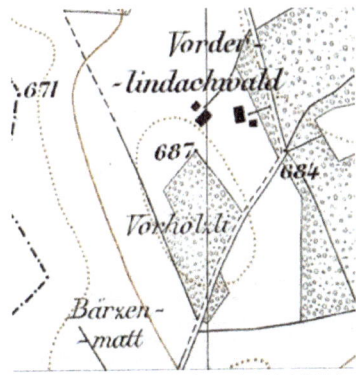

Abb. 137 Geographische Lage des „Vorhölzli" (seit 1938 gerodet), Jetzikofen (Gde. Kirchlindach) auf der Siegfriedkarte von 1900 [95]

„Im nördlichen Zipfel des Vorholzes: Grabhügel, ausgeraubt. Einziger Fund: Goldgehänge in Form ein Hohlringleins von einem Ohrschmuck. Solche Ohringe aus Gold kommen auch im Grauholz und in Ins (Grab VIII) vor. Sie gehören in die letzte Hallstattstufe D, die mit gerippten italischen Zisten und reichem Goldschmuck den südlichen Einfluss deutlich verrät und etwa ins 7.-6. Jahrhundert v. Chr. gesetzt werden kann." [95]

Abb. 138 Drei goldene Ohrringe aus Kirchlindach (Jetzikofen), Ins und Wohlen
(Foto: H. Moll im BHM)

[95] Tschumi Otto, Urgeschichte des Kantons Bern, S. 258, Bern (1953)

Abb. 139 Wo früher das Vorhölzli stand, befindet sich heute nur noch Ackerland. (Foto: H. Moll)

21. Koppigen

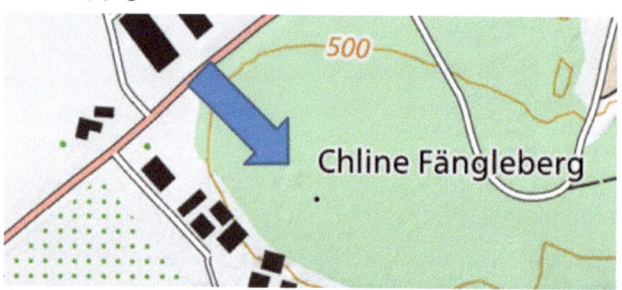

Abb. 140 Die Lage des Grabhügels (s. blauer Pfeil) auf dem kleinen „Fängleberg", Gemeinde Koppigen

Abb. 141 Der Tumulus im Wald des kleinen „Fängleberg" ... (Foto: H. Moll)

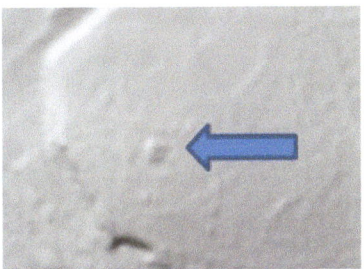

Abb. 142 ... der auch mit der 3D-Reliefschattierung gut erkennbar ist (s. blauer Pfeil).

„Dicht vor Koppigen, im Fengelbergwald, begegnet uns der erste Tumulus, als Ausläufer alter Anbauspuren, die dem Emmenlauf folgen. Über diesen Hügel sagt der Bericht des Gymnasiums Burgdorf von 1877:
„Herr Ferd. Affolter, Kavalleriehauptmann und Gutsbesitzer in Oeschberg (2 Stunden von Burgdorf, an der ehemaligen grossen Heerstrasse von Bern nach Zürich gelegen), entdeckte in der Nähe von dem benachbarten St. Niklaus eine Erderhöhung im Fengelberg, welche ihm als künstlich aufgeworfen vorkam. Er öffnete im März 1871 den 2,4 m in der Höhe und 15 m im Durchmesser haltenden Hügel und fand einen eigentümlich geformten Schädel und ein Schwert. Dieses ist 75 cm lang und 4 cm breit, noch gut erhalten, der Griff schön gearbeitet, mit Metalldraht umwunden und mit 2 Bronzeknöpfen geschmückt. Es lag 1,05 m tief auf der Ostseite, während der Kopf in der nämlichen Tiefe auf der Westseite gefunden wurde. Der Schädel liegt in einer Privatsammlung in Bern."
Laut persönlicher Aufteilung von Grossrat Ferdinand Affolter lag der Schädel in einer Schicht von Kohlen und Asche und war mit Steinen zugedeckt. Er kam an Bürki in Bern und dürfte verschollen sein. Das Schwert liegt jetzt im Rittersaal Burgdorf; seiner Form nach ist es spätfränkisch. Es ist anzunehmen, dass diese Funde einer späten Nachbestattung angehören und dass das Grab, welches der Hügel deckt, tiefer liegt. Ferdinand Affolter war selbst dieser Ansicht und hatte den Plan, den Hügel noch einmal in Angriff zu nehmen; sein im Sommer 1903 erfolgter Hinschied hat den eifrigen Geschichtsfreund nicht mehr dazu kommen lassen." [96]

[96] Wiedmer-Stern J., Archäologisches aus dem Oberaargau, in: Archiv des Historischen Vereins des Kantons Bern, Band 17, Heft 2, S. 460f (1903/1904)

22. Langenthal

22.1. Unterhard

Abb. 143 Die geografische Lage des Gräberfeldes Unt(d)erhard nördlich von Langenthal

„Genauere und reichere Nachrichten haben wir von der archäologisch wichtigen Umgegend dieses Ortes. Den ältesten bis jetzt bekannten Überrest aus vorgeschichtlicher Zeit bildet die Grabhügelgruppe im Unterhard, zwischen Aarwangen und Mumenthal, als Pendant zu den bloss eine schwache halbe Stunde nach Westen entfernten, bei „Aarwangen" beschriebenen Tumuli im Zöpfen.
Die Gruppe im Unterhard besteht aus sechs Hügeln, doch zeigt der umliegende Boden noch ausserdem eine Anzahl kleinerer, regelloser Erhöhungen, die immer noch einer fachmännischen Untersuchung harren.
Die Gräber im Unterhard haben seit bald einem Jahrhundert viel Ausgrabereien über sich ergehen lassen müssen und waren in den verflossenen 40er Jahren ein wahrer Tummelplatz jener archäologischen Hyänen, die mittags mit dem Spaten ausrücken, einen Schacht in den Tumulus stechen und abends alle Taschen voll Scherben und Bronzen mit heimbringen, von denen nach ein paar Wochen nichts mehr zu schon, aber viel Phantastisches zu hören ist.

Abb. 144 Die drei grossen Grabhügel im Unterhard, Gemeinde Langenthal (Foto: H. Moll)

Den Reigen eröffnete Statthalter J. D. Mumenthaler, doch ist nicht mehr festzustellen, mit welchem Erfolg. 1845 fielen Steinegger und Dennler über den grössten der Hügel her und erbeuteten „unter anderem" einen Bronzekessel.

Dem guten Beispiel folgte im Spätjahr 1846 F. A. Flückiger. Da der grösste der Hügel schon durch Steinegger und Dennler bearbeitet worden war, so machte sich Flückiger jetzt an den schönsten der noch übrigen, einen Tumulus von mittlerer Grösse, den er durchstach und durchsuchte. Er enthielt eine grosse Menge von Kieseln und Geröllsteinen, die in der Mitte einen Haufen (zentrale Setzung) bildeten, den in einigem Abstand ein Steinkreis umgab.

Unter der zentralen Steinsetzung fand Flückiger eine weitbauchige, unverzierte Urne aus schwärzlichem, mit Quarzkörnern und Glimmerblättchen vermischtem Ton, in Scherben zusammengedrückt, sowie das Fragment eines bronzenen Armringes und andere Bronzen, zum Teil von neuer, aber nicht näher bezeichneter Form; einen hölzernen und einen eisernen Ring, die eiserne Spitze eines Schneidinstrumentes.
Nach Flückigers Angaben bestand die Bronze aus 20 % Kupfer und 80 % Zinn. Von Knochen oder Kohle will Flückiger nichts gefunden haben.

Im Frühjahr 1847 nahm Flückiger dann den bereits von Steinegger und Dennler heimgesuchten, grössten Hügel unter den Spaten. Er fand weder eine Steinsetzung, noch einen Steinkranz, dagegen viele zerschlagene Kiesel, sowie einige feine rote Scherben im ganzen Hügel herum zerstreut. Wenig über dem natürlichen Boden fand sich als Rest eines nach Nordost orientierten Skelettes ein Schädel und Zähne. Neben der Leiche lagen die Fragmente eines langen einschneidigen Dolches und eine schwer zu beschreibende Bronze.
Unweit dieses ersten Skelettes lag in gleicher Richtung ein zweites, noch schlechter erhaltenes, dem gleichfalls ein Dolch beigegeben war. Ausserdem fand sich das Halsstück einer Urne von rotem, sorgfältig bearbeitetem Ton. Allem Anschein nach haben wir es hier also mit zwei alamannischen Nachbestattungen nach Analogie derer in Bannwyl und andern Orten zu tun. Das eisenzeitliche Brandgrab, welches Dennler und Steinegger zum Teil geplündert, muss unter dieser spätem Beisetzung liegen.
Nach diesem grössten Tumulus nahm Flückiger einen der kleinsten in Angriff, der dicht neben dem im vorhergehenden Herbst angegrabenen steht. Hier fanden sich mehrere grosse Steine und kaum einen Fuss unter dem Rasen Stücke eines zierlichen Arm- oder Halsringes von Bronze. Ausserdem fand Flückiger die Scherben einer unverzierten bauchigen Urne aus dunklem, quarzhaltigem Ton, die er wieder zusammenstellen liess. Merkwürdigerweise kamen grosse Knochen, Reste einer Wirbelsäule und ganze Kinnladen mit Zähnen zum Vorschein, wahrscheinlich von einem Pferd. Diese Tierleiche hat natürlich mit dem Brandgrab nichts' zu tun und dürfte in der beim Rütihof-Tumulus bei Bannwyl erwähnten Weise in den Hügel geraten sein.
Als letzten Hügel erhob Flückiger ein mit eisernen Nägeln besetztes Bronzeblech.
Ein gütiges Geschick hat wenigstens die Bronzen dieser Ausgrabung auf uns kommen lassen (Museum Bern). Das „schwer zu beschreibende" Stück ist ein hübsches Brustgehänge, leider nur auf einer Seite etwas defekt; die Ringfragmente gehören zu einer Hohlspange an und zeigen auf der Vorderseite die typischen geo-metrischen Strich- und Kreisornamente, zum Teil mit schraffierten Feldern, wie deren besonders Subingen eine wahre Auslese, mehrfach in intakten Exemplaren, geliefert hat. Das mit eisernen Nieten (3) besetzte Bronzeblech ist ein nicht so leicht zu deutendes Fragment eines grossem Objektes, nach der durch jene Nieten befestigten Verstärkung. zu urteilen, vielleicht eines Gefässes. Was aus der Urne geworden ist, das wissen die Götter.
Im Sommer 1847 rückte nun auch Jahn auf den Plan und nahm den bereits von Dennler und Steinegger angegrabenen Hügel in Arbeit. Derselbe war stark abgeplattet, 12 ' hoch und 40 Schritte im Durchmesser. Er war 1845 von der Ostseite zur Hälfte durchwühlt worden; nun machte Jahn einen 4' breiten, 8 ' tiefen und 6 Schritte langen Einschnitt in die Westseite. In der Tiefe von 4'—6 ' fanden sich Brand-, und von 6 '—8 ' Moderspuren, aus denen Jahn, jedenfalls irrtümlich, auf Leichenbestattung schliesst.

Diese so genannten Moderspuren sind wohl nichts anderes, als Schichten von Branderde und Asche, die ja immer auf den ersten Blick aussehen, wie Moder.

Abb. 145 Langenthal, Unterhard, 1999. Blick ins hallstattzeitliche Körpergrab 25. Der Raum zwischen dem Sarg und der Grabgrube war mit Geröllsteinen gefüllt worden. Am Ende des Grabs sind die Beigabengefässe aus Keramik zu erkennen.
Das Skelett ist nicht mehr erhalten. [97]

[97] Stadt Langenthal Online: Geschichte
(http://www.langenthal.ch/de/portrait/geschichte/welcome.php?action=showinfo&info_id=5245)

An einer Stelle zwischen dem Mittelpunkt des Hügels und der obersten westlichen Abdachung in einer Tiefe von 4' fanden sich weissgebrannte Menschenknochen mit deutlich erkennbaren Schädelteilen. Letztlich kam in einer Tiefe von 8' gegen die westliche Peripherie hin ein dichtes Kohlenlager von kaum einem Quadratfuss Ausdehnung zum Vorschein. Die Beigaben lagen zumeist in der untersten Schicht, in einer Tiefe von 8', besonders in der Nähe des Kohlennestes.
Aus der Beute von Dennler und Steinegger rettete Jahn das Fragment einer sehr rohen Phalere (bernisches Museum). - Er selbst fand:

1. Ein gewölbtes Bronzeblech ohne Ornament, wohl von dem Kessel, zu dem Dennler und Steinegger ein reifartiges Stück gefunden hatten, das verloren ging;
2. ein antikes Maultiereisen (nachträglich erhalten).
3. Ein halbes, breites Henkelstück mit anhängendem halbem Halsstück von ziemlich feiner roter Erde mit rötlichem Firnis;
4. ein Bodenstück, im Bruche schwarzbraun, mit Quarzkörnern, beidseitig rot gebrannt;
5. zwei Bauchstücke gleicher Art, mit dem Bodenstück beim Kohlenlager gefunden;
6. ein Bauchstück, massiv und roh, vollständig rot gebrannt ;
7. ein hellrotes Bauchstück, dünner und feiner als die vorigen, ohne Firnis.

Nr. 1 lag oberhalb der angebrannten Menschenknochen, die übrigen Stücke in der Tiefe des Hügels. Eine dünne, feine graue Scherbe lag wenig unter der Oberfläche.

Ein Korb voll Scherben, teilweise ornamentiert, die Steinegger und Dennler ausgegraben (1845) ging vollständig verloren.
Jahn ging nun an den zweitgrössten Tumulus, den Nachbar des 2. und 3. von Flückiger untersuchten Hügels, der südlich von dem letzteren nach der Landstrasse zu liegt. Er war 6 ' hoch, hielt 15 Schritt im Durchmesser und war oben stark abgeplattet. Er schnitt ihn von der weniger verflachten Südseite durch einen 4' breiten Graben bis etwas unter das Niveau des umliegenden Bodens an. Dicht unter dem Rasen stiess Jahn auf 3 Bettungen aus Kieseln. Diese Bettungen (Kränze) waren halbkreisförmig, hatten aber keine Fortsetzung über die Südseite hinaus. In der Mitte des dritten Steinhalbkreises, der die oberste südliche Abdachung bildete, 3 Schritte vom Mittelpunkt des Hügels, in 1½—2' Tiefe und in einem Umkreis von höchstens einem Quadratfuss, unter und zwischen aufgeschichteten gewaltigen Kieselsteinen, fanden sich nicht weniger als acht Bronzeobjekte, deren Beschreibung weiter unten folgt.
Auf der Ost-, West- und Nordseite fanden sich nur zerstreute Kiesel, kein Kranz oder Fundstück mehr. Als von der Höhe des dritten Steinbettes aus die Hügelmitte ausgegraben wurde, fand sich eine weitere Bronze in der Achse des Hügels, 1' unter dem Rasen in blosser Erde. Die Untersuchung der Hügelmitte bis unter das Niveau des umliegenden Bodens ergab: zerstreute Kohlen, zwei winzige Scherbchen, einen stark verrosteten eisernen Nagel und einige angebrannte Eicheln. Von Gefässen fand sich nichts, als eine grobe rote und eine feine bräunlichrote (Rand-) Scherbe.

Abb. 146 Blecharmspangen mit getriebenem Dekor [98]

„Grabhügel I im Unterhard. Fragment. Mitfunde nicht völlig gesichert.
- Museum: BHM Bern. Literatur: Drack 1960, 18, Taf. 10, 1." [98]

[98] Drack Walter, Die hallstattzeitlichen Bronzeblech-Armbänder aus der Schweiz, im: Jahrbuch der Schweizerischen Gesellschaft für Urgeschichte, Band 52, S.28 und 38 (1965)

Die acht unter den Steinen vereinigt gewesenen Bronzen sind:

1. Ein glatter, grosser, geschlossener Armring;
2. ein ovaler, gerippter Armring, dessen; beide Enden in Ösen auslaufen; in der einen Öse waren noch Überreste eines kleinen Verbindungsringes;
3. eine kleine Bronzenadel, mit zwei abgestuften Wülsten unmittelbar unter dem runden Kopf;
4. ein kleines, gerades, spiralförmig profiliertes Bronzefragment, dessen Zweck oder Zugehörigkeit nicht wohl zu erklären ist;
5. und 6. zwei glatte, ziemlich dicke Fingerringe;
7. eine Fibel mit ziemlich scharf geknicktem Bügel, von sehr zierlicher, stark an Spät-Hallstatt erinnernder Form. Die äusserste Spitze des Nadelhalters, sowie die Spirale fehlen. Der Bügel hat auf der Scheitelhöhe einen Verstärkungskamm, zu dessen Seiten ein Ornament von gravierten Dreiecken und Querlinien einsetzt und bis zum Nadelhalter hinab fortläuft;

8. eine sehr schöne Früh-La Tène-Fibel mit beidseitiger Spirale, intakt. Der Bügel ist hoch, fast halbkreisförmig mit einem gewellten Kamm geschmückt, zu dessen beiden Seiten einfache Querlinien in gleichen Abständen eingraviert sind. Der Nadelhalter ist stark verlängert und biegt zum Bügel zurück. Der obere Teil der Verlängerung ist mit drei Wülsten verziert, an die sich eine aus zwei hohlen Kapseln gebildete Kugel schloss, die mit schraffierten Dreiecken verziert sind. Die eine dieser Halbkugeln hat Jahn verloren, wie auch die Nadel abgebrochen. Oberhalb der Kugel endet der Nadelhalter in ein Knöpfchen, das auf einem kurzen, gerippten Stiel sitzt.

Im Zentrum des Hügels fand Jahn eine weitere Fibel, von merkwürdiger Form, ebenfalls der Früh-La Tène-Zeit angehörend. Die Nadel fehlt, ebenso zum grössten Teil die Spirale. Der Bügel ist sehr breit und besteht aus zwei Teilen, einem mit graviertem Zickzack verzierten Rahmen und einem von diesem eingefassten, getriebenen elliptischen Felde, das keine weitere Ornamentik hat. Auch hier ist der Nadelfuss zurückgebogen und mit zwei Pfannen geschmückt, einer grösseren innen und einer kleinem am Ende.

Diese Funde, jetzt im bernischen historischen Museum, lassen keinen Zweifel in der Zeitbestimmung zu. Wir haben es mit einem Grabe der Früh-La Tène-Periode zu tun (V—IV. vorchristliches Jahrhundert).

Der dritte Hügel, den Jahn ausgrub, war kleiner als die beiden andern und liegt etwas weiter im Walde, nördlich von dem erstuntersuchten, ganz nahe bei dem ersten und dritten der von Flückiger geöffneten. Seine Höhe betrug damals in der stark abgeplatteten Mitte 3½', sein Durchmesser 10 Schritte. Jahn machte einen 3 ' breiten Einschnitt von der Ostseite her, in der Tiefe bis etwas unter das umliegende Terrain. Einige Schritte vor der Mitte des Hügels stiess er auf die Peripherie einer Steinsetzung aus grossen Kieseln. U/2 ' unter der Oberfläche, 77 ' über dem natürlichen Boden kam eine Urne zum Vorschein, die von einer Schale und einem Lignitarmring nebst zugehörigem Beschlägefragment begleitet war. Die Urne hat nach Jahns Zeichnung eine ziemlich einfache Form und einen auffällig weiten Hals, die Schale gleicht einem Näpfchen mit rundem Boden und geraden Wänden.

Der Lignit- (Gagat-) Ring hat eine braunkohlenähnliche Farbe und ist schwerfällig. Das Beschläge, welches ursprünglich seine Aussenseite bedeckte (nach Jahns Deutung; es dürfte sich aber um das Fragment einer selbständigen bronzenen Hohlspange handeln), hat in der Mitte, auf ein Drittel der Breite ein glattes Feld, in welchem kleine konzentrische Kreise in einigen Abständen stehen; die beiden Seiten zeigen eng gezogene Längslinien.

Mit Jahns Nachgrabungen kamen die unheilvollen Grübleureien zum Abschluss und auf lange hinaus kümmerte sich niemand mehr um die Gräber im Niederhard.

Da unternahm Dr. von Fellenberg im Jahr 1873 einen Streifzug in die Gegend und grub zwei Tumuli aus. In dem einen fand er eine Urne mit Schulterwulst nebst hübscher Schale, sowie Fragmente von Bronzedraht und ein hübsch gearbeitetes Feuersteinartefakt, sowie einen vorzüglichen typischen Eisendolch (Hallstatt) samt Scheide.

Der in der Mitte mit einem Wulst versehene Griff endigt in zwei Bügeln, ebenso das untere Ende der Scheide. Die Klinge ist sehr breit. Der zweite war der grosse, an welchem Steinegger, Dennler und Flückiger ihre Künste geübt hatten. Fellenberg fand noch Überreste zweier Urnen, einer rotgebrannten und einer grauen, letztere mit Wulst auf der Schulter, sowie Fragmente eines bronzenen Halsringes. Das Hauptstück ist eine reichlich nussgrosse Rassel aus Bronze, an welcher noch ein Stäbchen haftet. Sie hat eine runde Form, ist hohl und die Wandung in gleichen Abständen mit Schlitzen versehen. Analoge Stücke in reicherer Ausführung und mehreren Varianten bis hinauf zum prachtvollen Brustschmuck fanden wir im Gräberfeld Subingen. Hier gehören sie der späten Hallstattzeit an, während in Obergösgen sich ein etwas schlankerer Typ in einem Früh-La Tène-Grab fand. Diese Rasseln, die, wenn sie intakt sind, kleine Kiesel enthalten, scheinen in der Übergangszeit Spät-Hallstatt/Früh-La Tène, also ungefähr im V. Jahrhundert vor Christi, in unserer Gegend ziemlich verbreitet gewesen zu sein; zweifelsohne hat den einfachen Menschen damals das klingelnde, klirrende Geräusch, das die zierlichen, glänzenden Dingo bei jeder Bewegung des Trägers hören liessen, nicht wenig gefallen.

Als Nachzügler, höchst wahrscheinlich aus einem dieser Gräber stammend, tauchte in diesem Jahre in Langenthal ein Serpentinbeil auf. Es ist fazettiert, zeigt typische Landform und an der Schneide einen muscheligen Bruch vom Gebrauch. Vor Jahren war ein durch das Gräberfeld führender Waldweg korrigiert worden und der Vorbesitzer hat der sehr glaubwürdigen Tradition zufolge das Beil in einem Einschnitt, der einen Tumulus berührte, gefunden. Jetzt ist es im bernischen Museum bei den übrigen Funden aus dem Unterhard nach einer ziemlich langen Irrfahrt zur Ruhe gekommen.

Jahn erwähnt noch als Funde aus der Gegend von Langenthal: den antik abgebrochenen hinteren Teil eines Bronzebeils, einen kleinen, verhältnismässig sehr dicken Ring aus dunkelgrünem Glas mit sehr enger Öffnung, beide Stücke jedenfalls aus dem Hardwald. (Für das Bronzebeil ist diese Annahme nicht zutreffend.) Von römischen Stücken: ein Fragment von feinster Siegelerde mit Reliefdarstellungen, und ein Stück geschmolzenes Blei." [99]

[99] Wiedmer-Stern J., Archäologisches aus dem Oberaargau, in: Archiv des Historischen Vereins des Kantons Bern, Band 17, Heft 2, S. 406ff (1903/1904)

Abb. 147 « Bracelet en bois revêtu d'une feuille de bronze ornée sur les deux bords de lignes légèrement gravées » [100]

„Bracelet en bois revêtu d'une feuille de bronze ornée sur les deux bords de lignes légèrement gravées. Le revêtement de bronze qui couvrait tout le bracelet n'a pas pu être recueilli entier. Ce bracelet provient d'un tumulus de la forêt de Niederhart près de Langenthal. Hauteur du tumulus: 3 pieds, 1/2 – incinération - à 1 1/2 pieds de profondeur, amoncellement de pierres; sous ces pierres et au centre du tertre, urne cinéraire écrasée sous les pierres. - A côté de cette urne, petite coupe dans laquelle ce bracelet avait été déposé (v. Pl. XVI., Fig. 1 et 2). Un bracelet semblable recou-vert d'une feuille de bronze, ornée de dessins triangulaires et disqués, a été décou-vert près de là dans un autre tumulus (v. Pl. XII. Fig. 8)." [100]

[100] de Bonstetten G., Recueil d'antiquités suisses, S. 32 und Tafel IX Bern (1855)

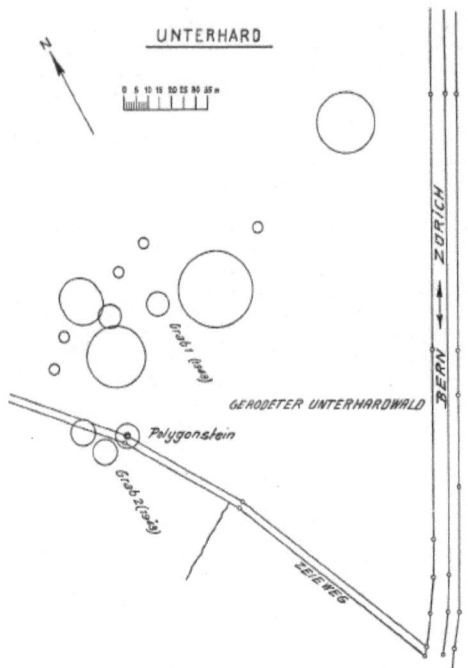

Abb. 148 Plan der Grabhügel im Unterhardwald [101]

„Von F. Brönnimann erhielten wir einen Bericht über die Nachuntersuchung zweier Grabhügel der Nekropole im Unterhardwald (oder Niederwald), die 1943 anlässlich einer Rodung unter der Aufsicht von O. Tschumi durchgeführt wurde (34. JB. SGU. 1943, 45). Von den beiden untersuchten Hügeln (Nr. 1, 1943, und Nr. 2, 1943, unseres Situationsplanes Abb. 18) liegt der zweite noch heute im Wald.
Hügel 1 (1943) erhob sich bei etwa 10 m Durchmesser fast nicht mehr über die Umgebung und enthielt, wie die meisten Hügel dieser Nekropole, soweit zuverlässige Berichte vorliegen, im Kern eine mächtige Steinsetzung, die deutliche Spuren früherer Raubgrabungen erkennen ließ (dazu J. Wiedmer-Stern, Archiv Hist. Ver. Kt. Bern 17, 1904, 406ff.). Es wurden drei Scherbennester gefunden, die nicht unberührt schienen,

ferner Bruchstücke eines Gagat-Armrings. Ausserdem kamen ein kleineres Bodenstück eines römischen Gefäßes und ein Stück eines römischen Hohlziegels zutage.
Hügel 2 (1943) maß 11 m Durchmesser und enthielt ebenfalls eine Steinsetzung, jedoch weniger ausgedehnt als bei Nr. 1. Funde wurden hier keine gemacht, obgleich auch der Untergrund der Steinsetzung untersucht wurde." [101]

[101] Jahrbuch der Schweizerischen Gesellschaft für Urgeschichte Band 43, S. 79f (1953)

„12 Grabhügel im Nieder- bzw. Unterhard zwischen Langenthal und Bützberg, die zu verschiedenen Malen in der ersten Hälfte des 19. Jahrhunderts von J. D. Mumenthaler, 1845 von Steinegger und Dennler, 1846 und 1847 von F. A. Flückiger, 1848 von A. Jahn, schliesslich 1873 von E. v. Fellenberg untersucht wurden. - Koord.-Punkt 626 300/231 100. [102]

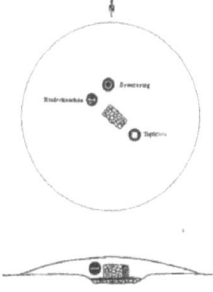

Abb. 149 Grundriss und Querschnitt des Grabhügels 111 im Unterhard bei Langenthal. Nach einer Bleistift-Skizze in der Archäologischen Statistik des Schweiz. Landesmuseums umgezeichnet von W. Stäuble, Zürich. Der altarähnlich gezeichnete Steinkern zeigt die typische Form, in welcher Laien «mehrere grosse Steine», die offenbar irgendwie neben- und übereinander lagen, mit einiger Phantasie bildlich festzuhalten versuchten. Grösse des Hügels unbekannt. [102]

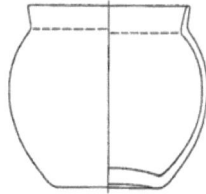

Abb. 150 Grosser Becher aus einem der Grabhügel im Unterhard bei Langenthal. Ton grau, fett. [102]

[102] Drack Walter, Ältere Eisenzeit der Schweiz, Kanton BE, III. Teil, S. 18ff (1960)

„Von 1998 bis 2000 führte der Archäologische Dienst des Kantons Bern auf dem Trassee der Bahn 2000-Neubaustrecke Mattstetten-Rothrist in Langenthal, Unterhard Ausgrabungen durch.

Dabei wurden zwei eisenzeitliche Tumuli und insgesamt 123 Gräber aus der älteren Eisenzeit (Hallstattzeit, 800–450 v. Chr.), der römischen Epoche (2./3. und 4./5. Jahrhundert) und dem Frühmittelalter (6./7. Jahrhundert) ausgegraben. Die Skelette waren fast vollständig vergangen, die Untersuchung der Grabbeigaben in Form von Gefässen, Schmuck und Waffen erbrachte aber spannende Erkenntnisse zur Herstellungstechnologie und Funktion respektive Tragweise einzelner Objekte." [103]

[103] http://www.erz.be.ch/erz/de/index/kultur/archaeologie/fundstellen/oberaargau/langenthal_unterhard.html

„Schon zu Beginn des 19. Jahrhunderts sind die Grabhügel im Unterhard bekannt und werden immer wieder das Ziel von archäologischen Untersuchungen lokaler Forscher. Einige Funde aus dieser Zeit liegen im Bernischen Historischen Museum, die meisten sind aber heute verschollen.

Im Rahmen des Neubauprojekts Bahn 2000 der SBB wurden zwei der Grabhügel und das dazwischen liegende Bahntrasse in den Jahren 1998 bis 2000 archäologisch untersucht. Dabei konnten insgesamt 123 Gräber dokumentiert werden. Das Skelettmaterial war bereits fast vollständig vergangen. Die teilweise reichen Grabbeigaben ermöglichen aber eine Zuweisung der Bestattungen zu drei verschiedenen Epochen.

21 Bestattungen datieren in die ältere Eisenzeit (Hallstattzeit, 800.450 v. Chr.). Die Toten wurden in ihrer Tracht mit Armringen, Gürtelhaken und Ohrringen aus Bronze und Eisen, Ketten aus Bernstein-, Glas- und magnetischen Perlen und mit Keramikgefässen als Beigabe bestattet.

Neun Gräber lassen sich der römischen Epoche zuweisen. Davon wurden vier Brandbestattungen im 2./3. Jahrhundert angelegt. Die Keramik- und Glasgefässe, die den Toten mitgegeben wurden, sind zusammen mit dem Körper auf dem Scheiterhaufen verbrannt worden. Fünf Körpergräber sind in die Spätantike zu datieren (4./5. Jh.). Sie enthielten nur wenige Gefässbeigaben und einen einzelnen Glasbecher. Die grösste Ausdehnung erreichte das Gräberfeld im Frühmittelalter. Im 6./7. Jahrhundert wurden weitere 93 Bestattungen angelegt. Die Skelette waren auch hier sehr schlecht erhalten. Zu den Beigaben der Frauen zählten Ketten aus Glas- und Bernsteinperlen und eiserne Gürtelschnallen und Messer. Selten sind silberne Fibeln. Die Männer wurden mit ihrem Gürtel, der Gürteltasche und dem Sax, einem einschneidigen Kurzschwert beigesetzt. Nur eine besonders reiche Bestattung enthielt auch eine Spatha, ein zweischneidiges Langschwert.

Ausser den Gräbern konnten im Unterhard Siedlungsreste aus der jüngeren Eisenzeit (Latènezeit, 450. v. Chr. bis Christi Geburt), aus römischer Zeit und dem 9./10. Jahrhundert dokumentiert werden. Besonders eindrücklich ist eine grosse Grabenanlage, die wohl in der Eisenzeit oder in der römischen Epoche als Grenzgrabensystem ausgehoben wurde." [104]

[104] http://www.langenthal.ch/de/portrait/geschichte/welcome.php?action=showinfo&info_id=5245

Weitere, detaillierte Literatur zu Langenthal-Unterhard:

Marianne Ramstein und Chantal Hartmann, Langenthal, Unterhard. Gräberfeld und Siedlungsreste der Hallstatt- und Latènezeit, der römischen Epoche und des Frühmittelalters. Bern 2008.
ISBN 978-3-907663-13-4.

22.2. Kirchenfeld - Geissbergweg

Es wird verwiesen auf:

Kathrin Glauser, René Bacher und Andreas Cueni, Langenthal, Kirchenfeld/Geissbergweg. Rettungsgrabungen 2000-04: latènezeitliches Brandgrab und römischer Gutshof. Archäologie im Kanton Bern 6A, 225.231.
ISBN 3-907663-04-7.

23. Laupen

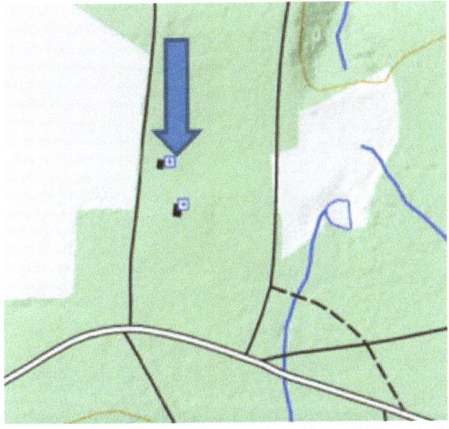

Abb. 151 Die Position des Grabhügels (s. blauer Pfeil) oberhalb von Laupen, im nördlichen Laupenholz

„Im Laupenwald (TA 318, km ca. 585,8 / 195,2) und Wydenholz, Gemeinde Neuenegg(*): Bronzezeitliche und hallstättische Grabhügel. In einem solchen sollen Aschenurnen gehoben worden sein." [105]

* s. unter „Neuenegg, Hinteres Wydenholz"

[105] Tschumi Otto, Urgeschichte des Kantons Bern, S. 270 (1953)

Abb. 152   Der Tumulus im nördlichen Laupenholz, gemäss [105] (Foto: H. Moll)

24. Leuzigen

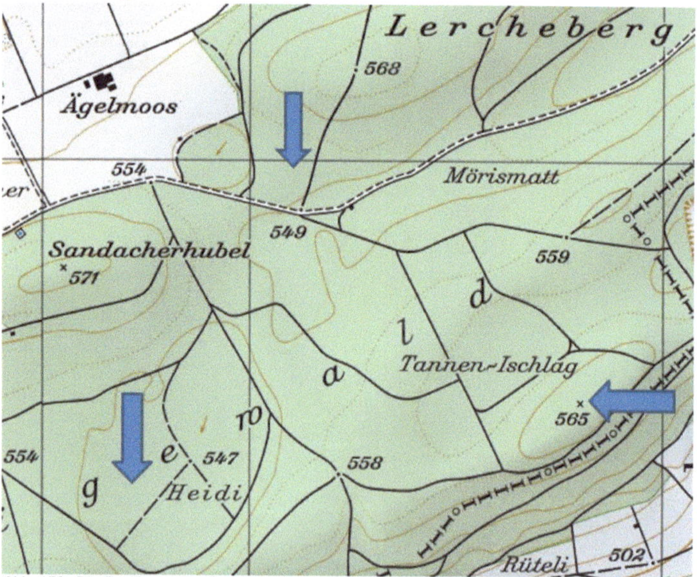

Abb. 153   Die Positionen der Grabhügel (s. blaue Pfeile) im Wald, auf dem Gemeindegebiet von Leuzigen

24.1. Lerchenberg

Abb. 154 Der Grabhügel am „Lercheberg" ist heute an seiner höchsten Stelle eingetrichtert (Foto: H. Moll)

„Im Lerchenberg: Uneröffneter Grabhügel (?), ca. fünf Schritte westlich ein Steinblock." [106]

24.2. Tannen-Ischlag

Abb. 155 Der Tumulus im „Tannen-Ischlag" (Foto: H. Moll)

„Gegenüber Ichertswil (Kt. SO): zwei Grabhügel mit Verbrennung, Steinkegel, Aschenurne." [106]

24.3. Heidenmoos („Heidi")

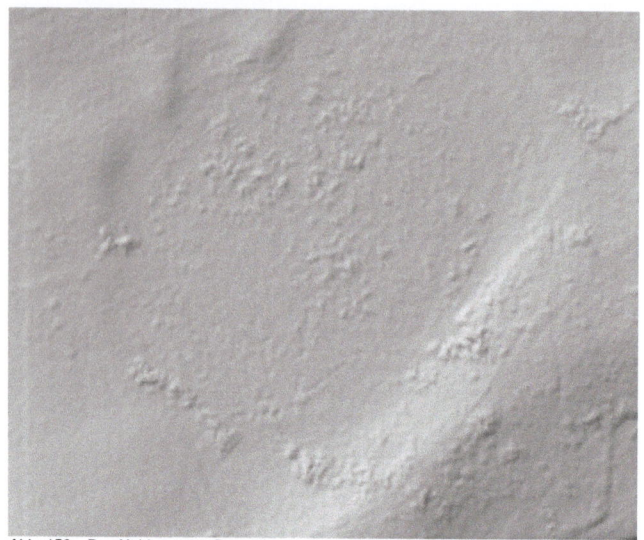

Abb. 156 Das Heidenmoos; Darstellung mittels 3D-Reliefschattierung. Wegen der „buckligen" Oberfläche des Mooses sind die Grabhügel nicht klar von den übrigen Erhebungen abgrenzbar.

„Nordwärts im Heidimoos oder Heidi: Zwei unerforschte Grabhügel (?). Etwa zehn Minuten von da: Beim Ausgraben einer Eiche fand sich eine zerfressene Messerklinge."
[106]

24.4. Burg

„Auf der Burg: Im W der Tuffgrube: Grabhügel mit Bestattung und Eisenresten."
[106]

[106] Tschumi Otto, Urgeschichte des Kantons Bern, S. 273 (1953)

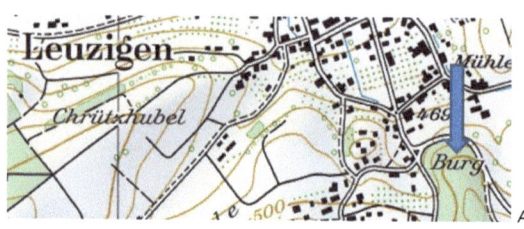

Abb. 157 Leuzigen-Burg

25. Lüscherz

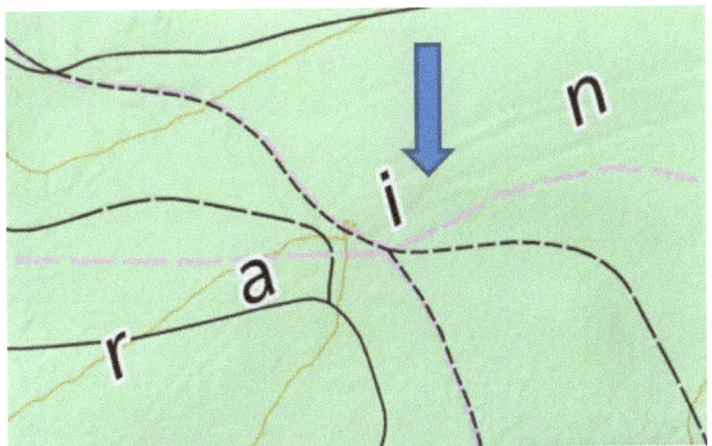

Abb. 158 Die Position des Grabhügels (s. blauer Pfeil) im Schaltenrain, auf dem Gemeindegebiet von Lüscherz....

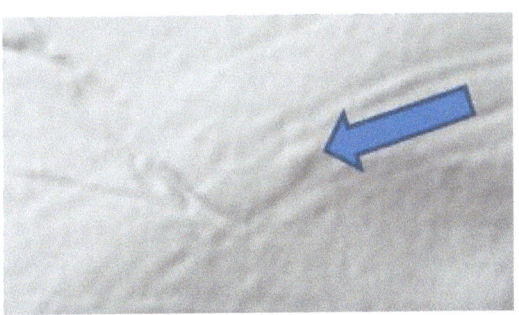

Abb. 159 ... ist auch mit der 3D-Reliefschattierung erkennbar.

„Im Sommer 1996 konnte der neue geplante Forstweg im Bereich eines hallstattzeitlichen Grabhügels und eines nordwestlich davon gelegenen Hohlwegbündels so umgeleitet werden, dass die beiden Geländemonumente nicht tangiert wurden.

In diesem Zusammenhang ist der Grabhügel, dessen Gemeindezugehörigkeit in der Vergangenheit unterschiedlich angegeben worden ist, genau vermessen worden. Er liegt vollständig auf dem Gebiet der Gemeinde Lüscherz. Sein Durcjmesser beträgt ruind 17 m, und er ist heute noch etwa 1.5 m hoch erhalten." [107]

[107] Gutscher Daniel, Suter Peter J. et al., Archäologie im Kanton Bern, Band 4A, S. 60f (1999)

26. Lyss

26.1. Dreihubelwald

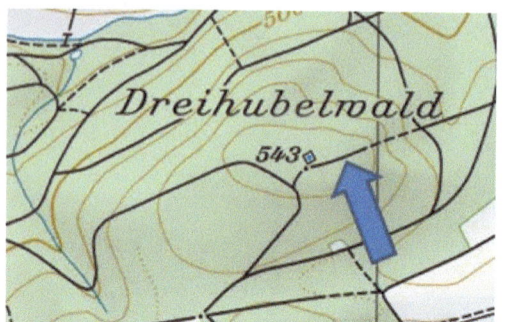

Abb. 160 Das archäologische Schutzgebiet (s. blauer Pfeil) im „Dreihubelwald", Gemeinde Lyss, in dem sich nach [108] die Grabhügel befinden bzw. befunden haben.

„Im Lysser „Dreihubelwald" und im Wald zwischen der Harderen und der Landstrasse von Aarberg nach Büren sind durchsuchte Grabhügel. Nördlich dieser Landstrasse, zwischen ihr und der Bahnstrecke Lyss-Busswil, im Walde, zeigte mir einmal der alte Bannwart Wysshaar von Lyss eine grosse trichterförmige Grube, die von Altertumsforschern als eine Mardelle angesprochen worden sei. Wahrscheinlich ist diese Grube jetzt von einer der grossen Kiesgruben verschlungen worden." [108]

[108] Schmid Eugen, Vorgeschichtliches aus der Gegend von Diessbach bei Büren (Kt. Bern), in: Jahresbericht der Schweizerischen Gesellschaft für Urgeschichte, Band 2, S. 164 (1909)

Abb. 161 Auf beiden Seiten des abgebildeten Waldwegs (Blick Richtung Westen) im „Dreihubelwald", Gemeinde Lyss, befindet sich die archäologische Schutzzone mit dem Standort der Grabhügel nach [108] (Foto: H. Moll)

26.2. Kreuzwald

„Nach H.-G. Bandi im 31. JB. BHM., 1951, 116ff., wurde im Kreuzwald (TA. 138, 590.800/215.025) in einer Notgrabung, ausgelöst durch einen zufälligen Gefäss-Restfund, eine Gruppe von 3 Grabhügeln untersucht, die in einer Achse von WSW-ONO liegen und früher schon angegraben wurden, was aus einer Notiz bei Bonstetten, Quiquerez und Uhlmann, Carte arch. Bern, 1876, 25, hervorgeht, wo sie als „tumuli à incinération, avec urnes cinéraires brisées" erwähnt werden. Die Grabung zeigte, dass zwei Hügel vollständig demoliert sind, nur der südwestlich gelegene Tumulus enthielt eine noch weitgehend erhaltene Steinpackung aus grossen Geröllen, in deren Mitte deutliche Grabungsspuren auf den Standort des ehemaligen Grabinventars hindeuteten. Es wurden nur minimale Spuren von Leichenbrand gefunden. Nur der nordöstliche Grabhügel zeigte winzige Keramikfragmente. Eine sichere Datierung ist nach H.-G. Bandi nicht möglich, doch hält er Hallstattzeit für nahe liegend." [109]

[109] Jahrbuch der Schweizerischen Gesellschaft für Urgeschichte Band 43, S. 80 (1953)

26.3. Bannholz

Abb. 162 Die Lage des Tumulus im archäologischen Schutzgebiet des „Bannholz", Gemeinde Lyss

Abb. 163 Der in seiner Mitte eingetrichterte Grabhügel im Bannholz (Foto: H. Moll)

27. Lyssach

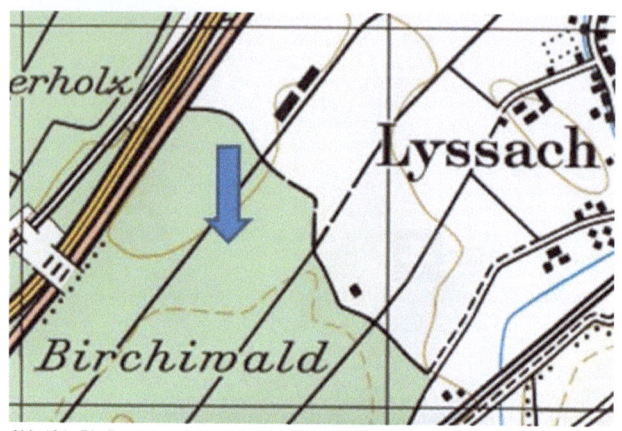

Abb.164 Die Position der Grabhügel im Birchiwald bei Lyssach (s. blauer Pfeil)

„Der Präsident unserer Gesellschaft, J. Wiedmer-Stern, hatte die Güte, über seine Grabungen in Lyssach folgenden Bericht zu senden: „Im Birchiwald zwischen Lyssach und Hindelbank liegt eine Gruppe von vier Grabhügeln, die zum Teil an der Oberfläche Spuren alter Schürfungen zeigen. Im Dezember 1911 wurden vorläufig die beiden mittleren untersucht. Sie hatten je 10 m Durchmesser bei nahezu einem Meter Scheitelhöhe.

Der erste (Nr. 2 der Gruppe) enthielt, in dem lehmigen Sand ungleichmässig eingelagert, kleine Flötze fast reiner Asche, sowie arm Nordwest- und Südostpunkt des Randes je einen kleinen Haufen runder Feldsteine. Trotzdem diese beiden Anhäufungen zusammen kaum einen massigen Korb füllen würden, fielen sie doch sogleich auf, da Steine sonst fast gar nicht vorkamen und die beiden Depots deutliche und absichtliche Schichtung zeigten.

Fast genau im Mittelpunkt des Hügels, 50 cm über dem Naturboden, wurden in einer Aschenlagerung folgende Schmuckgegenstände gefunden:

aus Bronze

1. ein Halsschmuck aus feinen Röhrchen von spiralartig aufgewundenem Bronzedraht, entsprechend demjenigen aus Grabhügel 2 bei Subingen (vgl. Anzeiger f. Schweiz. Altertumskunde 1908, Bd. 10, Heft 1, Fig. 15).

2. Zwei grosse glatte Ohr- (oder Schläfen-) ringe mit Schlaufenschliessen.

3. Brustschmuck, bestehend aus 3 kleinen tordierten Ringen, an welche sich drei profilierte Hohlzylinder mit Holzkern anschliessen, ähnlich denjenigen von Subingen. Daneben lagen aufeinander:

4. Zwei einfache Phaleren in Form flacher Rädchen. Zu jeder dieser Zierscheiben gehört ein als Rahmen genau passender geschlossener Ring aus dickem tordiertem Bronzedraht.

5. Ein Gewandhaft, in der Form dem in Subingen gefundenen und a. a. O. unter Fig. 11, S. 17 publizierten entsprechend; doch ist beim vorliegenden Stück die Vorderseite mit schraffierten Dreiecken verziert.

6. Zwei gewölbte Armspangen aus Bronzeblech mit geometrischen Ornamenten auf der Vorderseite, entsprechend dem von Subingen unter Fig. 10 f publizierten Fragment.

Bei den Schläfenringen lag eine durch Bronzeoxyd grün verfärbte Krone eines menschlichen Backenzahnes, bei den Armspangen das Bruchstück eines menschlichen Armknochens. Zahnkrone und Armknochen zeigen keine Spur von Feuereinwirkung. Wir haben es hier mit wiederholt konstatierten eigentümlichen Objekten zu tun, welche, weil typisch, die Vermutung erlauben, dass einerseits menschliche Zähne als Schmuck getragen wurden (Grabhügel von Subingen, Bäriswil u. a.), anderseits Teile der Arme unverbrannt mit den Spangen beigesetzt wurden. Für letztere Hypothese können fast alle neueren und genauer kontrollierten Funde, namentlich von Tonnenarmwülsten, als Belege zitiert werden.

Es wäre sehr zu wünschen, wenn die Beobachtungen über diese Eigentümlichkeit vervollständigt würden, da sie geeignet sind, eine schwer verständliche Sitte zu erhellen.

7. Kleine Besatzknöpfchen aus Bronze, entsprechend den bei Subingen, Fig. 46 b im zitierten Anzeiger-Artikel abgebildeten.

8. Eine grosse Schmuckrassel von der bei uns viel verbreiteten Form.

Bei diesem reichen Bronzedepot lagen ausserdem folgende Gegenstände aus Pechkohle: 42 kleine Perlen (Halsschmuck).

Zwei Armspangen mit verhältnismässig sehr enger Öffnung. Die eine hat eine stark gewölbte Aussenseite, die andere ist etwas flacher, im Grundriss schwach oval.

Alle diese Objekte lagen beisammen auf einem mit dicken Bastfasern belegten Brettchen, das sich ebenfalls ziemlich gut erhalten liess.

Auf gleicher Höhe über dem Naturboden, 1,8 m von den vorstehenden Funden entfernt, gegen Ost-Süd-Ost, kamen zwei Gefässe zum Vorschein:

1. Eine unverzierte so genannte Trinkschale aus feinem, braunrotem Ton, wie sie meistens die grossen Urnen begleiten.

2. Ein zierliches Näpfchen mit geometrischen Ornamenten. Bei letzterem sind die geraden Striche mittelst eines tordierten Drahtes in den weichen Ton eingedrückt worden.

3. Eine grosse Urne aus graubraunem grobem Ton mit drei horizontalen Rillen rings dem Halsansatz.

2,4 Meter von diesen Gefässen in genau südlicher Richtung kam schliesslich eine zweite grosse Urne zum Vorschein, arg zerdrückt zu einer flachen Scherbenschicht. Sie zeigt den gewöhnlichen braunen Ton und trägt als einzige Verzierung zwei schwache Rillen am Halsansatz. Im Innern barg sie die zu winzigen Fragmenten zertrümmerte übliche niedrige Trinkschale, die keinerlei Verzierungen zeigt und weniger zierlich in Form und Material ist, als die vorbeschriebene.

Verschiedene Anzeichen deuteten darauf, dass der folgende Hügel, Nr. 3, bereits früher einmal angegraben worden war. So fand sich denn keine Spur von Metallbeigaben, dagegen noch zwei getrennte Gefässe:

1. Ein Napf mit charakteristischem Ornament und

2. Eine grosse Urne mit roter Aussenseite.

Obwohl ebenfalls geborsten, sind beide Gefässe in ihren Bruchstücken vollständig vorhanden.
Wie bereits aus der vielfachen Bezugnahme auf die Grabhügel von Subingen hervorgeht, stimmen die bisherigen Funde aus den Tumuli von Lyssach völlig überein, weniger dagegen mit den ihnen benachbarten von Jegenstorf (s. Jahresbericht des Bern, historischen Museums pro 1907) und denen von Bäriswil (gl. Jahresbericht pro 1908). Dürfte es sich gegenüber den letzteren mehr nur um zufällige Abweichungen handeln (abgesehen von den mächtigen Steinsetzungen in Bäriswil), so weisen die Funde von Lyssach durchweg einen einfacheren Typus auf, als jene von Jegenstorf. Ein vollständigeres Urteil wird aber erst nach der vorgesehenen Untersuchung der noch verbleibenden zwei Hügel möglich sein." [110]

[110] Jahresbericht der Schweizerischen Gesellschaft für Urgeschichte, Band 4, S. 116ff (1911)

Abb. 165 Einer der vier Grabhügel im Birchiwald, Lyssach (Foto: H. Moll)

„Im Birchiwald zwischen Lyssach und Hindelbank, südlich der Bern-Zürich-Strasse, stösst man auf einen ganzen Komplex von rundlichen Bodenerhebungen, bei deren Anblick man sofort auf den Gedanken gerät, dass es sich um Grabhügel handle. Diese Vermutung hat sich bestätigt. Kurz vor Jahresschluss liess Herr Wiedmer-Stern für das Berner historische Museum zwei von diesen Hügeln öffnen, und die Ausgrabungen förderten mehrere Tongefässe kleineren und grösseren Formates, zum Teil recht gut erhalten, sowie verschiedene Bronzegegenstände zu Tage. Reichlich waren die Funde jedoch nicht; vermutlich sind einige von diesen Grabhügeln bereits früher durchwühlt worden. Herr Wiedmer beabsichtigt im Frühling die Grabungen fortzusetzen." [111]

[111] Burgdorfer Tagblatt, 6. Januar 1912

Abb. 166   Keramik von Lyssach [112]

[112] Jahresbericht der Schweizerischen Gesellschaft für Urgeschichte, Band 7, S. 64 (1914)

„Im IV. Jahrbuch der SGUF (pro 1911) Seiten 116-118, hat Heierli einen Bericht Wiedmers über die Grabhügel 2 und 3 abgedruckt. Seither hat Dr. Tschumi im JB. des Hist. Mus. Bern pro 1911 einen etwas ausführlicheren Bericht über die Funde, allerdings leider ohne Abbildungen, publiziert. Es geht daraus von neuem deutlich hervor, dass die Lyssacher Grabfunde mit denen von Subingen teilweise identisch und gleichzeitig sind. Tschumi stellt fest, dass das ganze Inventar für die späte Hallstattzeit charakteristisch ist (ca. VI—V. Jh.). Konstatiert wurde in Lyssach wie in Subingen die Sitte, menschliche Zähne als Schmuck zu verwenden, und zwar waren es nicht die Überreste des Toten, indem sonst unzweifelhaft die Zahnkrone im Brande zuerst gesprungen wäre. Ferner hat man die Sitte erkannt, den menschlichen Leichnam nur teilweise zu verbrennen, was auch aus der Tatsache hervorgeht, dass die Tonnenarmspangen sich oft noch an unverbrannten Armknochen befinden.

Nun schickt uns unser Präsident, Wiedmer-Stern, einen Originalbericht über die im Herbst 1912 vorgenommene Ausgrabung des ersten der Serie der Lyssacher Grabhügel ein:

„Der Tumulus hatte einen ovalen Grundriss von folgenden Durchmessern: Nordwest-Südost 13 m, Südwest-Nordost 9,6 m. Die maximale Erhebung über den umliegenden Waldboden betrug 0,8 m.
Der Hügel bestand, wie die beiden im letzten Berichtsjahr untersuchten, aus leichtem Lehmsand. Hatten schon Unebenheiten der Oberfläche frühere Nachgrabungen, über die nichts Näheres bekannt ist, vermuten lassen, so zeigte sich bald, dass der Inhalt des Hügels durchwühlt war. Zerstreute Scherben einer grossen Urne fanden sich fast in seiner ganzen Ausdehnung und schliesslich kamen auf dem Naturboden 4 m vom südlichen Peripheriepunkt gegen Norden inmitten einer mächtigen Aschenlage, arg zerdrückt, die Hauptteile dieser Urne samt den Scherben eines typischen kleinen Schälchens zum Vorschein. Die Urne zeigt die gewöhnliche Form und ist unverziert; ebenso die Schale.
Von weiteren Beigaben fand sich keine Spur; zweifellos waren sie ehemals vorhanden, sind aber bei den erwähnten früheren Nachgrabungen verschleppt worden.

Im Anschluss an diese Ausgrabung wurde noch der grosse Hügel IV abgeholzt und zur Untersuchung nach Neujahr vorbereitet." [113]

[113] Jahresbericht der Schweizerischen Gesellschaft für Urgeschichte, Band 5, S. 135f (1912)

Abb. 167   Dolchmesser aus Eisen von Lyssach   [114]

„Nach einem Originalberichte Dr. O. Tschumi's wurden im Tumulus Nr. IV der hallstattzeitlichen Nekropole von Lyssach folgende Gegenstände gefunden (Abb. 19):
Eine Urne mit Randleiste an der Schulter (Nr. 1); ein urnenartiges Gefäss mit Rillenverzierung an Hals und Schulter (Nr. 2); eine Tonschüssel von stark konischer Form (Nr. 3), frühhallstättische Form nach Alt. uns. heidn. Vorz. 5, Taf. 3, 54, Südbaden; 2 Schälchen mit eingezogenem Hals (Nr. 4 und 5) vom Typus Lunkhofen, Grab 11, AA. 7 1905/6), 17, Abb. 20; eine weite Schale mit aufrechtem Rand und Rillen-verzierung (Nr. 6), Typus Alt. uns. heidn. Vorz. 5, 317, Abb. 2 d, vom Degenfeld bei Ehingen; eine kleine Vase mit Rillen am Hals, kugelig, mit leicht auswärts gebogenem Rande (Nr. 7), Typ. Alt. uns. heidn. Vorz. 5, Taf. 3, 57, Gründlingen; eine doppelkonische Schale mit Rillen an der Schulter und aufrecht stehendem Rand (Nr. 8); ein Dolchmesser aus Eisen, seltenes Stück mit einschneidiger Klinge; am Griffe findet sich ein waagrecht stehender Ring vor und am Griffansatz eine Art Eisenzwinge [Abb. 167]*).

*) Dolchmesser dieser Art, die gewissermassen eine Vorstufe zu den frühgermanischen Skramasax bilden, sind bis jetzt in unserem Kulturkreis noch nicht gefunden worden. Dass solche Dolchmesser in der H. vorkommen, beweist der Fund von Nenzingen, Amt Stockach, Baden, vgl. Wagner, Funde und Fundstätten 1, 62, Abb. 41 c, wo die eiserne Scheide noch vorhanden ist. Ein ähnliches Dolchmesser, an dem sich auch noch die Zwinge befindet, in Kat. west- und süddeutscher Altertumssammlung 3. Birkenfeld, Taf. 13, Nr. 7 von Hirstein, aus der Früh-Latène-Zeit. Nach dem vorliegenden Vergleichsmaterial scheint der Lyssacher Fund aber in die ältere Hallstattzeit zu gehören." [114]

[114] Jahresbericht der Schweizerischen Gesellschaft für Urgeschichte, Band 7, S. 65 (1914)

„G. BLECHARMSPANGEN MIT GETRIEBENEM DEKOR
Wie innerhalb der Gruppe F Werkstattgruppen ausgeschieden werden konnten, so erlaubt der besondere Dekor dreier Blecharmspangen, sie zu einer eigenen Werkstattgruppe zusammenzubringen. Es sind die Armspangen Nr. 18 aus Langenthal BE und die Nrn. 19 und 20 aus Lyssach BE, d. h. aus zwei Fundorten also, die schon räumlich nahe beieinander liegen. Die drei Objekte fallen durch ihren technisch und formal völlig gleich gearteten Dekor auf: die leicht rund gebogene Oberfläche ist in je zwei quadratische und je zwei langrechteckige Metopen gegliedert. In diesen ziehen sich lang gezogene Winkelmotive mit dazwischen verteilten Augenmustern hin, die quadratischen ihrerseits sind je in zwei Hälften aufgespalten mit je zwei gegenständigen Winkelmotiven und dazwischen liegenden Augenmustern. Sämtliche Motivdoppellinien sind getrieben, die geriffelten wie die freigehaltenen.

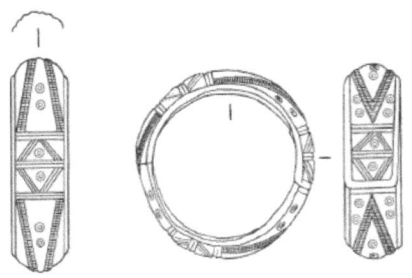

Abb. 168 Funde im Grabhügel II im Birchiwald zwischen Lyssach und Hindelbank, 1911-1913. [115]

Mitfunde:

42 Gagatperlen, Bronzespiralen, 2 Ohrringe aus Bronze, 2 Gagatarmbänder, 2 durchbrochene Bronzezierscheiben, 3 Fingerringe aus Bronze, 1 Rassel aus Bronze, 1 Kahnfibel aus Bronze.

Museum: BHM Bern. Literatur: Drack 1960, 23 f., Taf. 13, 12 und 13 (sic!)." [115]

[115] Drack, Walter; Die Hallstattzeitlichen Bronzeblech-Armbänder aus der Schweiz, in: Jahrbuch der Schweizerischen Gesellschaft für Urgeschichte, Band 52, S. 27ff, 32, 39 (1965)

„Eine andere Art von durchbrochener Zierscheibe mit darum herumgelegtem, konzentrischem Zierring stehen zwei gleiche, als Paar gefundene Stücke aus Lyssach BE dar. Hier ist die Zierscheibe nicht radähnlich geformt, sondern wirklich noch Scheibe, die von 14 bzw. 20 dreieckigen Öffnungen und einem runden Loch im Zentrum durchbrochen ist. Der umgelegte, freie Zierring ist ein tordierter, starker Bronzedraht mit rundem Querschnitt. Im schweizerischen Material findet sich Ähnliches nirgendwo anders.

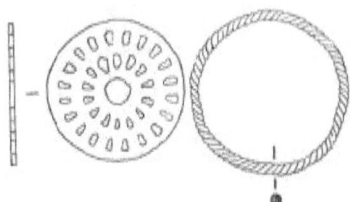 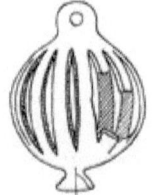

Abb. 169 (links) Fundort Lyssach: Kleine, durchbrochene Bronzezierscheibe mit Zierring [116]
Abb. 170 (rechts) Fundort Lyssach: Bronzerassel [116]

Die im Grabhügel IX bei Subingen SO gefundene Rassel Nr. 20 und die im Grabhügel II bei Lyssach BE gefundene Rassel Nr. 21 sind einander wieder sehr verwandt : beide Stücke sind gut kugelig, bei beiden sind die Ösen sehr klein, dagegen die Füßchen gut gezeichnet.
Möglicherweise war die Rassel aus Lyssach einmal mittels des mitgefundenen Hohlzylinders an irgendeinem Gegenstand aufgehängt, wie ähnlich die Rasseln am Gehänge von Cademène fixiert sind.

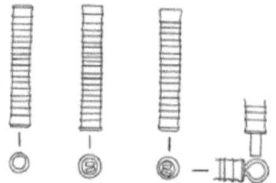

Abb. 171 Fundort Lyssach: Verschiedenartiger Aufhängeschmuck aus Bronze. [116]

Von den in Grabhügeln des französischen Jura und im Doubsgebiet reichlich gehobenen, teils mit Kettchen verbundenen, teils als selbständige Aufhängeglieder fungierenden Bronzestängelchen - man vergleiche im Besonderen das Ziergehänge von Cademène - hegen aus unserem Studiengebiet bloß das Fragment eines Röhrchens Nr. 11 aus Dotzigen BE und die drei gerippten Röhrchen Nr. 12 aus Lyssach BE vor. Das Fragment aus Lyssach ist durch seine Mitfunde, vorab die beiden Bronzearmspangen und die Bronzerassel in Hallstatt D/1 datiert." [116]

[116] Drack, Walter; Anhängeschmuck der Hallstattzeit aus dem schweizerischen Mittelland und Jura, in: Jahrbuch der Schw. Gesellschaft für Urgeschichte, Band 53, S. 34, 41 (1966-1967)

„Gewissermaßen als Verbindungsstück zu den späteren, schachbrettmusterartig breitere und schmälere Gürtelflächen bedeckenden Buckelagraffenbesätzen können die sehr großen Agraffen mit 4 bzw. 3 mm Durchmesser von Cressier NE (La Baraque) und Lyssach BE (Abb. 4) dienen.

Abb. 172 Buckelagraffenbesatz. - Lyssach [117]

Die Überbleibsel von Lyssach datierte ich eher in Hallstatt D/1 denn D/2*.
(*W. Drack 1964, S. 24 bzw. 30.)

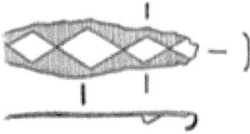

Abb. 173 Gürtelhaken. Lyssach [117]

Gürtelhaken, dessen Schauseite gegenständige Dreiecke zeigt, die mit Senkrechtlinien gefüllt sind und Rauten einschließen. Grabhügel II(?) im Birchiwald, 1911-1913. – Herkunft aus diesem Grabhügel nicht völlig gesichert. (Museum: BHM Bern. - Literatur: W. Drack 1960, 23f., Taf. 13, 19.)." [117]

[117] Drack, Walter; Die Gürtelhaken und Gürtelbleche der Hallstattzeit aus dem schweizerischen Mittelland und Jura, in: Jahrbuch der Schweizerischen Gesellschaft für Urgeschichte, Band 55, S. 4, 16, 36f (1968-1969)

„Eine dritte Art von Tordierung zeigen die kleinen Ringe, die einerseits bei Lyssach BE, anderseits bei Subingen SO gefunden wurden, also wiederum innerhalb eines sehr engen geographischen Bereiches." [118]

„Zierringe aus starkem tordiertem Draht: Grabhügel II im Birchiwald, 1911-1913. Die zentrale Körperbestattung enthielt ausserdem: 42 Glasperlen, 2 Ohrringe, 2 Blechbandarmspangen, 2 Gagatarmbänder, 2 durchbrochene Bronzescheiben, 1 Rassel, 1 Kahnfibel, alles Bronze und durchaus Hallstatt D/I. Museum: BHM Bern." [118]

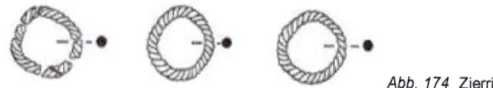

Abb. 174 Zierringe, tordierter Draht [118]

[118] Drack, Walter; Zum bronzenen Ringschmuck der Hallstattzeit aus dem schweizerischen Mittelland und Jura, in: Jahrbuch der Schweizerischen Gesellschaft für Urgeschichte, Band 55, S. 33, 38 und 67 (1970)

28. Meikirch-Grächwil

Abb. 175 Die Position der beiden Grabhügel von Grächwil (s. blauer Pfeil)

„In der Gegend, die sich am rechten Aarufer, von der Aar in einem tief eingeschnittenen Halbkreis umschlossen, zwischen Bern und Aarberg ausdehnt, liegt, zwei Stunden von der Hauptstadt und Mitte Weges zwischen beiden Städten, rechts von der Hauptstrasse, am Seitenweg nach Schupfen und Büren, das zur Kirchgemeinde Meikirch, Amts Aarberg, gehörige Dörfchen Grächwyl.*)
Die von der düstern Höhe des Frienisberger Waldes westlich begrenzte schöne Hochfläche von Meikirch senkt sich hier nordwärts hinter dem Schüpberg allmälig in den vom Lyssbach durchflossenen Talgrund, der sich, gleichsam als Basis obigen Halbkreises, von Münchenbuchsee bis Lyss ausdehnt und hier in das flache Aargelände unterhalb Aarberg ausmündet.
Sowohl dieser Talgrund mit den Hügelreihen zu beiden Seiten, als obiges vom tiefen Aarthal ansteigende Hochgelände zeigt viele Überreste und Spuren höheren, teils helvetischen, teils römisch-helvetischen Altertums. Der Berichterstatter verweist hierüber auf seine antiquarische Topographie des Kantons Bern (in der Folge nur mit K. B. citirt), Seite 360-375, mit dem Bemerken, dass seit dem Erscheinen dieser Schrift und angeregt durch dieselbe, Herr Dr. Uhlmann in Münchenbuchsee seine Gegend in altertümlicher Beziehung zu erforschen begonnen, und bereits mit. schönem Erfolg verschiedene Punkte helvetischer und römischer Ansiedlung teils in helleres Licht gesetzt, teils neu entdeckt hat. Seine hierauf bezüglichen Notizen sind der Veröffentlichung wert.

*) Der Verfasser besuchte zweimal die Örtlichkeit der Nachgrabungen; das eine Mal während derselben, das andere Mal nach ihrem Abschluss, und es wurde ihm durch die Gefälligkeit des Unternehmers, Hrn. Courvoisier zu Grächwyl, sowohl die genaue Ansicht der Fundstücke vergönnt, als auch von Seite des leitenden Unterförsters, Hrn. Schärer, mehrfach belehrender Aufschluss gegeben. Der Verfasser halle auch später Gelegenheit, mehrere Fundstücke, namentlich das Hauptstück, in Bern noch einmal zu betrachten. Das Ergebnis seiner Selbstanschauungen und der daherigen Reflexionen, verglichen mit den Ansichten der Hrn. Prof. G. Studer in Bern und Dr. Roth in Basel, sind zwei einfach mit J(ahn) unterschriebene Aufsätze im Intelligenzblatt für die Stadt Bern, 1851, S. 1237 ff. 1617 ff., welche in verschiedene öffentliche Blätter übergingen, z. B. in das Vaterland, Nr. 138 und 139. Aus diesen von der preussischen Gesandtschaft an Hrn. Prof. Gerhard eingesandten Blättern referierte dieser in der Archäol. Zeitung IX, 76 f. über die Ausgrabungen zu Grächwyl. Inzwischen veranlasste der eidgenössische Oberst May von Büren in Bern, welcher sich für den Grächwyler Fund lebhaft interessierte, ein gelehrter Korrespondent über denselben. Es betätigten sich hierbei die Herren Prof. Gerhard in Berlin, Dr. Ferdinand Keller in Zürich, Dr. Stanz in Bern, der kürzlich verstorbene Prof. Brosi in Solothurn, der waadtländische Archäologe Friedr. Troyon und Unterförster Schärer. Prof. Gerhard, von Hrn. Oberst May genau über den Fund unterrichtet, erörterte denselben in einem an Hrn. May eingesandten ausführlichen Schreiben im Sinne eines zweiten kurzen Artikels in der Arch. Zeit. IX, 106. Ebenderselbe besprach den Fund in den Jahrbüchern des Vereins von Altertumsfreunden im Rheinland, XVIII, 93 ff. in Form eines Schreibens an Hrn. Dr. J. Overbeck in Bonn, welcher die vom Verfasser seiner Zeit eingesandten zwei Fundberichte ebendaselbst S. 81-93 abdrucken liess. Mit Benutzung der Gerhard'schen Schreiben und obiger Korrespondenz, welche Hr. Oberst May mit den Fundgegenständen an die antiquarische Gesellschaft in Zürich eingesandt hatte, gibt nun, von dieser zur Abfassung eines Funkberichts veranlasst, der Verfasser seine zwei ersten Berichte hier als ein Ganzes berichtet und vervollständigt wieder.

Einen ungenügenden Auszug aus denselben gibt das Intelligenzblatt für die Stadt Bern, 1852, Nr. 132, S. 1115 (Entdeckung römischer Besitzungen bei Moosaffoltern, Kirchgemeinde Rapperswil). - Was nun obiges Grächwyl betrifft, so kommt zu demjenigen, was K. B., S. 368, über diesen Ort gibt, jetzt Verschiedenes, zum Teil sehr Wichtiges hinzu. Die Namensdeutung zwar, nach welcher Grächwyl eine griechische Niederlassung bezeichnen soll, beruht lediglich auf der willkürlichen Schreibung Griechwyl, während der Ort schon bei Schöpf, um 1577, Grächwyl heisst. Von einer römischen Ansiedlung können zahlreiche Ziegeltrümmer herrühren, auf welche man vor Längerem gestossen ist, über deren Beschaffenheit aber nähere Angaben fehlen. Merkwürdige Überreste höheren Altertums hat aber im Jahr 1851 die Untersuchung von zwei heidnischen Grabhügeln bei Grächwyl geliefert, welche mit den dabei vorkommenden Terrainverhältnissen vorzeitlichen Anbau der Gegend und den Bestand einer befestigten Ansiedlung beweisen.
Diese Hügel lagen im Grächwjlwald, zwischen Grächwyl und der Aarbergerstrasse, rechts am Seitenweg nach Schupfen und Büren. Sie waren auf einer massigen natürlichen Anhöhe angelegt, die sich in Gestalt eines breiten Erdrückens von W. nach O. ausdehnt und sich hier an einen westlichen Ausläufer des Schüpbergs anschliesst. In jener seiner Ausdehnung ist der Erdrücken nach W. und N. durch einen steilen Abfall gesichert, südlich, wo er sanfter abfällt, zieht sich an demselben, seiner ganzen Länge nach, mehrere hundert Schritte weit, ein schanzartiger Erdabschnitt von ca. 4 Fuss

Höhe nach Osten hin, wo die Erdzunge allein mit dem übrigen Terrain zusammenhängt. Das Ganze war vermutlich umzäunt oder verpalisadirt und stellte mit den auf der Fläche des Erdrückens errichteten Wohnungen eine sowohl durch die Natur als durch Kunst befestigte Ansiedlung dar. Auf dem westlichen End- und Höhepunkt des Landpromontoriums, wo man namentlich beim Sonnenuntergang einer herrlichen Aussicht gegen SW. geniesst, waren die Grabhügel der Ansiedler errichtet, der eine bedeutend grösser als der andere auf dem äussersten westlichen Höherand, der kleinere östlich hart an den grösseren anstossend. Ersterer erhob sich von der Höhe des Waldhügels in steiler Wölbung ansteigend zu 15 Fuss 7 Zoll Höhe, bei einem kreisförmigen Basis-Umfang von 298 Fuss; der kleinere, mehr oval als rund und von NW. nach SO. ausgedehnt, erhob sich vom natürlichen Boden in sanfter Wölbung zu 6 Fuss Höhe bei einem Umkreis von 200 Fuss.

In dem an die Strasse anstossenden Teile der Waldanhöhe war vor Längerem eine Sandgrube angelegt worden, und man hatte darin von Zeit zu Zeit altertümliche Gegenstände gefunden, die aus dem der Anhöhe aufgelagerten und von der Sandgrube aus zum Teil angegrabenen Hügel herzurühren schienen, z. B. ein stark oxydiertes kupfernes Gefäss und eiserne Reife, welche Gegenstände aber als unbrauchbar fortgeworfen wurden. Konnte schon besagter Umstand die Vermutung erzeugen, dass jener Hügel, wie der Nachbarhügel, künstlich angelegt und ein heidnischer Grabhügel sei, so liess hieran die Struktur derselben einen Sachkenner nicht zweifeln. Ein solcher nun, Herr Unterförster Schärer, dermalen in Lyss stationiert, veranlasste den Eigentümer des Waldes, Herrn Courvoisier aus Lode, Gutsbesitzer in Grächwyl, diese Hügel zu untersuchen. Diese Untersuchung wurde denn auch im Laufe der Monate Mai und Juni vorigen Jahres, unter der Leitung des Herrn Schärer, gründlichst ausgeführt und mit dem schönsten Erfolge belohnt.

Abb. 176 Weitbauchiger Topf, die «Urne» T. Schärers aus dem «eingefallenen Grabgewölbe» in 10 Schuh Tiefe im Zentrum des grossen Grabhügels von Grächwil. Nicht mehr vorhanden. [120]

Was die innere Struktur der Hügel betrifft, so waren sie aus dem gelben Lehmsand des Waldbodens aufgeführt und wiesen bis in die Tiefe zahlreiche Kohlenparzellen auf. Der Kern bestand bis in die Tiefe aus einer Unmasse von grossen Roll- und Bruchsteinen, die, in einander gekeilt, die verschiedenen Erd - und Grabschichten der Hügel bedeckten. — Der grössere (T. I.), nahe an die Basis abgegrabene Hügel lieferte Folgendes an Totenresten und Mitgaben. Die oberste Erdschicht enthielt zwei Skelette, die jedoch so schwach erhalten waren, dass sie bei der leisesten Berührung, trotz aller angewandten Sorgfalt, zerbröckelten. Beide Skelette lagen gegen 0. Das eine, beinahe in der Mitte auf höchster Höhe des Grabes beigesetzt, hatte in der rechten Hand ein zweischneidiges zugespitztes eisernes Schwert mit Parierstange und Griffknopf. Die Klinge, an welcher noch Spuren einer Holzscheide, ist 2' 4" lang, in der grössten Breite unter der Parierstange 1" 8'", gegen die Spitze hin 1⅓"; die Parierstange steht 3⅓" breit über die Klinge hinaus; der für das heutige Mannsfaust fast zu kleine Griff ist, ohne den Knopf, 5W lang, unter dem Knopf 3½", an der Parierstange 1" breit; die Breite des Knopfes beträgt 2" (siehe Taf. II. 2). Unter dem Schwert lag ein mit der Schwertkuppel daran gebundener eiserner Dolch mit eiserner Scheide, welche aber, wie der Dolch selbst, in viele Stücke aufgelöst war.

An dem rechten Fuss trug das Skelett einen eisernen, mit Stachel versehenen Sporn, wie man solche bisweilen in unsern Grabhügeln findet (siehe Taf. II. 3, und vgl. K. B., S. 26 und 416). Nicht weit von der rechten Schulter war eine bronzene Heftnadel. Die Grabstelle war gross, und es befanden sich ausserdem viele Eisenstücke, wahrscheinlich von Rüstungen, darin. Nahe dabei, in einer kleineren Grabstelle, lag ein kleiner, einfach aber niedlich gearbeiteter bronzener Handgelenkring, welcher Schmuck eine weibliche Mitgabe sein dürfte. Ringsum fanden sich in der gleichen Schicht grössere und kleinere Grabstellen, welche aber nichts als Moderspuren aufwiesen. In der zweiten Schicht, bei 6' Tiefe, fanden sich nebst mehreren ganz vermoderten eisernen Rüstungen, die einen ziemlichen Raum einnahmen, viele auf einen Haufen geworfene eiserne Radschienen (siehe Taf. II. 4) und Stücke Eisen, doch keines länger als 3". Nicht weit von der Mitte lagen unter vielen Steinen, durch deren Last zusammengedrückt, zwei bedeutende Fragmente, Überreste einer grossen Urne von dünnem Bronzeblech mit beigelegtem dazu gehörigem massiven Relief- Bildwerk, ebenfalls von Bronze. Auf dieses Hauptfundstück werden wir unten zurückkommen. Bei weiterer Nachforschung fanden sich viele ganz zu Asche vermoderte Leichname, von welchen nur der Umriss in der Erde sichtbar war; auch wurden noch zwei bronzene Heftnadeln gefunden. Die Rückenstücke, deren eines schlangenartig gebogen, waren anfänglich mit sehr dünn gearbeiteten Hohlschälchen verziert, welche aber bei öfterer unzarter Berührung abbröckelten. In einer Tiefe von 7' fand sich das Eisenwerk eines zweirädrigen Wagens in Radschienen und Nabenringen vor. Die Badschienen haben eine ziemliche Dicke bei höchstens 1" Breite, und sind auf jeder Seite umgekrämpt; die Nabenringe (T. II. 5) sind mit Kappen versehen, sehr gut gearbeitet, doch ebenfalls bloss eisern. In der Mitte, bis 10' tief, war eine sehr grosse Grabstelle, deren Bedeckung und Einfassung wenigstens 20 Fuder Steine enthielt. Hier befand sich eine durch die Steinlast zerscherbte grosse, stark ausgebauchte Aschenurne, welche noch erkennbare Asche enthielt. Die Urne ist von schwach gebrannter oder nur getrockneter Erde, die im Bruch rötlichbraun, von aussen hellbraun anzusehen ist, und zeigt an der obern Bauchwölbung im Zickzack umlaufende Verzierungen von eingedrückten Parallelen (siehe Taf. II. 6). Sind sämtliche Stücke der Urne erhoben worden, so kann dieselbe, wie es mit andern Graburnen geschehen, restauriert werden. Die Urne ist übrigens dünn gearbeitet und hat ein feineres Korn, als diejenigen Scherben, welche, wie in den meisten Grabhügeln, so auch in diesem zerstreut vorkamen. Ein Mehreres konnte in dieser Grabschicht nicht gefunden werden. Dagegen kamen noch in den untersten Schichten folgende Gegenstände zerstreut vor: ein kranzartiges

Bronzeblech in schwachen Überresten; ein sichtbar im Feuer geschmolzenes Stück weisslicher silberähnlicher Bronze, welches zufällig wie der Fuss und Schenkel eines Tieres aussieht, und ein wohl erhaltenes antikes Hufeisen. Sämtliche Steine, welche die verschiedenen Steinbetten dieses Hügels bildeten, übertraf an Grösse und Gewicht ein 4' hoher, unregelmässig vierseitiger Block, welcher in der Tiefe des Mittelpunktes vorkam ; er kann als Pfeiler aufgestellt werden und hatte vielleicht in der Art der keltischen Menhirs oder Spitzsäulen, welche der Römer als Merkursäulen oder Hermen ansah, eine religiöse Bedeutung.

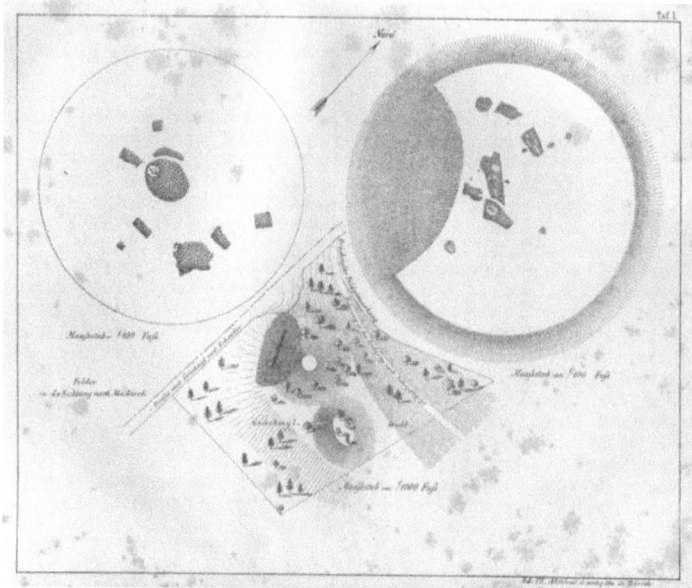

Abb. 177 Situationsskizze der beiden Grabhügel von Grächwil [120]

Der später in Angriff genommene Nachbarhügel wurde wegen seiner Weitschichtigkeit nicht ganz abgegraben, sondern bis an die Peripherie ausgegraben. Auch hier kamen bis in die Tiefe verschiedene Betten von Roll- und Bruchsteinen vor, zum Teil sehr massenhafte. In der Anordnung der Steine glaubte man gewisse Bilder, z. B. eines Halbmondes mit Sonne, eines Sterns und gar eines Drachen zu erkennen — eine Beobachtung, die bisher nicht gemacht worden ist, und näherer Prüfung durch Vergleichung sehr bedarf. So tief man auch kam (man grub selbst unter das Niveau des umliegenden Waldbodens) immer zeigten sich noch Kohlen der Erde eingestreut. Eine Brandstätte mit Kohlenlager kam jedoch hier so wenig als im grösseren Hügel zum Vorschein. Wie jener, war auch der kleinere mehreren Toten gleichzeitig oder sukzessiv errichtet worden; doch kamen hier nur Spuren von Beerdigung vor, während dort neben solchen auch Spuren von Totenverbrennung in der Aschenurne und in zerstreuten verbrannten Knochen vorkamen. Das Vorkommen von Kohlen ist übrigens eine oft beobachtete Tatsache, welche man aus dem Umstand erklären will, dass die Alten glaubten, die Kohle, als ein unverweslicher Stoff, könne die Verwesung verhindern. Vgl. Jahrbücher des Vereins von Altertumsfreunden im Rheinlande, XVI. S. 58 ff. Die aufgefundenen Gerippe waren jedoch dem Zustande der äussersten Verwesung nahe; von den Steinbedeckungen befreit und in ihrer Lage ziemlich erkennbar, verwischten sie sich bei der ersten Berührung. Nur einige Reste von Schädel Wölbungen konnten erhoben werden, welche jedoch zu klein sind, um die Schädelbildung zu bestimmen. Der Hügel war auffallend arm an Mitgaben; er enthielt jedoch, wie jener verschiedene, zufällig oder durch Kunst merkwürdig gestaltete Steine, in welchen man teils Gerätschaften und Waffen, teils gewissen Körperteilen ähnelnde Abbilder er- kennen wollte, und die jedenfalls, nach dem Urteil von Sachverständigen, zum Teil aus der Ferne hergebracht, geflissentlich deponiert worden sind.

Auf das Hauptfundstück, die Urne mit ihren Bildwerken, zurückzukommen, so wiegt das Ganze 4 Pfund und besteht aus einer weisslichen Bronze, die aber, wie sämtliches Bronzewerk des Grabhügels, mit dem schönsten Edelrost bekleidet ist. Das Bronzeblech des Gefässes ist getriebene Arbeit, welche bei aller Dünnheit doch genug Konsistenz hatte, um das massive Bildwerk zu tragen, so dass nicht anzunehmen ist, es sei etwa mit Holz gefüttert gewesen. Von der Urne fand sich nur der Oberteil und ein grosser Teil der Bauchwölbung vor. Offenbar ist nämlich das eine grosse Gefässfragment, welches man anfänglich für den hohlen Fuss eines weit geöffneten Beckens hielt, der verhältnismässig ziemlich enge Hals einer stark ausgebauchten Urne, deren Bauchwölbung, ungefähr 16" im Durchmesser haltend, in dem zweiten grossen Fragment zum Teil noch vorhanden ist, wozu aber freilich der Fuss fehlt. Sehr wahrscheinlich ist dieser das angebliche kupferne Gefäss gewesen, welches man in der am Hügel angelegten Sandgrube früher aufgefunden hatte, wie ja auch den obigen ähnliche Radschienen zum Vorschein gekommen waren. Als Handhabe ist auf der Bauchwölbung aufgenietet ein kleineres Bronzebildwerk, welches 4" lang, 1" breit und 1" hoch, zwei junge Löwen in liegender Stellung, die Köpfe rückwärts gegen einander gekehrt, darstellt; zwischen den Hinterteilen beider Tiere ragt schief ein Blattstiel hervor; er ist angebracht, um den Löwenschweifen, welche sich demselben anschmiegen, Halt zu geben; an diesem breitet sich von der Mitte abwärts, der Wölbung des Gefässes ebenfalls angepasst, ein fächerförmiges Blatt aus (siehe Tafel II. 1).

Abb. 178 Bronzebildwerk auf der Hydria von Grächwil [120]

Ohne Zweifel war auf der Gegenseite der Bauchwölbung das gleiche Bildwerk als Handhabe angebracht. Neben den Resten des Gefässes lag das grössere Bildwerk, welches, ähnlich dem kleineren, in der unten angegebenen Weise an dem Gefässe befestigt gewesen.

Abb. 179 Die berühmte Bronze-Hydria, die 1851 in einem Grabhügel von Grächwil gefunden wurde. (Foto: H. Moll im Bernischen Historischen Museum)

Dieses Bildwerk, vielleicht einzig in seiner Art, stellt 8" hoch und 6" breit, in durchbrochener, aber massiver Reliefarbeit eine durchaus symmetrische Gruppe dar. Den Mittelpunkt derselben bildet eine stehende weibliche Figur, A1/»" hoch, von gedrungener Kürze, mit verhältnismässig grossem Kopf und Oberteil des Leibes. Der Kopf trägt ein Diadem; die Haare sind über der Stirn und den Schläfen steif aufgeringelt und fallen hinter den Ohren in zusammengebundenen Wülsten, die nach unten breiter werden, regelmässig herab, wenn man nicht diese Wülsten als einen Kopfputz ansehen will. Nase, Mund und Augen sind stark ausgebildet; letztere sind lang geschlitzt; unter den scharf gewölbten Braunen glotzen die Augapfel in Ringform hervor. Die Stirn weicht von der Wurzel der stark vorgebogenen, übrigens sehr schmalen Nase nach hinten zurück, und die von der Nase schräg gegen die Schläfen gezogenen Jochbeine gestatten, dass man selbst im Profil beide Augenwinkel fast gleich gut sehen kann. Der ganze Ausdruck des Gesichtes hat etwas Gebieterisches, aber zugleich etwas dämonisch Unheimliches und Hässliches. Die scheinbar nackten, aber durch ein eng anschliessendes Gewand bedeckten Brüste sind ausgezeichnet voll; den Brustseiten entwächst ein zum Flug geöffnetes, rund geschweiftes Flügelpaar. Unterhalb der Brust schliesst eine steife, faltenlose Gewandung den übrigen Körper bis an die breiten Klumpfüsse fast sackartig ein. Die Streifen, in welche das Gewand vertikal und parallel geteilt ist, sind in Feldern oder ganz mit Dessins von Rauten und horizontalen Strichen angefüllt. Die Arme sind in die Ellenbogen gesteift, und jede Hand hält einen Hasen, die rechte einen an den Vorderläufen, die linke einen an den Hinterläufen. Der weiblichen Figur zur Rechten und Linken, mit dem Leib gegen dieselbe gekehrt, aber mit seitwärts gewendetem Kopf, sitzen zwei Löwen, die beide, der eine zur Rechten mit erhobener linker Tatze, der zur Linken mit der rechten Tatze, den Hasen ankrallen. Beide Löwen reichen mit dem einen Ohr an die ausgebreiteten Flügel der weiblichen Figur. Über den Flügeln läuft horizontal vom Kopf der Figur rechts und links ein Schlangenkörper aus, dessen Oberteil, mit breitem Kopf und einer Spitze unter der Kinnlade, eine Seitenbiegung nach oben und vorn macht. Auf jedem Schlangenkörper sitzt ein kleinerer Löwe, von der Figur abgekehrt, aber mit seitwärts nach vorn gewandtem Kopf. Zwischen diesen beiden Löwen steht auf dem Diadem der weiblichen Figur ein Vogel, in welchem Einige einen Falken, andere einen Adler erkennen wollen. Die ganze Gruppe steht auf einem Reliefornament, welches aus einem Mittelteil und zwei rechts und links auslaufenden flügelartigen Teilen besteht, auf welchen die beiden grösseren Löwen sitzen. Der Mittelteil, auf welchem die weibliche Figur fusst, besteht aus zwei in einigem Abstand neben einander befindlichen Doppelkreisen und einem fächerförmig nach unten abstehenden Ornament, welches dem vorerwähnten auf dem kleineren Reliefbildwerke ähnlich ist.

Abb. 180 Reliefbildwerk auf der Hydria von Grächwil [120]

Diese Basis des Ganzen ist von der Fläche des übrigen Reliefbildwerks etwas nach vorn aufgebogen (Siehe Taf. III.). Mit Ausnahme der kleineren Tierkörper, der Hasen, des Vogels und der Schlange, welche Rundbilder darstellen, sind die übrigen auf der Rückseite Hohlbilder. Die Höhlungen waren mit einem festen Kitt ausgefüllt, der zum Teil noch denselben anhaftet. - Dieser Umstand beweist, was übrigens schon die Natur des ganzen Bildwerks mit sich führt, dass dieses hauptsächlich von der Vorderseite betrachtet und auf einen andern Körper befestigt zu werden bestimmt war. Dieser war aber kein anderer als vorerwähnte Urne. Die Nietnägellöcher, durch welche das Reliefbildwerk an derselben angenietet war, sind sowohl oben, da wo die kleineren Löwen mit dem Gesäss die Schlangenkörper berühren, als auch unten im Basisornament angebracht, und die Nietnägel, welche das Bildwerk am Rand der Urne und auf deren oberer Bauchwölbung festhielten, sind zum Teil noch vorhanden. An den Rand der Mündung der Urne und zugleich auf deren oberer Bauchwölbung war das Bildwerk in der Weise angenietet, dass es zum Drittel bis an die Schlangenkörper über die Gefässmündung emporragte, aus welchem Grunde die Rückseite des Bildwerks in seinem oberen Teile voll und rund gegossen ist, während abwärts, wo der Rücken des Bildes sich an die Urne anlehnte, Hohlguss mit stehen gebliebenem Gusskitt erscheint. Das halb aufgebogene Basisornament entsprach der Bauchwölbung, auf welche es angenietet zu stehen kam. Hieraus erhellt zugleich, dass das Bild nicht sowohl zum Henkel gedient hat, als vielmehr ein Schaustück gewesen ist (siehe Taf. II. 7). In Betreff der künstlerischen Ausführung ist zu bemerken, dass die Tierbilder im Ganzen natürlicher als die weibliche Gestalt gehalten sind. Dies gilt namentlich von den Hasen und Schlangen, welche völlig naturgetreu sind, während der Vogel, obschon mit grossem Fleiss gearbeitet (das Gefieder ist mit punzierten Punkten angedeutet), als ein imaginäres Mittelding zwischen Adler, Falke und Sperber erscheint. Steif ist die Zeichnung der Löwen, deren Kopfmähnen fast kragenartig vom Leibe abstehen, während die Halsmähnen dem Halse nur einziseliert sind.

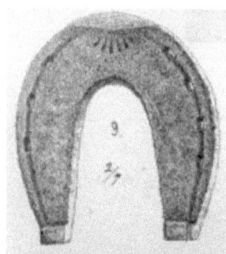

Abb. 181 Hufeisen aus einem der Grabhügel von Grächwil [120]

Von der Beschreibung des Bildwerks und von seiner Zweckbestimmung gehen wir zur Furage nach seiner Herkunft und Bedeutung über. Es ist zwar richtig, dass die der Hauptfigur beigegebenen Attribute Züge darbieten, die solchen analog sind, welche in den verschiedensten Gegenden und Zeiten vorkommen, wie man denn Löwen und Schlangen häufig noch in den ersten Zeiten des Mittelalters, nicht nur im Süden, sondern auch in merowingischen Gräbern, und selbst im Norden, sogar in Sibirien als Symbole reproduziert findet. Da man aber in dem Bilde nicht griechische, noch griechisch-römische oder römisch-gallische Kunst erkennen kann, da auch dasselbe Allem fremd ist, was man von einheimisch-gallischer, germanischer und skandinavischer Kunst kennt, so ist es (will man nicht auf Babylonisch-Assyrisch-Persisches raten und unmittelbaren orientalischen Ursprung annehmen) das Nächste und Ratsamste, an etruskischen, und zwar an altetruskischen Ursprung zu denken, zumal die archaisch-hieratischen Kunstformen des Orients und Ägyptens, welche bekanntlich die altetruskische Kunst in sich vereinigte, auch unser Bildwerk charakterisieren. Hierher gehört die starre Haltung der Löwenbilder, und noch mehr diejenige der weiblichen Figur, deren Gesichtsbildung übrigens eher eine orientalische als eine europäische ist, während die runde Flügelform, die straffe Gewandung und die zwar getrennten, aber gerade ausgestreckten Klumpfüsse an die geflügelten mumienartigen Handbilder altägyplischer und altasiatischer Gottheiten mit geschlossenen Füssen erinnern. In dieser archaisch-hieratischen Haltung, wiewohl ohne Flügel, erscheint z. B. die ephesische Diana auf Münzen. Dies führt uns auf die Bedeutung des Bildes. Es erhellt schon aus der Beschreibung, dass die weibliche Figur eine Gottheit mit ihren Attributen darstellt, wogegen die Ansicht, dass wir hier nur ein Aggregat von Ornamenten vor uns haben, von selbst dahin fällt. Wir erkennen in der Göttin die Diana oder Artemis, zwar nicht die griechische und italische Mond-Geburts- und Jagdgöttin (auf letztere könnten nur die Hasen bezogen werden, wie denn auf dem in K. B., §. 59, berührten Fragment einer römischen Terra Cotta Diana einen Hasen und einen Bogen in den Händen hält), vielmehr die asiatisch-griechische, wie sie in höherer Potenz und in ihrer ursprünglichen Bedeutung als Mutter und Erhalterin der Tiere und alles Lebendigen, naturverwandt mit der assyrischen Mylitta oder Venus, hauptsächlich in Ephesus verehrt wurde. Wie die ephesische Diana trägt unser Dianenbild einen Fruchtkorb, oder als Städtebeschützerin eine Mauerkrone auf dem Haupt. Sind die Wülsten zu beiden Seiten des Kopfes nicht Haargeflechte, sondern ein herabhängender Kopfputz, so trägt einen solchen auch jene bisweilen auf Münzen. Jedenfalls spricht die starke Brust denselben Gedanken aus, der in der ephesischen Diana mit den vielen Brüsten bezeichnet wird; und wenn der untere Teil ihres Bildes gewöhnlich mit allerlei Tiergestalten arabeskenartig verziert ist, so erscheint unser Dianenbild in freierer, wiewohl immer noch etwas mumienartiger Haltung, und mit den vollständigen Bildern derjenigen Tiere umgeben, welche das Tierreich in seinem ganzen Umfang darstellen sollen. Das der Vierfüssler nämlich wird durch den Löwen, den König derselben, und durch den Hasen, einen der schwächsten aber fruchtbarsten Vierfüssler repräsentiert; das Reich der Reptilien und Aquatilien stellt die Schlange als Amphibium zugleich dar, das der Vögel der Falke oder Adler. Die Hasen hält die Göttin als besonderes Symbol der Fruchtbarkeit in ihren eigenen Händen. Ist neben denselben unter den Vierfüsslern der Löwe in einem doppelten Paar, in einem alten und einem Jungen, dargestellt, so liegt hierbei eine im Altertum stark verbreitete Anschauung zu Grunde, nach welcher man eine besonders weise Fürsorge der Gottheit darin erkannte, dass dieselbe die Vermehrung der schwächsten und der Verfolgung ausgesetztesten Tiere, wie die der Hasen, begünstige, während sie diejenige der Raubtiere, namentlich der Löwen, stark beschränke. Vrgl. Herodot III. 108. In der Nebeneinanderstellung der Hasen und der Löwen ist jener Gegensatz in der Tierwelt angedeutet, während die zwei jungen Löwen, welche auf der Bauchwölbung der Urne wiederkehren, den Triumph der weise beschränkten animalischen Naturkraft vor Augen stellen.

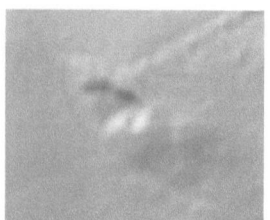
Abb. 182 Mit der 3D-Reliefschattierung sind die Erhebungen der Grabhügel von Grächwil deutlich zu erkennen.

Wenn wir im Obigen zunächst auf die ephesische Diana hinwiesen, so sind wir damit nicht gemeint, diese selbst durch das Bild dargestellt zu behaupten, da demselben wesentliche Merkmale ihres Typus abgehen. Dennoch bietet selbst dieser Typus die meisten Analogien mit unserm Bilde, und es heisst wenig mehr, als eine wagliche Nomenklatur versuchen, wenn man lieber die Namen einer Diana Persica oder Diana Victrix auf unser Bild anwenden will. Jedenfalls scheint es unzulässig, die Löwen auf Kybele oder Rhea zu beziehen, da zu dieser die übrigen Tiere nicht passen. Auch geht es nicht an, jede Tierart auf eine besondere Gottheit in dem Sinne zu beziehen, dass das Götterbild ein so genanntes Signum Pantheum, d. h. ein Bild wäre, welches die Attribute und Begriffe verschiedener Gottheiten, etwa nach Apuleius Metamorph. XL pag. 257 ed. Bip. der Isis, Kybele u. a. m. in sich vereinigte.

Diese Art von Götterbildern stammt aus der Religionsmengerei im römischen Kaiserreich während des zweiten und dritten Jahrhunderts. Derartige Bilder tragen aber, ganz abweichend von dem unsrigen, den aller Steifheit fernen, eher üppigen Charakter der griechisch-römischen Kunst zur Schau. Aus der Zeit des Verfalls aber das Bild zu datieren und das Archaisch-Hieratische aus einer gezwungenen späten Nachahmung der orientalischen und ägyptischen Kunstformen zu erklären, oder als eine Ausgeburt der zur Kindheit herabgesunkenen, in Steifheit der Figuren und der Gewandung sich gefallenden Kunst zu betrachten ist gegenüber seiner antiken Originalität unzulässig, selbst wenn die übrigen Grabfunde für eine so späte Zeit sprechen würden.

Haben wir die Bedeutung des Bildwerks wenigstens annähernd erkannt, so erhellt jetzt auch der Gebrauch der Urne selbst, indem dieselbe kaum zu etwas Anderem, als zu einem heiligen Gebrauche, vermutlich zu Opfern, welche der darauf vorgestellten Gottheit galten, bestimmt war. Jedenfalls enthielt das Gefäss keine Asche, Kohlenparzellen und Knochen, welche auf eine Totenurne schliessen lassen könnten.

Bevor wir nun zur Herkunfts- und Altersbestimmung des gesamten Grächwyler Fundes übergehen, ist noch in Betreff des etruskischen Ursprungs der Urne auf die allgemeine Tatsache hinzuweisen, dass in den Gräbern von Völkern, welche der Zivilisation des Südens fremd sind, Gegenstände anderer Länder vorkommen, die weit hergebracht sind. Die Grabhügel des Nordens liefern bisweilen Überreste von Italien, Griechenland und Byzanz. Man findet selbst in alten Gräbern nördlich von den Alpen Meermuscheln aus Indien. Nichts steht demnach der fremden Herkunft der Grächwyler Vase entgegen, und anstatt zu schliessen, inmitten sonstiger keltischer oder römischer Fundorte und Funde könne kein etruskisches Kunstwerk vorkommen, ist die augenfällige Tatsache, ein solches vor uns zu haben, festzuhalten, und die dadurch gesteigerte historische Wichtigkeit des Grächwyler Fundes anzuerkennen. Die Erscheinung eines durch Handelsverkehr, etwa über Massilia, oder als Beute nach Helvetien gelangten künstlichen Werkes von Etruskerhand erläutert sich durch Vergleichung der ähnlichen Spuren, welche man neulich auch in Tirol diesseits des Brenners machte, laut den von Giovanelli im Jahr 1845 in Trient publizierten Bronzen aus Matreium (Matrai). Sucht man nach ähnlichen Spuren unter helvetischen Funden, so fehlt es auch hier nicht an solchen. Hierher gehört ein aus Aventicum herrührender und jetzt im Museum zu Lausanne befindlicher Metallspiegel mit eingegrabener Darstellung der Leda und der Dioskuren. Vergl. Archäologische Zeitung, Jahrg. II. 1844. S. 334, und siehe Taf. IV. Hierher gehört ebenfalls ein zu Chur entdecktes etruskisches Bronzebildchen der Juno Regina, nach Gerhard. Ähnliches von etruskischer Herkunft wird man bei uns vermutlich noch mehr finden, wie denn namentlich unter der Zahl der im alten Helvetien gefundenen vermeintlich römisch-gallischen Idole etruskische sich vorfinden dürften. Überhaupt aber gewinnen Tatsachen wie die oben angeführten, erst durch fortgesetzte Feststellung und Vergleichung Werth und Ansehen.

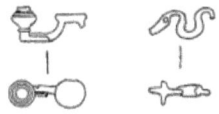

Abb. 183 Links: Fibel mit Fusszier, Bronze, fragmentiert, an Stelle der Pauke flaches Tellerchen, Armbrustkonstruktion und Nadel fehlen. Rechts:. Hörnchenfibel, Bronze, stark fragmentiert. Fundort: Grächwil [119]

[119] Drack Walter, Ältere Eisenzeit der Schweiz, Kanton BE, II. Teil, S. 12 und Tafel 7 (1959)

Was nun Herkunft und Altertum der Grächwyler Funde in ihrer Gesamtheit betrifft, so gehört vorerst die Grabhügel-Construction von Grächwyl zu einer Art von Toten-Bestattung, deren Zeitalter durch ein einigermassen sicheres Datum zu bestimmen schwer hält, wenn nicht Münzen oder charakteristische Grabfunde vorliegen. Gewiss steht es; dass diese Bestattungsweise Jahrhunderte vor der christlichen Zeitrechnung, aber auch in den ersten Jahrhunderten der römischen Herrschaft in Helvetien vorkommt. Leider bieten nun die Grächwyler Funde nichts charakteristisches, was dieselben einem bestimmten Zeitalter zuweisen liesse. Die Anwesenheit der Bronzevase berechtigt nicht zu dem Schluss, dass die übrigen Funde notwendig aus der gleichen Epoche herrühren. Diese Vase konnte, als sie in den Grabhügel gebracht wurde, selbst schon ein alterthümliches Stück sein, wie es der Fall war mit dem unter Aventicums Trümmern gefundenen etruskischen Spiegel und mit den römischen Münzen, die man in verschiedenen mittelalterlichen Gräbern aufgefunden. Schwerter und Sporen, in Stoff, Formen und Dimensionen unserm Exemplar ähnlich, findet man noch in Grabhügeln des 5ten bis zum 8ten Jahrhundert. In der Regel sind aber die Schwerter unserer Grabhügel kürzer als das vorliegende, und rühren wohl meist von römisch-helvetischen Kriegern her, welche der Römer mit seinem kurzen spanischen Fussgängerschwert bewaffnet hatte, wogegen die alten Helvetier sich des gallischen Schwertes bedienten, deren man in der Tiefenau bei Bern (vgl. K. B., S. 500 f. und 503 f.) mit massilisch-griechischen, massilisch-keltischen und keltischen Münzen bei 100 ausgegraben. In der Länge nähert sich nun zwar unser Schwert diesen, die eine Klingenlänge von 2' bis 2' 8" haben. Dagegen haben eben dieselben einen langen Griff ohne Parierstange, und, wie Polybius und Diodorus die gallischen Schwerter beschreiben, eine biegsame zweischneidige Klinge und eine abgerundete Spitze, während das Grächwyler Schwert eine scharf zulaufende Spitze, eine starke Klinge und einen kurzen Griff mit Parierstange zeigt. Lange Schwerter führten zwar auch die römischen Reiter; doch erinnert der dem Grächwyler Schwert angefügte Dolch an die Sitte gallischer Krieger, sich beim Fleischzerlegen eines der Schwertscheide in einem Futteral beigesteckten dolchartigen Messers zu bedienen. Was sodann das mitgefundene Hufeisen (Taf. II. 9) betrifft, so vergegenwärtigt dieses mit seinen Stollen, seiner Krinne und seinen 6 Löchern genau die Form der so genannten Heideneisen, die man bisweilen in römisch-helvetischen Grabhügeln, an römischen Strassen und selbst in römischen Ruinen findet. Vgl. K. B., S. 64, 138, 161, 180, 349. Hufeisen einer altern Zeit, sind meist von roherer Arbeit. Wenn aber gleich Hufeisen, wie das vorliegende, gewöhnlich mil Überresten aus römisch-helvetischer Zeit vorkommen, so lässt sich doch nicht mit Bestimmtheit behaupten, dass nicht solche, wie auch den unsrigen ähnliche Schwerter und Sporen, schon in einem frühern Zeitalter im Gebrauch gewesen seien.

Abb. 184 In dieser Waldecke am Westrand des Tannholzes befinden sich die Grabhügel von Grächwil (Foto: H. Moll)

Eiserne Radschienen, den zu Grächwyl gefundenen ähnlich, haben sich sowohl unter den althelvetischen Überresten in der Tiefenau, als in verschiedenen römisch-helvetischen Grabhügeln vorgefunden. Vrgl. K. B., S. 26, 501, 503. Sie rühren von den so genannten Esseda der gallischen Völker her, welche ursprünglich zweirädrig und zum Kampf bestimmt, später auch bei den Römern in Gebrauch kamen und selbst mit vier Rädern versehen zu Transport- und Luxuswagen dienten. Auch der Bronzeschmuck ist der Art, dass er nicht auf ein bestimmtes Zeitalter schliessen lässt, da die Formen, welche er darstellt, sowohl bei Galliern als bei Römern Jahr- hunderte hindurch stereotyp waren. Dies gilt auch von der Schlangenform der einen Fibula und von den Hohlschälchen, mit welchen zwei der Fibeln verziert waren. Vgl. K. B., S. 24. Der Umstand zwar, dass die aufgefundenen Fibeln, Bücken, Dorngewinde und Dorn, aus einem Stück gefertigt, und nicht mit einem Gehäuse versehen waren, in welchem sich der Dorn bewegt (wie es bei den römischen Fibeln der Fall ist), lässt sie als Produkte gallischer Kunstfertigkeit erscheinen; doch findet man Fibeln ersterer Art bei uns auch unter römischen Überresten. Das gemischte Vorkommen von eisernen und bronzenen Fundstücken und das Vorwiegen ersterer ist, entgegen einem noch ziemlich verbreiteten Irrtum, an und für sich keineswegs als ein Anzeichen römisch-helvetischer Zeit anzusehen. Ist es doch namentlich durch die Tiefenau Funde erwiesen, dass die Helvetier lange vor der römischen Herrschaft in Helvetien Waffen, Gerätschaften und selbst Zierrate aus Eisen verfertigt haben. Von den metallenen Fundstücken auf die aufgefundenen Produkte von Töpferkunst überzugehen, so findet man Urnen in der Art der hier ausgegrabenen in der Mehrzahl unserer heidnischen Grabhügel, und es sind an denselben keine Merkmale vorhanden, welche das helvetische und römisch-helvetische Zeitalter unterscheiden lassen. Das Zikzakornament kehrt an denselben oft wieder. Vgl. K. B., S. 140, 141, 416. Das Vorkommen zerstreuter disparater Scherben groben Korns, wie sie im grösseren Hügel vorhanden waren, ist eine allgemein beobachtete, wenn auch noch nicht ins Klare gebrachte Erscheinung in unsern heidnischen Grabhügeln. Was endlich das merkwürdige Steinwerk betrifft, welches namentlich der kleinere Grabhügel aufwies, so kommt solches neben den verschiedensten Artefakten zwar noch in Grabstätten aus später römisch-helvetischer Zeit vor; doch lässt der Umstand, dass der kleinere Grabhügel dergleichen Steinwerk als einzige Mitgabe enthielt, während der grössere solches neben den Artefakten aus Bronze, Eisen und Thon aufwies, höheres, althelvetisches Altertum vermuten, worauf ebenfalls das blosse Vorkommen von Beerdigung hinweist. Auch bedeckte der grössere Hügel mit seinem Fuss auf der SO-Seite die Peripherie des kleineren auf der NW-Seite. Will man den grösseren Grabhügel aus dem Zeitalter der römischen Herrschaft in Helvetien datieren, so mag derselbe eine Grabstätte angesehener römisch-helvetischer Provinzialen, vielleicht aus einer und derselben Familie, und in diesem Fall ein Familiengrab gewesen sein. An eine Grabstätte geborener Römer zu denken, ist aus dem Grunde nicht zulässig, weil nichts ausschliesslich und charakteristisch Römisches gefunden wurde, während Verschiedenes vorkam, was gallische, wenn auch den Römern gemeinsame, Kultur vergegenwärtigt.

Abb. 185 Schnitt sowie Seitenansicht eines Radreifens [120]

Jedenfalls beurkunden diese Grabhügel vormittelalterlichen Anbau der Gegend von Grächwyl. Dass hier, wie in den benachbarten Ortschaften Meikirch und Kirchlindach, eine römische Ansiedlung bestanden habe, beweisen die zu Grächwyl gefundenen römischen Münzen aus den zwei ersten Jahrhunderten unserer Zeitrechnung. Wie aber anderswo in unserm Vaterlande die Römer sich vorzugsweise auf den Punkten helvetischer Ansiedlung niedergelassen haben, so wird es auch hier der Fall gewesen sein. Die Ansiedlung, deren Bewohner die Grabhügel zur Ruhe aufgenommen, befand sich jedoch nicht im Dörfchen Grächwyl selbst, sondern auf dem eingangs beschriebenen Erdrücken. Noch heutzutage verrät derselbe durch den an seiner südlichen Längseite hinlaufenden schanzartigen Erdabschnitt den einstigen Bestand einer Ansiedlung, deren Bewohner diesen von Natur festen Punkt auch durch Kunst zu sichern versucht hatten und innerhalb dieser Natur- und Kunstmarken Haus und Hof hielten, auch wohl auf der damals ohne Zweifel unbewaldeten Fläche dieses Erdrückens den Boden bebauten. Ähnliche an Abhängen angebrachte schanzartige Erdabschnitte findet man bei uns auf den verschiedensten Punkten vorzeitlichen, sowohl helvetischen als römischen Anbaus, und es ist in der Tat wahrscheinlich, dass sie einerseits dem Ackerbau dienten, wie denn der Landmann dieselben gewöhnlich als uralte Ackerbörder bezeichnet ; anderseits aber sollten sie auch das Terrain befestigen und den Landesbewohnern in Kriegszeiten die Verteidigung desselben erleichtern. Vgl. K. B., S. 18, 130, 140. Möglicherweise findet man bei Nachgrabungen auf der Fläche des Erdrückens noch weitere Überreste der Vorzeit, welche die hier beschriebenen Grab-Altertümer in ein helleres Licht setzen können." [120]

[120] Jahn A.: Etruskische Alterthümer gefunden in der Schweiz: die Ausgrabungen zu Grächwyl im Kanton Bern, in: Mitteilungen der Antiquarischen Gesellschaft in Zürich, Band 7, S. 109ff (1853)

„Grächwil. Vgl. Hans Jucker, Die Bronzehydria in Pesaro, Antike Kunst 7, 1964, 3 ff. Der Verfasser behandelt eine italische Gefäßgattung, zu welcher auch die bekannte Bronzehydria aus einem hallstättischen Grabhügel von Grächwil gehört. Auf Grund seiner formengeschichtlichen Betrachtungen schlägt H. Jucker eine Datierung gegen 570 v. Chr. vor.
- Fund: BHM Bern; vgl. W. Drack, Ältere Eisenzeit der Schweiz, Materialheft zur Ur- und Frühgeschichte der Schweiz, Heft 2 (1959), 8 ff." [121]

[121] Jahresbuch der Schweizerischen Gesellschaft für Urgeschichte, Band 51, S. 103 (1964)

„Von zwei Grabhügeln auf einem Moränenhügelchen östlich der Strasse Grächwil-Schüpfen, am Westrand des Tannholzes gelegen, die infolge des Vorkommens alter Funde beim Lehmsandabbau auf die Veranlassung des Försters T. Schärer vom Grund/ und Gutsbesitzer Courvoisier in Le Locle im Jahre 1851 untersucht wurden, enthielt der grössere Wagenreste.
Schärer hielt seine diesbezüglichen Beobachtungen folgendermassen fest: Sechs Schuh tief, im Steinkern, zeigten sich «nebst mehreren ganz vermoderten eisernen Rüstungen (»). viele auf einen Haufen geworfene eiserne Radschienen und Stücke von Eisen... Sieben Schuh tief ward das Eisen eines Streitwagens gefunden».
A. Jahn konstruierte aus dem zweiten Satz: «Eisenwerk eines zweirädrigen Wagens in Radschienen und Nabenringen», und für letztere gab er einen Durchmesser von 12 cm und eine Achsöffnung von 6 cm an. Da bekanntlich ein Schuh um die 30 cm mass, ist nicht sicher zu entscheiden, ob tatsächlich die Reste von zwei Wagen gefunden worden sind. Immerhin wäre dies ja nicht ausgeschlossen (siehe Ins, Hügel VI von Bonstettens).
Funde: Ein wahrscheinlich als Urne für die zuunterst im Hügelkern niedergelegte Brandbestattung dienender, rauten/verzierter Topf, die etwas höher niedergestellte berühmte Bronzehydria sowie nicht näher lokalisierbare Objekte, von denen wahr-

scheinlich eine Fibel mit Fusszier und eine Hörnchenfibel zur Brandbestattung gehört hatten (Funde im Bern. Hist. Museum, Bern).

Abb. 186 Schnitt sowie Ober- und Unterseite eines Radreifens aus den Hallstattgrabhügeln von Grächwil [122]

„Fragment eines Radreifens, Eisen, Distanz der Nägel 10,8-12,7 cm, Durchmesser nicht mehr eruierbar.
Literatur: T. Schärer (Förster zu Lyss), Bericht über die Ausgrabungen zu Grächwil, Mss. vom 6. Juni 1851 im Archiv der Antiquarischen Gesellschaft Zürich im Schweizerischen Landesmuseum, Zürich; Briefe von E. F. Müller aus Nidau an F. Keller in Zürich vom 12. und 17.Juni 1851, ebenda. - H. J. Bloesch, Antike Kunst in der Schweiz, Erlenbach, Zürich 1943, S. 22ff. (besonders Bronzehydria behandelt, daselbst weitere Literaturangaben)." [122]

[122] Drack Walter, Wagengräber und Wagenbestandteile aus Hallstattgrabhügeln der Schweiz, in: Zeitschrift für schweizerische Archäologie und Kunstgeschichte, Band 18, S. 21 und 59f (1958)

29. Mötschwil

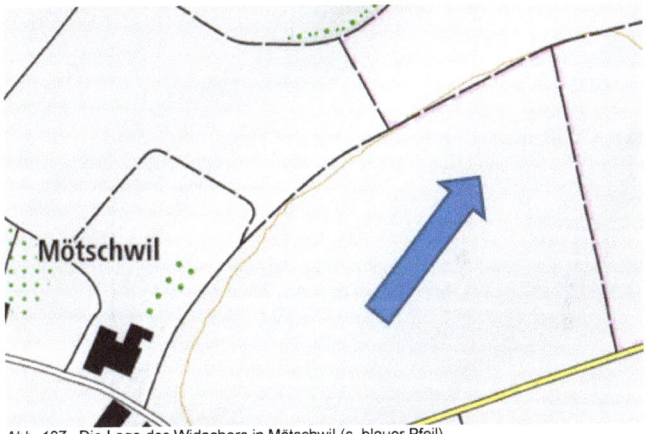

Abb. 187 Die Lage des Widachers in Mötschwil (s. blauer Pfeil)

„In einer kleinen Kiesgrube nordwestlich des Schulhauses Mötschwil fand Lehrer Friedli zwei Gräber. Das erste enthielt ein Skelett mit einem blauen Glasarmring, der aussen mit gelben und weissen Glasfäden verziert ist. Dabei lag ein Spiralring aus dünnem, glattem Bronzedraht. An der rechten Hand kamen zwei Spiral-Fingerringe zum Vorschein, die aus Silber bestanden. Eine eiserne Fibel ist nur in einem kleinen Fragment erhalten.

Das zweite Grab barg ebenfalls ein Skelett. Es trug am rechten Oberarm einen breiten Armring aus Lignit, zwei Glasringe aus weissem Glas, wovon der eine gelbe Folie trug. Zwei Eisenfibeln waren nur teilweise erhalten. Eine seltene Beigabe war ein Spinnwirtel aus rotem Ton und eine kleine Dülle aus Eisenblech, die ein Spindelbeschläg sein könnte. Am Kopf des Skelettes lagen drei grosse Steine Jahresbericht des historischen Museums in Bern pro 1909 S. 12.)." [123]

[123] Jahresbericht der Schweizerischen Gesellschaft für Urgeschichte, Band: 3, S. 86 (1910)

Herr Dr. Tschumi berichtet uns: Der Mittellatènezeit gehören die Gräber an, die in einer Kiesgrube im „Wydacher" von Mötschwil bei Lyssach in den letzten Jahren gehoben wurden (vgl. Jahresberichte des Historischen Museums in Bern 1909, 1910, 1912).

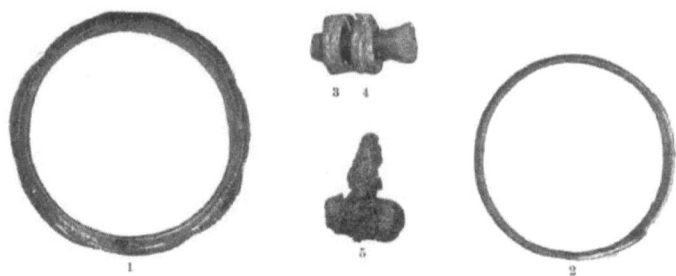

Abb. 188 Arm- und Fingerringe sowie Überreste einer kleinen Eisenfibel aus den Mötschwiler Gräbern [124]

Grab I: Skelett, stark zersetzt, mit folgenden Beigaben :
Gläserner, blauer Armring (1) mit gerillter Aussenseite und gelben und weissen Zickzackornamenten, Armring aus doppelt spiralig gewundenem Bronzedraht (2). An der rechten Hand zwei einfache, flach gewundene Fingerringe aus stark legiertem Silber (3, 4). Überreste einer kleinen Eisenfibel (5).

Grab II: Schlecht erhaltenes Skelett, Kopf von drei Steinen eingefasst. Beigaben : Am rechten Oberarm Armring aus Lignit (1), ein gelber, gläserner Armring (2), ein weisser, gläserner Armring (3), Überreste von zwei Eisenfibeln (4), Spinnwirtel aus gebranntem Ton (5) und eine kleine Eisendülle (6).

Abb. 189 Der Widacher an der östlichen Gemeindegrenze von Mötschwil, wo die Gräber 1909 gefunden wurden (Foto: H. Moll)

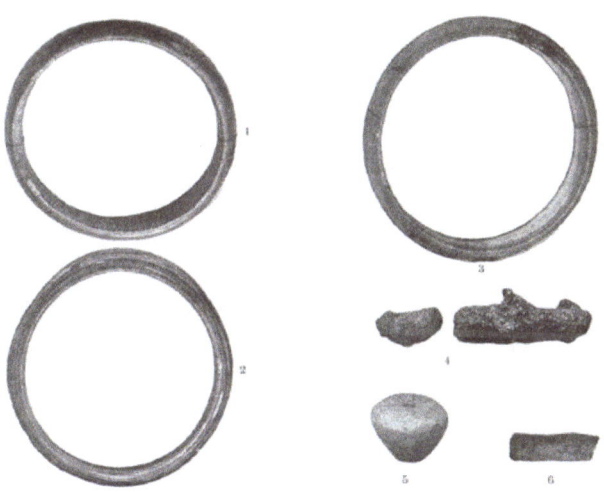

Abb. 190 Drei Armrringe (1-3), Ueberreste von zwei Eisenfibeln (4), eine Spinnwirtel aus gebranntem Ton (5) sowie eine kleine Eisendülle (6) aus den Mötschwiler Gräbern [124]

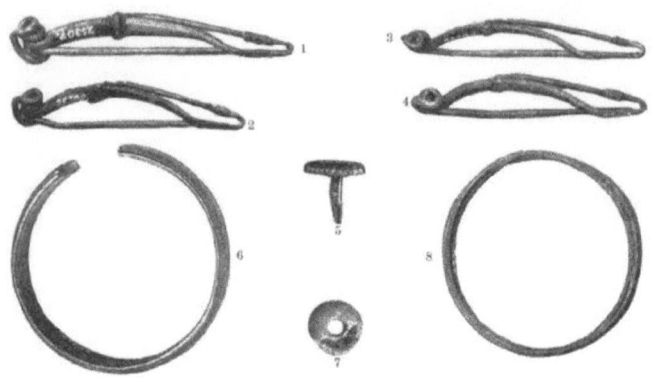

Abb. 191 Vier grosse und eine kleine Bronzefibeln (1-4, 5), ein gelber Glasring 6), ein Ring aus Bernstein (7), sowie ein Armring aus Bronzedraht aus den Mötschwiler Gräbern [124]

<u>Grab III, IV und V</u> Diese drei Gräber traten in einer herunterstürzenden Kiesmasse zu Tage, so dass der Inhalt der einzelnen nicht geschieden werden konnte. Beigaben: Vier grosse und eine kleine Bronzefibel vom Typus Latène II (1-5), wo der Fuss mit dem Bügel durch eine Klammer verbunden ist, ein gelber Glasring mit gerillter Aussenseite (6), ein Ring aus Bernstein (7) und ein Armring, spiralig gewunden, aus glattem, dünnem Bronzedraht (8).

Abb. 192 Armringe und Ueberreste einer Eisenfibel aus den Mötschwiler Gräbern [124]

<u>Grab VI</u>: Darin fanden sich an Beigaben: Ein blauer Armring aus Glas mit gerillter Aussenseite (1), ein Armring aus Bronzedraht, spiralig gewunden (2) und der Überrest einer Eisenfibel (3).
Weist schon das Vorkommen von Glasringen auf Latène II, so entscheidet die Anwesenheit von Fibeln des Typus Latène II auf Mittel-Latène. Die in sämtlichen Gräbern (ausgenommen Grab II) gefundenen Bronzearmringe aus glattem, dünnem, spiralig gewundenem Draht gehören also erst der Periode Latène II an.

Mit diesem Ergebnis stimmen die Funde von Rychigen (Kt. Bern) und Gempenach (Kt. Freiburg) überein, die im bernischen Museum liegen." [124]

[124] Jahresbericht der Schweizerischen Gesellschaft für Urgeschichte, 5, S. 151ff (1912)

30. Mühleberg

30.1. Obereiberg

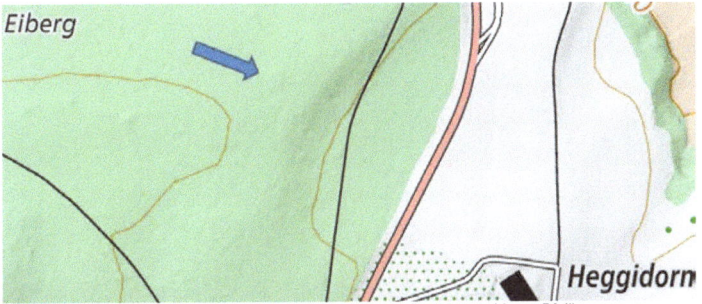

Abb. 193 Der Eiberg bei Heggidorn mit dem Standort des Tumulus (s. blauer Pfeil)...

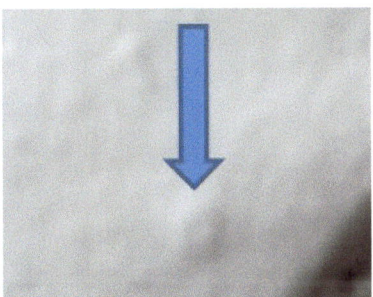

Abb. 194 ... der auch mit der 3D-Reliefschattierung gut erkennbar ist.

„Im Obereiberg bei Heggidorn, Gemeinde Mühleberg, wurde ein Tumulus untersucht, den schon Jahn 1846 trichterförmig ausgeschnitten hatte. Das historische Museum Bern bewahrte aus jener Grabung eine Urne und eine Schale. Die neue Untersuchung geschah durch Direktor Wiedmer-Stern, dem wir folgenden Bericht verdanken:
«Der Hügel enthielt mehrere oberflächliche, unter sich nicht zusammenhängende Steinbetten, in der Tiefe eine durch die frühere Angrabung sehr zerwühlte mächtige zentrale Steinsetzung. Das Resultat an Funden war ärmlich; es fanden sich und zwar im Trichter des 1846 gegrabenen Schachtes: Zwei massive Ringe aus Bronze von rhombischem Wandschnitt und 35 mm äusserem Durchmesser und Überreste einer

Bronzefibel, Übergangstypus vom Hallstatt zu La Tène. Die doppelseitige Spirale umschliesst einen Querstab mit Knöpfchen an beiden Enden. Zwischen diesen Knöpfchen und den beidseitigen äussersten Windungen der Spirale befanden sich halbmondförmige Gehänge, von denen nur eines erhalten ist. Die Spirale umschliesst in einmaliger Windung auch den verzierten Bügel. Zwei zerbrochene Knöpfchen aus Bronze mit geripptem Rand. Die Ornamente am Rand sind gepresst oder gepunzt und die Stifte eingenietet. »" [125]

[125] Jahrbuch der Schweizerischen Gesellschaft für Urgeschichte, Band 1, 45ff (1908)

Abb. 195 Auf dem Tumulus des „Eiberg" bei Heggidorn, Gemeinde Mühleberg (Foto: H. Moll)

30.2. Unghürhubel

Abb. 196 Die Lage des Unghürhubels (s. blauer Pfeil) auf der Siegfried-Karte (Stand 1872)

„1. Topographische und archäologische Einleitung

Herr Dr. A. Jahn hat die Güte gehabt, zum Eingang vorliegender Arbeit das topographische und archäologische Material, welches über die hier zu behandelnde Landesgegend vorliegt, kurz zusammenzustellen, und da dieser hochverdiente Archäologe die Alterthümer jener Gegend zum ersten Mal schon vor über 20 Jahren zum Gegenstand eingehender und sehr wertvoller Studien gemacht hat und ihm alle seither gemachten Funde genau bekannt sind, möchte es im eigensten Interesse des Gegenstandes sein, mit seinen eigenen Worten zu beginnen. Herr Dr. Jahn schreibt mir folgendermassen:

„In dem bernischen Landesteile, welcher von der Aare im Norden, von der Sense im Süden, von der Saane im Westen eingeschlossen und südöstlich durch das Wangental abgegrenzt, nur gegen Osten, in der Richtung von Bern, offen liegt, erhebt sich zwischen dem tief eingeschnittenen Aaretale und den Niederungen des Grossen Forsts und des von dort in die Aare abfliessenden Gäbelbachs ein Höhenzug, der von Ost nach West ansteigt und zwischen Frauenkappelen und Allenlüften, auf der so genannten Ledi, seinen Höhepunkt (712 m ü. Meer) erreicht, von wo er, herwärts Allenlüften 685 m, bei diesem Orte noch 645m erhaben, vorgebirgsartig und zuletzt jäh gegen Gümmenen an der Saane (474m ü. M.) abfällt.

Dieser Höhenzug bot den vorzeitlichen Landesansiedlern Vorteile der Sicherheit, welche von ihnen nicht unbenutzt geblieben sind. Es zeugen hievon die zahlreichen Spuren vorzeitlichen Wesens, welche auf demselben in Ansiedlungsresten, sowie in Grabstätten erscheinen. (Confer. Jahn, der Kanton Bern, antiquarisch-topograph. beschrieben. Bern u. Zürich. 1850. pag. 129-133, 139-143).

Erstere gehören zum Teil dem römisch-helvetischen Altertume an, wie es mit den Trümmern der Fall ist, die in dem „bi de Mure" genannten Reviere des Spielwalds liegen (Jahn, Kanton Bern, p. 139 & ff.). Die Grabstätten stammen aus verschiedenen Zeiten und kommen auf dem Kamme des Höhenzuges vor, zu beiden Seiten des über denselben führenden, wahrscheinlich schon im Altertum bestandenen Weges. Es sind teils Keltengräber, wie die in den 40er Jahren oberhalb der Biederen, in dortiger Kiesgrube entdeckten (Confer. Jahn, K. B., pag. 142), teils Grabhügel, wie die im Spiel- und Obereywald und im Buchholz bei Allenlüften befindlichen, welche, mit Ausnahme letzterer, die von Schatzgräbern durchwühlt waren, von Herrn von Bonstetten und dem Referenten im Laufe der 40er Jahre gemeinschaftlich untersucht wurden. (Jahn, K. B., pag. 131-139ff., und v. Bonstetten, Recueil d'antiquités suisses, p. 34.)

Hiezu kam bis vor Kurzem eine Gruppe von zwei ungleich grossen Grabhügeln, welche früher im Hupfenwald bei Allenlüften, links an der alten Murtnerstrasse gelegen, im Jahr 1847 von dem Referenten für seinen Freund und Mitforscher v. Bonstetten, mit Erlaubnis des damaligen Waldbesitzers, des Wirtes Scherler zu Allenlüften, in der Weise untersucht wurden, dass man den grossen Hügel, der mit Tannen dicht bestanden war, welche eine ordentliche Ausgrabung hinderten, vermittelst eines 3 ' breiten, von N. nach S. geführten Seiteneinschnittes, der sich nach innen erweiterte, bis auf die Mitte des Grundes öffnete, den kleineren Hügel aber von oben herab in der Mitte bis auf den Grund ausgrub.
Über die Ergebnisse dieser Untersuchungen, sowie über die damaligen Lokalverhältnisse, haben genannte Forscher Näheres berichtet. (Siehe Jahn, K. B., pag. 131 ff. an der unten anzuführenden Stelle, und Bonstetten, Becueil, p. 34, PL XI, Fig. 14-17.)

2. Geschichtlicher Hergang des Fundes

Der grosse Hügel

In den ersten Tagen Septembers dieses Jahres erhielten wir von Herrn Pfarrer Blösch in Laupen die Nachricht, es sei in der Umgebung beim Abgraben eines Hügels ein nicht unbedeutender antiquarischer Fund gemacht worden: «unter Anderem befinde sich ein schön verziertes Band dabei, welches man für Goldblech halte; die Gegenstände seien im Besitz Herrn Notars Vögeli in Laupen.»

Auf diese Nachricht hin begab ich mich in Begleitung Herrn Eduard Jenners, Abwart der Stadtbibliothek, sonntags den 6. September nach Laupen und traf glücklicherweise Herrn Vögeli zu Hause, der uns auf das Zuvorkommendste empfing und uns sogleich die gefundenen Gegenstände vorzeigte. Auf den ersten Blick sahen wir, dass wir es mit einem höchst interessanten und ganz bedeutenden Fund zu tun hatten. Die Gegenstände bestanden:

1) Aus einem sehr zerknitterten, dreifach zusammengelegten, vielfach gebogenen und gefältelten Blech von rein goldgelber Farbe, stellenweise in den Fältelungen mit einem zartrosenroten Pulver, wie mit rötlichem Duft, fein überzogen. Die Breite des Bandes massen wir ab zu 5 Cm'. Die Länge konnten wir damals nicht abmessen, da das Band zusammengelegt und an den umgebogenen Stellen aufgerissen war, so dass es beim Auseinanderlegen zu zerreissen drohte. Das grössere Stück, welches noch zusammenhängend war, mochte circa 50 Cm messen, ein kleines Stück von derselben Zeichnung und offenbar dazu gehörend mass 16 cm. Die Dicke des Bandes ist von der Stärke starken Papiers.
Die Farbe des Metalls und der Klang liessen uns keinen Augenblick im Zweifel, dass es Gold sei, was übrigens Herr Notar Vögeli durch einen Sekundarlehrer schon hatte des Bestimmtesten ermitteln lassen.

2) Aus einem etwas schmäleren (4,5 cm breiten) Stück Band gleicher Farbe, 17 cm lang, weniger zerknittert und gefältelt, auf der einen Seite eine Abrundung, wie von einem Endstück, zeigend, jedoch mit ganz anderer Zeichnung als das grössere Band.

3) Ein rahmenförmiges Schlussstück einer Bronzeschnalle mit einem Doppelblech und 5 Löchern, worin 3 kleine mit runden Knöpfchen versehene Bronzestifte hineinpassen, ferner kleine, teils glatte, teils gerippte Bronzebleche, welche offenbar zur gleichen Gurtschnalle gehörten, und zwei Ringe von Bronze kamen hinzu.

Abb. 197 Das Grab im Unghürhubel, von Westen her gesehen [126]

Diese Sachen, erzählte uns Herr Vögeli, seien beim Verebnen des so genannten „Unghürhubels" bei Allenlüften (wohl zu unterscheiden vom gleichnamigen Gräberhügel im Grossen Forst; s. Jahn, K. B., S. 134 ff.) , oberhalb Mauss, circa 15' tief, in blosser Erde aufgefunden worden; es seien weder Knochen noch grössere Steine ganz in der Nähe dieser Gegenstände vorgekommen; jedoch im selben Hubel auf einer andern Seite seien Knochen, wahrscheinlich von Tieren, und viel Kost und verrostete Blechstücke und wie von einem alten Eisentopf Bruchstücke zum Vorschein gekommen, welche jedoch die Arbeiter wieder weggeworfen hätten. In frühern Zeiten, als dieser „Unghürhubel" noch mit dichtem Tannenhochwald bedeckt gewesen, habe man auch schon dort Nachgrabungen gemacht, und es seien verschiedene Alterthümer daselbst aufgefunden worden.

Ich sprach sogleich den Wunsch aus, die Lokalität selbst zu besehen, zumal mir Herr Vögeli versicherte, man sei mit dem Hügel, der offenbar künstlich sei, noch nicht auf den natürlichen Grund gekommen, und es möchte sich wohl beim Tiefergraben noch mehr auffinden lassen. Herr Vögeli war sogleich bereit, uns zu begleiten, und über Gümmenen erreichten wir in einer kleinen Stunde Allenlüften, und von da in einigen Minuten, rechts am Wege von Allenlüften nach Mauss, die frisch umgewühlte und noch keineswegs verebnete Stelle, wo noch wenige Wochen vorher der in der ganzen Umgebung verrufene und wegen Geisterspuks und Schatzgräbergeschichten gefürchtete „Unghürhubel " nach den Einen 20, nach Andern gar 25 Fuss hoch über der schönen aussichtsreichen Hochebene sich erhoben hatte. Der Weg von Allenlüften nach Mauss, früher im dichten Hochwald ein schlechter Holzweg, führte nach der Aussage des Wirths in Allenlüften, Herrn Scherler, und mehrerer Bauern, die sich die Lokalität des Fundes am schönen Sonntagnachmittag auch besahen, früher um den Hügel herum- oder war nur ganz unbedeutend in denselben eingeschnitten. Der „Unghürhubel " selbst war ganz überwachsen, es standen grosse Tannen darauf und dichtes Unterholz gab ihm ein unheimliches Aussehen. Als zu Anfang der fünfziger Jahre aller Wald rechts vom Wege ausgereutet und der sogenannte Hupfen, das Grundstück, auf welchem der Hügel steht, zu Kulturland umgewandelt wurde, liess man allmälig den Weg in den Hügel einschneiden, und da auf dem frisch gereuteten Land sich viel Unebenheiten zeigten, nahm man vom Wege aus Erde vom Hügel weg und vertrug sie auf die Felder. Dass bei diesem teilweisen Abgraben und Anschneiden des Hügels sich von Altertümern etwas vorgefunden habe, ist nicht bekannt geworden. Die Stelle, wo der „Unghürhubel" am höchsten mochte gewesen sein, war noch jetzt 4-5 ' höher, als das überwachsene umliegende Weide- und Ackerland, und die noch natürliche Anschwellung des Bodens mochte immer noch 20-30 ' Durchmesser haben, so dass in mir die Überzeugung laut wurde, man sei dem Grabhügel oder Tumulus noch nicht auf den Grund gekommen und es möchte sich wohl erst noch in grösserer Tiefe ein Grab vorfinden; zudem, habe man in der blossen Erde des Hügels diese wertvollen Sachen gefunden, möchten sich in dem noch nicht umgegrabenen Rest desselben noch mehr Ergänzendes und die Zeit des Fundes näher Bestimmendes vorfinden. Überdies lag nordwestlich von dem grossen „Unghürhubel" ein kleinerer Grabhügel, der noch nicht geebnet war und so, obwohl früher schon einmal untersucht, noch einige Ausbeute zu versprechen schien. Der kleine Hügel oder Tumulus, von mehr elliptischer Form, hatte bei circa 8' Höhe eine grösste Länge von 74' und in der andern Richtung einen Durchmesser von 60-65'. Da besagter Hügel auch sollte verebnet werden, so war dies für mich ein Grund mehr, auf eine geregelte wissenschaftliche Ausgrabung beider Grabhügel zu dringen.

Nach Besichtigung der Lokalität übergab uns Herr Vögeli auf die bereitwilligste Weise die kostbaren Fundstücke, um sie in Bern vorzuweisen, und wir verliessen Allenlüften in der Hoffnung sehr bald wieder dahin zu kommen, und zwar auf längere Zeit. Gleich am folgenden Tage, Montag den 7. September, hatte ich das Vergnügen, unserm hochgeehrten Herrn Präsidenten der Bibliothek-Kommission, Herrn Dr. Stantz, die Gegenstände vorzuweisen und die Gründe auseinanderzusetzen, warum ich auf eine weitere und definitive Ausgrabung beider Grabhügel einen besonderen Werth lege. Herr Dr. Stantz hatte Gelegenheit am selbigen Tage die Goldbänder dem Burgerrate vorzulegen, und da man vollständig der Ansicht war, dass der Zeitpunkt für eine dortige gründliche Untersuchung nicht zu verpassen sei, wurde ich mit der Ausgrabung beauftragt und mir von unserm hochgeehrten Präsidium die nötigen Vollmachten und Anweisungen gegeben. Ob das Resultat der Ausgrabung ein befriedigendes geworden ist, darüber erlaube ich mir kein Urteil.

Abb. 198 Die beiden von Dr. Jahn beschriebenen Bänder [126]

Über die in den beiden Grabhügeln bei Allenlüften im Jahr 1847 ausgeführten Ausgrabungen und daherigen Funde berichtet Herr Jahn in seiner viel verdienten antiquarisch-topographischen Beschreibung des Kantons Bern, Seite 131 sub: Die Grabhügel bei Allenlüften, Zeile 9 v. unten, folgendermassen :

„Zwischen Allenlüften und Mauss (1284 villa Muntis prope Contaminam, 1271 terra, quae dicitur Muntsberg, 1319 villa de Monts, 1334 v. de Monz), oberhalb der schönen Hochebene dieses Dorfes, stehen im finstern Tannenwald des „Hupfen", einem verwaldeten Hohlweg zu beiden Seiten (jetzt führt ein guter Fahrweg, wie oben erwähnt, teilweise im grösser Hügel eingeschnitten, südlich von beiden, von Allenlüften nach Mauss) zwei Grabhügel, der eine von 15' Höhe (Die wahre Höhe mochte damals bei der dichten Ueberwachung nicht wohl erkenntlich sein; er mass nach übereinstimmendem Urtheil aller Umwohner mindestens 20' Höhe) bei vierzig Schritten Durchmesser, der andere von zwanzig Schritten Durchmesser bei 8 ' Höhe. Der grössere galt als das Hochgericht der Stadt Gümmenen, hiess auch der „Unghürhubel" und war Gegenstand abergläubischer Vorstellungen. Beide wurden 1847 geöffnet.

Abb. 199 Goldener Hals- und Armschmuck aus Allenlüften: Um 550 v. Chr. Punziertes Goldblech. Durchmesser des Halsreifs ca. 18,5 cm, Breite 3,7 cm, Gewicht 74,2 g; Durchmesser des Armbands ca. 7,0 cm, Breite 4,8 cm, Gewicht 12,5 g. (Foto: H. Moll im BHM)

a) Der grössere, aus blosser Erde aufgeführt, enthielt unzählige Kohlenparzellen, nebst einigen zerstreuten Klümpchen gebrannter Thonerde, und barg 10' tief, im Mittelpunkt, unter drei grösseren, skiagraphisch bearbeiteten Steinen, von welchen der eigentliche Deckstein ein flach gespaltener Rollstein war, eine Lage von verbrannten Menschengebeinen und 1 ' tiefer, noch über der aschen- und kohlenhaltigen Brandstelle, eine vermoderte eichene Kiste. In dieser fand man Beste von grob gewobenem, braunem Wollentuch und von Lederwerk, einige Miniatursteinbildchen, ein längliches, oben dreiseitig zugespitztes Holzartefact, welches einem Kunkelstocke ähnlich sieht, überdies folgende Bronzestücke :

1) eine kleine, zierliche Kleiderhaft ; 2) dünne, spiralförmige Handgelenk-Ringe, die zum Theil schraubenförmig ausgewunden sind ; 3) zwei vierkantige, an der Aussenseite mit ausgehöhlten Ovalen verzierte Armringe und zwei gebauchte, mit keltischen Strich- und Kreisornamenten reich punzierte Armhandschuhe oder Armschlaufen, überdies ganz minime Bronzeknöpfchen, die, in Lederwerk eingefügt, zu einer Art von beschupptem Putzkleid gehören mochten. Nach der Beschaffenheit des feinen Bronze-

schmucks und nach der muthmasslichen Bestimmung des Holzartefactes zu schliessen, ist dieser Grabhügel einer angesehenen weiblichen Person errichtet worden.

b) Der kleinere Grabhügel, welchen, wie den grösseren, Schatzgräber auf der Seite schon angetastet hatten, ist ebenfalls ein Brandhügel; er enthielt zwei mächtige Steinlager von grossen Kieseln und Bruchstücken erratischer Blöcke ; das obere barg 3 ' tief eine einfache Kleiderhaft mit bogenartigem Rücken, das untere 6 ' tief eine unverzierte Aschenurne von schwärzlicher, körniger Masse.
Neben diesen Grabhügeln, von welchen wenigstens der grössere eher der keltisch-helvetischen als der römisch-helvetischen Zeit angehören dürfte, liegen einige unregelmässige Erdhöcker, die muthmasslich ebenfalls alterthümliches Menschenwerk sind. Von diesen Erdhöckern ist keine Spur mehr bemerkbar; sie müssen durch Cultur vollständig verebnet worden sein.
Übrigens geniesst man kaum hundert Schritte unterhalb dieser Stelle (jetzt geniesst man schon von den Hügeln aus der prächtigsten Fernsicht nach SW., W. und N.) von den schönen Hochfeldern bei Mauss einer prächtigen Fernsicht, und da es bekannt ist, dass Grabhügel vorzugsweise an hochgelegenen, aussichtsreichen Punkten errichtet wurden, so ist es nicht denkbar, dass man geflissentlich den finstern Tannwald zur Grabstätte ausersehen haben würde; sondern es sind diese Grabhügel ohne Zweifel beim unbewaldeten Zustande der Gegend errichtet worden; auch existierte der Hohlweg gewiss schon damals."

Nachdem ich mich mit der Besitzerin des Landes, Frau Scherler geb. Spycher in Mauss, wegen der Ausgrabung verständigt hatte, wobei wir uns verpflichten mussten, beide Hügel in befriedigender Weise zu verebnen, begann ich Mittwoch den 9. September die Untersuchung der Überreste des grossen oder „Unghürhubels". Ich liess zuerst die von der Abtragung des Hügels rings herum aufs Land geworfene Erde nochmals durchhacken und genau untersuchen. Auf der Südseite, gegen den Weg hin, war die meiste Erde in eine Grube geworfen worden, aus welcher die Bauern der Umgegend seit einem Jahrzehnt Erde für die Felder geholt hatten. Hier liess ich die frisch geworfene Erde nochmals mehrere Fuss tief abstechen, ohne jedoch mehr zu finden, als zahlreiche zerstreute Kohlenpartikelchen. Sodann liess ich am Bande der noch deutlichen, künstlichen Erhöhung, welche der Hügel noch bot, parallel mit der Peripherie desselben einen halbkreisförmigen 5-6' tiefen Graben ziehen. Hierbei kamen wir in circa 4½ ' Tiefe auf die rohe, nie gerührte Grunderde, welche bedeutend kiesiger und von anderer Farbe war. Auf der äussern Seite des Grabens hörten die Kohlenpartien beinahe ganz auf, während sie auf der inneren Seite häufiger wurden. (Siehe Tab. II, I. Situationsplan.) Ebenso zeigten sich, unregelmässig im Boden gemengt, hie und da Rost und Überreste vermoderter Holzbestandtheile.

Als der Kreisgraben auf beiden Seiten gegenüber des Mittelpunktes des Tumulus angelangt war, liess ich von beiden Seiten zugleich gegen die Mitte hin, in derselben Tiefe, einen Graben ziehen. Hier nun fanden sich (siehe * * * * auf dem Grundriss des grossen Hügels) die zahlreichen eisernen, verrosteten, gebrochenen Überbleibsel verzierter Beschläge, deren Bedeutung ich mir Anfangs nicht klar machen konnte, bis sich ein Bruchstück einer eisernen Badschiene mit Nagel fand: Länge 1', Breite 1". Diese eisernen Bruchstücke lagen, mit Kohle und Aschenparzellen, sehr zerstreut in derjenigen Art Erde, welche die Arbeiter Zieger nannten und in welcher sie auch die Goldbänder gefunden hatten. Es ist dies eine mit feiner Asche stark durchmengte tonige

Erde, welche stellenweise auch mit feinem Rost durchsetzt war. In diesem Graben, gegen die Mitte zu, fand sich auch der hohle Knopf einer Fibula von Bronze (siehe Tab. III, Fig. 3). Der gegen die Mitte von West nach Ost gezogene Graben war weit schneller von Erfolg begleitet. Circa 12' von dem äusseren Graben, nach der Mitte zu, stiessen die Arbeiter bald auf grössere Steine, welche, sorgfältig von Erde entblösst, in ihrer ursprünglichen Lage gelassen wurden. Wir waren gerade auf die südwestliche Ecke eines Steinbettes gestossen, welches sich rechtwinklig auf der einen Seite gegen 8 ', auf der andern Seite 5 ' weit hinzog. In kurzer Zeit war das Ganze unversehrt abgedeckt und lag, genau mit dem natürlichen Boden in einer Ebene, circa 5' tief unter dem vorigen Verebnungsniveau offen da.

Abb. 200 Die Stelle im Gelände bei Allenlüften, wo sich einst der „Unghürhubel" erhob (Foto: H. Moll)

Aus rohen Feldsteinen und kleineren erratischen Blöcken und Glacialgeschieben war, sehr regelmässig und fest zusammengefügt, eine altarähnliche 1 ½ Fuss hohe Bettung aufgebaut. Der Band war aus grösseren Blöcken, die meist auf der schmalen oder spitzen Seite standen, aufgeführt, so dass dieser höher aufgebaute Band meist ½ bis 1 ' über das vollständig flach gemauerte Innere hervorragte. Die Form des Baues war oblong, genau in der Hauptaxe von Nord nach Süd gelegen; grösste Länge 8 ' 5 ", mittlere Breite 5 ' 5 " ; die 4 Ecken des Baues waren durch sehr grosse Blöcke gleichsam befestigt, deren grösster in der SW-Ecke wohl an die 2 Centner wog. Das Innere des Baues, welches eine Länge von circa 7 ' auf 3-3½ ' Breite, war sehr dicht aus flachen Kieseln und fest-gestampftem Lehm gemauert und bis 2 Zoll hoch mit erdiger Kohle bedeckt; ja, stellenweise waren die Steine wie von Kohlen zusammengekittet und liessen sich nur schwer mit dem Spitzhammer auseinanderreissen. Überdies lagen zahlreiche calcinierte Knochenfragmente herum, wie auch auf der Nordseite unter Kohle noch unverbrannte Knochensubstanz wie von einer Hirnschale, auf den Steinen klebte, sowie auch rings um die Brandstätte, wohin der Wind solche mochte vertragen haben. Alle Steine, auch diejenigen der Einfassung, zeigten Spuren von starker Feuereinwirkung, wie auch von den gefundenen Eisenfragmenten einzelne Spuren von Anschmelzung zeigen.

Auf der Südseite der Brandstätte nun lagen, angelehnt an den grossen Eckstein, die sehr mürben und zerbrechlichen Scherben eines grösseren Topfes von halbge-brannter Erde mit zahlreichen eingebackenen Quarzkörnern und wohlerhaltenen Glimmerblättchen. Herr Dr. Ferdinand Keller hat sich die Mühe genommen, aus den Fragmenten, die alle einem Gefäss angehören, die Form desselben herauszubringen. Herr Dr. F. Keller schreibt uns darüber : „Was die Thonscherben betrifft, so gehören alle Stücke einer grossen Vase, die 19,5 cm in die Höhe und an der Öffnung 35 cm im Durchmesser hat, mit Ausnahme eines einzigen ganz kleinen Bruchstücks eines noch grösseren Geschirrs, dessen Wandung 3 mm dick war. Dieses Stück gehört ohne allen Zweifel zu den Scherben, die beim Aufbau in den Körper des Hügels eingestreut worden sind. Die Asche des hier Bestatteten hat diese Vase nicht enthalten, auch nicht die verbrannten Knochen eines Thieres, da ich einzelne Partikeln derselben beim Reinigen der Scherben hätte bemerken müssen. Es war vielmehr eine Speiseschale, deren ja gewöhnlich eine Mehrzahl dem Todten beigegeben wird, um denselben mit fester und flüssiger Nahrung reichlich zu versehen. Die Schale ist aus Letten, dem Granitkörner - man bemerkt Kiesel, Feldspath, Glimmerkörner darin - beigemengt sind, verfertigt und aus freier Hand geformt, wie die ungleiche Dicke der (verhältnismässig sehr dünnen) Schale und die von Schabinstrumenten herrührenden Striche im Innern beweisen. Sie war ferner am offenen Feuer und schlecht gebrannt, weshalb die Öffnung nicht kreisrund blieb und die Materie sich im Wasser allmälig auflösen würde. Bemalt, d. h. roth oder schwarz angestrichen war die Vase nicht. Im Zusammensetzen der Fragmente bin ich so weit gegangen, bis ich die Form des Gefässes mit Bestimmtheit feststellen konnte. - Wir haben es also hier mit einem wohlerhaltenen Brandgrabe, Bustum, zu thun. (Conf. v. Bonstetten, Recueil d'Antiq. suisses, Tab. XXVIII.)

Weder unter der Einfassung noch unter dem dicht gemauerten Innern fand sich mehr eine Spur von Alterthümern, da man schon 2 ' tiefer auf den wilden, nie gerührten Grund kam. Einziges Bindemittel der Steine war Lehm, der stellenweise sehr fest gestampft gewesen zu sein schien.

So hatte denn die Abtragung des grösseren Grabhügels von neuen Fundstücken nichts weiter geliefert, als die sehr unvollkommenen eisernen Bruchstücke der Beschläge eines Wagens und das wohlerhaltene Brandgrab mit der zu Füssen des Bustums deponierten Urne. Glücklicherweise vernahm ich, dass ein Stück der vorerwähnten Bronzeschnalle noch im Besitz eines Bauern in Mauss sei, welcher sie am Tage des Goldfundes auf der durchwühlten Erde aufgelesen hatte. Nach längeren Unterhandlungen gelangte ich in den Besitz dieses das Schnallenstück von Vögeli sehr glücklich ergänzenden und vervollständigenden Gurtbeschläges. Es besteht aus dünnem Bronzeblech, auf welchem fünf erhabene Rippen getrieben sind, auf deren jeder fünf Längsstreifen fein eingraviert sind.

Das Schlussstück des Beschlages besteht auch aus einem oblongen, rechtwinklig geschnittenen doppelten Bronzeblech-Rahmen mit 5 Stiften, welche runde Knöpfchen zeigen. An dem Rahmen ist ein kleiner, ziemlich offener Haken zum Einhängen der Schnalle angebracht.

Der kleine Hügel

Als nach der Abholzung des Hupfenwaldes auf der westlichen Seite des von Allenlüften nach Mauss führenden Weges das Land in Kulturland umgewandelt wurde, zeigte sich die Notwendigkeit eines querfeldein führenden Weges behufs Zu- und Abfuhr auf die Felder. Dieser im Jahr 1851 oder 52 angelegte Feldweg schnitt nun in den westlichen Teil des kleinen Hügels ein. Hier fand sich, kaum 2' unter der Oberfläche des übrigens damals schon sehr bedeutend abgetragenen und alterierten Hügels, unter mehreren zusammengetragenen Feldsteinen eine aus einer Anzahl runder Kettenglieder bestehende bronzene Kette mit, wie die Leute sich ausdrückten, einem daran hängenden Pettschaft von Bronze. Es erinnert diese Kette sehr an ähnliche in keltischen Grabstätten gefundene bronzene Halsketten. Das sogenannte Pettschaft kann sehr wohl ein kleines bronzenes Angehänge gewesen sein, wie ein solches an einer Kette von Kirchenthurnen die bernische Antiquitätensammlung besitzt und ähnliche von Oberhofen v. Bonstetten in seinem Becueil etc., Tab. XXVII. abbildet. Vergleiche auch ebendaselbst Tab. XXI. Seite 43 (Kette von Gempenach unweit Gümmenen) ; ebenso: Second supplément. S. 12. Pl. IX. 6 (von Jerisberg unweit Gümmenen) ; ferner : Troyon, Habitations lacustres, Pl. XVII. 22 b. (von Vivis). Der Finder dieser Kette, ein Hüni von Mauss, brachte dieses Fundstück nach Bern, und da es beim Goldschmied und Gürtler nichts gelten wollte, wurde es zu altem Eisen geworfen und mit diesem einem Metallhausierer verkauft und ging leider auf diese Weise verloren.

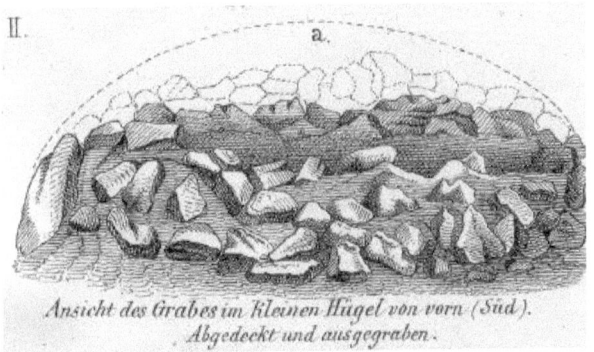

Abb. 201 Ansicht des Grabes im kleinen Hügel [126]

Ich liess den kleinen Hügel vom Feldweg aus angreifen, von wo ich gleich in der ganzen Höhe von 8 ' ebenen Wegs eindringen konnte. Die Erde war feiner Lehm mit Kohlenparzellen gemengt ; stellenweise zeigte sich viel sogenannter Zieger, d. h. stark mit Asche durchsetzte Erde. In der Mitte des Hügels fanden wir, unordentlich durcheinander geworfen, einige grössere Feldsteine; auch war der Boden daselbst offenbar schon gerührt worden, so dass kein Zweifel war, dass wir hier den nach der Untersuchung von 1847 wieder in den Graben geworfenen Steine gefunden hatten, aus welchen das damals geöffnete Grab gemauert gewesen war. Schon glaubte ich, wir würden hier gar nichts mehr auffinden, als die Arbeiter circa 5 Fuss westlich vom Mittelpunkt auf ein Steinbett stiessen.
Sorgfältig wurde abgedeckt und Stein auf Stein gelassen, und zu unser aller Erstaunen kam ein sehr regelmässig und gut gebauter gewölbartig construirter Steinhaufen zum Vorschein, der auf 9 ' Durchmesser sich circa 3 ' hoch erhob. Dieser gewölbeartige Bau ruhte auf 5 grossen Ecksteinen, welche offenbar dem Ganzen Festigkeit geben sollten. Nach oben zu wurden die Steine kleiner und waren meist auf ihrer schmalen Seite eingesetzt. Das Bindemittel war sehr zäher Lehm und offenbar festgestampfter Ton.

Der höchste Teil des Steinhaufens war wie eingedrückt und zeigte eine Vertiefung von einem halben Fuss Tiefe, welche jedoch gleich der ganzen Oberfläche mit Steinen belegt war. Von Kohlen oder Brandspuren an und auf den Steinen zeigte sich nichts.

Bei der Durchsuchung des Innern des Steinhaufens fand sich leider nichts ganz Erhaltenes mehr vor. Unter den Decksteinen und dem zähen Lehm zeigte sich eine sehr lockere, reichlich mit Asche und Rost durchmengte Erde und in einer Tiefe von 2½ Fuss nur drei sehr verwitterte Scherbenbruchstücke von roh gebrannter Erde und eine Menge reinen, erdigen Eisenrosts. Es mochte also da unter der Einsenkung des Steinhaufens eine durch die Zeit und Feuchtigkeit ganz zerstörte Urne und vielleicht ein eisernes Geräthe oder Waffenstück gelegen haben.

In der Nähe des Steinhaufens, höchstens 2 Fuss von den obersten Steinen desselben, fand sich das vollständige Skelett eines circa sechs Wochen alten Ferkels (wie im Tumulus von Landstuhl. [Bonstetten, Recueil d'ant., Supplément. Pl. 21, avec offrande de porc), nach der Bestimmung von Herrn Dr. Uhlmann, und 1½ Fuss vom Steinhaufen entfernt, in gleicher Tiefe, ein kleines Hufeisen.

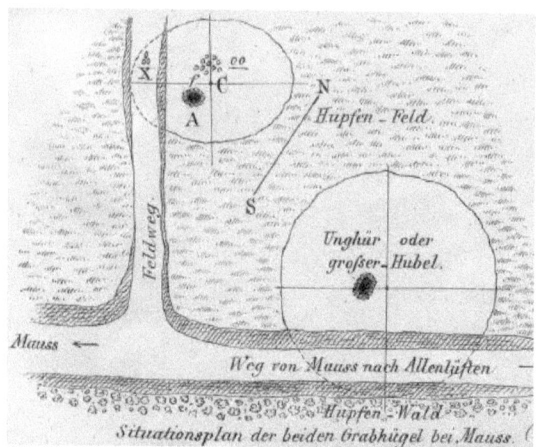

Abb. 202 Situationsplan der beiden Grabhügel in der Publikation von E. von Fellenberg und A. Jahn [126]

Dieses sind die Resultate der Umgrabung und Verebnung der beiden Tumuli des Hupfenfeldes. Wir sehen sowohl im grösseren wie im kleinen Hügelgrabe je zwei Begräbnisstellen, und zwar im grösseren (siehe oben Herrn Jahns Beschreibung des grossen Hügels) zwei an verschiedenen Stellen in *ungleicher* Höhe (denn die letztentdeckte Brandstelle lag tiefer als die von Herrn Jahn entdeckte) des Tumulus liegende Brandstellen (bustum). In dem Mantel des Grabhügels liegen an verschiedenen Stellen, theils in blosser Erde, theils unter zusammengetragenen Steinen, den Todten gewidmete Beigaben herum.

Im kleinen Tumulus fand zuerst Herr Dr. Jahn zwei mächtige Steinlager von grossen Kieseln und Bruchstücken erratischer Blöcke, und wir entdeckten südwestlich davon im gleichen Tumulus noch ein wohlerhaltenes Steinbett. Diese beiden Steinlager gehören nicht zur Kategorie der Bustum, sondern charakterisieren sich als sogenannte Steinkerne, noyaux de pierres. (Siehe v. Bonstetten, Recueil etc., Tab. XXVIII.)

Vergleichen wir nun zuerst die im grösseren Hügel aufgefundenen Gegenstände mit solchen aus andern Grabhügeln, so wird sich aus der Analogie der Metalle, Formen und Gegenstände die Zeitperiode mehr als annähernd genau bestimmen lassen.

Setzen wir die zusammengehörigen Stücke des Gurtbeschläges von Bronze zusammen, so erhalten wir beide Endstücke eines in ein Schnallenstück auslaufenden Gurtbeschlages von 26 cm Länge und 5,4 cm Breite, welches wahrscheinlich auf Leder befestigt war. Vollkommen dieselbe Form, dieselben erhabenen, jedoch nicht mit Streifen versehenen Rippen, ihrer 6 statt 5 und weniger erhaben, aber schärfer, dieselben Endrahmen mit fünf in Knöpfchen endenden Stiften, finden sich an einem aus dem Tumulus von Rances stammenden Gurtbeschläge, welches auch in der Form des Hakens an der Schnalle mit dem unsrigen übereinstimmt. (Siehe v. Bonstetten, Recueil d'antiquités Suisses. Tab. XXVI. Fig. 2.)

In den Hallstatter Gräbern (siehe Abbildungen der in den Hallstatter Gräbern aufgefundenen Alterthümer, Originalexemplar colorirt, in der bern. Stadtbibliothek) finden wir auf verschiedenen Bronzeblech-Artefacten und Gurtschnallen ganz dieselben Schlussrahmen mit identischen Knöpfchen; jedoch finden sich die gestreiften Rippen in dieser Weise auf keinem Gurtbeschläge vor.

Ebenso haben die Bronzeknöpfchen unseres Gurtbeschläges gleiche Dimensionen wie die Nietknöpfchen eines von Herrn Dr. Ferdinand Keller im Tumulus von Russikon im J. 1837 aufgefundenen Bronzebleches, welches einem Kessel angehört, der sehr hübsch genietet ist. Das Hohlblech der bronzenen Fibula stimmt in Grösse und Form ebenfalls vollkommen mit den im gleichen Grabe von Russikon gefundenen überein. (Siehe Mittheilungen der antiquar. Gesellschaft in Zürich, Band I, Pag. 34, Tab. 2, Fig. 4 und 5.)

Im Todtenhügel zu Büsingen, Cant. Schaffhausen, fanden sich „vier Gurtbleche, welche alle vermittelst kurzer Nägel mit runden Köpfen auf Lederstreifen befestigt waren, wovon 2 glatt sind und ohne alle Verzierung, das eine 2% " breit und 11" lang, das andere 2" breit und 9%" lang, und am Ende mit Häkchen versehen". (Siehe zürcherische antiquar. Mittheilungen, III. Band: Dr. Keller, die Heidengräber und Todtenhügel der Schweiz, Pag. 33, Tab. VI, Fig. 6 und 7, und Bonstetten, Recueil d'Antiq., Supplément Pl. III, Fig. 3.)

Herr Dr. F. Keller schreibt über die Eisenfragmente: „Was die Eisenstücke betrifft, so scheinen mir dieselben zum Beschläge eines Wagens oder ein Paar Wagenräder zu gehören, und das umso mehr, als auch in andern Grabhügeln Beste von Radschienen entdeckt wurden. Diese Eisenwaren war dem Feuer des Holzstosses ausgesetzt, daher die Verbiegung und der Anfang von Schmelzung bei mehreren Stücken. Mehr als die Hälfte dieser Fragmente sind verloren gegangen, viele Stücke beim Ausheben durch die Arbeiter zerbrochen worden (Nicht während der von mir geleiteten Ausgrabung, wo jedes Bruchstückchen auf das sorgfältigste gehoben wurde.), wie der frische Bruch an manchen derselben zeigt. Der Gegenstand, den diese Ringe etc. von Eisen bekleideten, bestand aus Eichenholz, wovon im Innern derselben Abdrücke zu sehen. Auffallend sind die Abdrücke grober Leinwand auf dem schlangenförmigen Stücke Tab. III, Fig. 9,9a; ich habe bei der Abbildung die Stelle genau bezeichnet." - Das Bruchstück einer Radschiene hat eine Länge von einem Fuss, eine Breite von '1" und zeigt durchweg einen verbogenen Rand. Ein etwas über zolllanger Nietnagel mit starkem

Kopf steckt noch in der Schiene. Der Durchmesser des Rades lässt sich nach diesem Bruchstück zu 26 " bemessen.

Vergleichen wir diese Schiene mit den von Herrn Dr. Jahn in den antiquarischen Mittheilungen von Zürich, Band VII, Pag. 111 beschriebenen aus dem Grabhügel zu Grächwyl, so finden wir eine merkwürdige Übereinstimmung. Herr Jahn sagt daselbst :
„ In einer Tiefe von 7 ' fand sich das Eisenwerk eines zweirädrigen Wagens in Radschienen und Nabenringen vor. Die Radschienen haben eine ziemliche Dicke bei höchstens 1 " Breite und sind auf jeder Seite umgekrämpt; die Nabenringe sind mit Kappen versehen, sehr gut gearbeitet, doch ebenfalls bloss eisern."

Ebenso besitzt die Antiquitätensammlung der Stadtbibliothek ganz gleiche Radschienen und zwei vollständige Nabenringe aus einem Grabhügel bei Diemerswyl, welcher von Herrn Dr. Uhlmann in Münchenbuchsee untersucht und ausgebeutet wurde. Ähnliche fanden sich auch in einem Tumulus im Grauholz. Sehr unvollständig erhaltene Wagenbeschläge signalisiert ebenfalls Herr Troyon bei dem Grabhügel von Rances in Bonstetten, Recueil d'ant. suisses, Pag. 48, Tab. XXVI.

Das im kleinen Hügel neben dem Steingrabe aufgefundene kleine Hufeisen stimmt ebenfalls in Form und Grösse mit einem im Grächwyler Hügelgrabe gefundenen und von Herrn Dr. Jahn in den Mittheilungen der antiquar. Gesellschaft in Zürich, Vol. VII. Pag. 117 beschriebenen überein.
Vergleiche ebenfalls ein in einem der Tumuli von Murzelen gefundenes Hufeisen in v. Bonstetten, Becueil etc., Pag. 50, Tab. VI, Fig. 13."

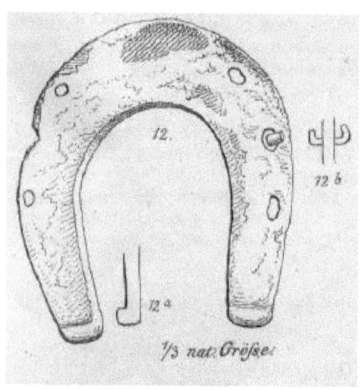

Abb. 203 Hufeisen aus dem kleinen Hügel [126]

[126] von Fellenberg, E. und Jahn A. in: Die Grabhügel bei Allenlüften, Mitteilungen der Antiquarischen Gesellschaft in Zürich, 17, S. 1ff (1870)

31. Münchenbuchsee

31.1. Bäreriedwald

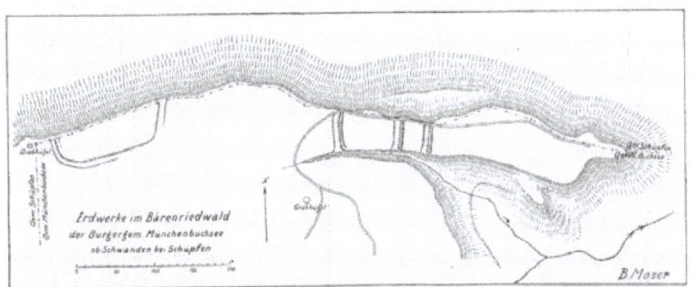

Fig. 23. Plan der Erdwerke (Grabhügel und Refugien) im Bäreriedwald, nordwestlich Münchenbuchsee.

Abb. 204 Auszug aus dem Bericht von König und Nussbaum [127]

„Im Bärenriedwald, dein östlichen Teil eines grösseren, zwischen Münchenbuchsee und Schwanden gelegenen Waldkomplexes, dessen nördliche und westliche Teile aus dem Herrenkohlholz und dem Schwandenbergwald bestehen, handelt es sich um zwei Erdburgen bzw. Refugien und um zwei Grabhügel. Die Lage dieser Erd-werke ist sehr bezeichnend (vgl. Blatt Schüpfen, Nr. 141 des Topographischen Atlasses); sie befinden sich hart an der nördlichen Kante des Schüpbergplateaus, das hier in 650—680 m Höhe steil zu dem um 150 m tiefer gelegenen Lyssbach-Urtenentalzug abfällt. Infolgedessen besassen diese Refugien eine für die Verteidigung sehr günstige Lage. Ihre Ausdehnung und Form ist auf dem beiliegenden, von Geometer B. Moser aufgenommenen Plan, Fig. 23, ersichtlich.

Abb. 205 Der südlicher gelegene Grabhügel (in der Mitte der Abb. 204) im Bäreriedwald
(Foto: H. Moll)

Von den beiden Grabhügeln, die auf unserm Plan, Fig. 23, eingezeichnet sind, ist nicht bekannt, ob sie je einmal untersucht worden sind; von Interesse dürfte die Tatsache sein, dass der Grenzstein zwischen den beiden Amtsbezirken unmittelbar neben einem der beiden Grabhügel steht ; man kennt noch andere Beispiele, wo solche Hügel auf den Märchen verschiedener Landschaften errichtet wurden." [127]

[127] König Franz, Nussbaum F., Neue Beiträge zur Heimatkunde des Moosseetales (Teil 17), in „Pionier der schweizerischen permanenten Schulausstellung in Bern, Band 48, S. 104f (1927)

Abb. 206 Der Grabhügel auf dem Schwandeberg, der hart an der Gemeindegrenze Münchenbuchsee-Schüpfen liegt (Grenzstein auf der rechten unteren Bildseite). (Foto: H. Moll)

„Münchenbuchsee Bäreriedwald, Erdwerk West, 174.003.2008.01, 597720 / 208770 Inventarisation, Grabhügel, Burg, Eisenzeit, Undatiert.

Begehung aufgrund der Meldung einer anstehenden Rodungsaktion im Bereich der Erdwerke Ost und West. Der langgestreckte, 135 × 47 m grosse Siedlungsplatz des Erdwerks West ist auf seiner langen Nordseite durch den tiefen Steilhang des Schwandeberges gesichert, seine übrigen drei Seiten sind durch einen umlaufenden Wall und Graben befestigt. Ca. 20 m westlich vom Erdwerk befindet sich ein Tumulus, dessen Grabfunde von 1859 auf die Hallstattzeit deuten. Über dieses Erdwerk aus prähistorischer Zeit gibt es keine Schriftquellen." [128]

[128] Fundbericht 2008 des Archäologischen Dienstes des Kantons Bern, S. 40

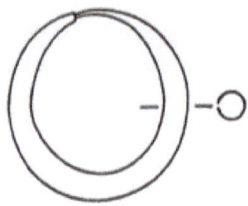

Abb. 207 Grosser Ohrring aus Hohlbronze mit Naht auf der Innenseite und einfachem Verschluss aus Münchenbuchsee; Einzelfund aus dem Moos, 19. Jh. - Museum: BHM Bern.
- Literatur: W. Drack 1959, 23 und Taf. 11, 30. [129]

[129] Drack, W., Zum bronzenen Ringschmuck der Hallstattzeit aus dem schweizerischen Mittelland und Jura, in: Jahrbuch der Schweizerischen Gesellschaft für Ur- und Frühgeschichte Band 55, S. 64 und 81 (1970)

31.2. Limbärgete

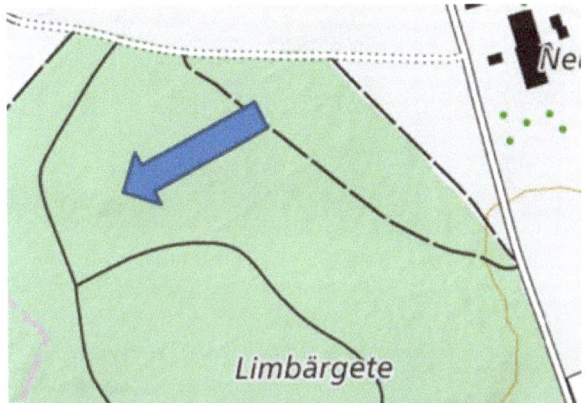

Abb. 208 Die Position des Grabhügels auf der „Limbärgete" von Münchenbuchsee...

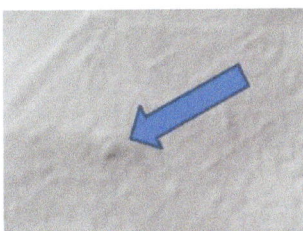

Abb. 209 ... ist auch mit der 3D-Reliefschattierung gut zu erkennen

Abb. 210 Der Grabhügel auf der „Limbärgete" in Münchenbuchsee (Foto: H. Moll)

32. Muri BE

„*Der Spiralring* von Muri weist ungefähr 2½ Windungen auf. Aus flachem Goldblech gewunden, ist er auf der Außenseite gepunzt.

Der zweite Goldring von Muri besteht aus einem einzigen quergerippten Draht, der einen doppelten Reif bildet und zu einer schneckenartigen Platte eingerollt ist.

Abb. 211/212 Der eine der beiden Goldringe von Muri BE, von zwei Seiten betrachtet
(Fotos: H. Moll im BHM)

<u>Die beiden Silberringe</u> von Muri sind eingespannt und kantig gefeilt, dann tordiert und zum Reif aufgewunden worden." [130]

Abb. 213 Die beiden tordierten Silberringe von Muri BE, zusammen mit einem weiteren Silberring
(Foto: H. Moll im BHM)

[130] Jahresbericht der Schweizerischen Gesellschaft für Urgeschichte, Band 21, S. 75 (1929)

„Prächtiger Goldschmuck einer Keltendame in der Mettlen

Ein 1929 geborgenes Frauengrab der Mittellatènezeit aus Muri *Mettlen* mit reicher Trachtausstattung: Fingerringe aus Silber und Gold, Glasarmring, Bronzefibeln, Bernsteinperle." [131]

[131] Villars, Lucien. In: Rubli, Markus F. (Red.) , „Muri bei Bern. Eine Gemeinde – zwei Dörfer",
Einwohnergemeinde Muri bei Bern, S. 132ff (1993)

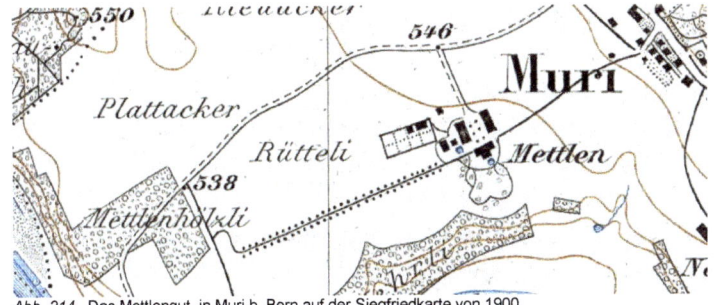

Abb. 214 Das Mettlengut in Muri b. Bern auf der Siegfriedkarte von 1900

33. Neuenegg

„Bei Neuenegg gab es zwei bekannte Fundorte mit Hallstattgrabhügeln: östlich des Dorfes wurden in der ersten Hälfte des 19. Jahrhunderts drei Grabhügel geöffnet, woraus u. a. der bekannte Antennendolch stammt. Zu Beginn dieses Jahrhunderts wurde ein grösserer Grabhügel beim «Schönenbrunnen» von J. Wiedmer-Stern untersucht. An keinem dieser Fundorte kamen nach den vorliegenden Berichten Reste von Wagen zum Vorschein, wie das S. Schiek aus dem Text eines Aufsatzes von Paul Reinecke «Zu älteren Funden vor- und frühgeschichtlicher Zeiten aus Altbayern (Grabhügelfund mit Pferdegeschirr vom Haidforst bei Traunstein)», in: Altbayerische Monatsschrift, 5.Jg., 1905, S. I36ff, besonders S. 143, herausgelesen hat. Dieser Fundort sollte demnach in der Liste 3 bei Schiek gestrichen werden. Literatur: S. Schiek (vgl. Anm. 55), S. 162ff., besonders S. 167." [132]

[132] Drack Walter, Wagengräber und Wagenbestandteile aus Hallstattgrabhügeln der Schweiz, S. 62 (1958

Abb. 215 Neuenegg. Gürtelschnalle mit einem betenden Mann. Nachbestattung in einem hallstättischen Grabhügel. Burgundisch beeinflusst. [133]

[133] Tschumi O., Bern in ur- und frühgeschichtlicher Zeit, in: Berner Zeitschrift für Geschichte und Heimatkunde, Band 3, S. 205 (1941)

33.1. Schönenbrunnen

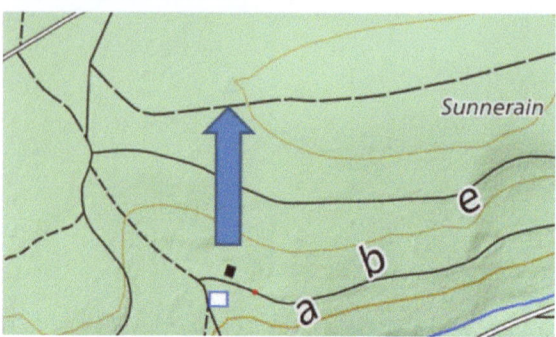

Abb. 216 Die Position des Grabhügels beim „Schönebrunne" (s. blauer Pfeil)

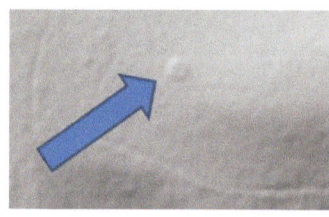

Abb. 217 Darstellung in 3D-Reliefschattierung

„Der Direktor des historischen Museums Bern, J. Wiedmer-Stern, sandte uns auch den folgenden interessanten Bericht :
Unter Übergehung verschiedener Funde, die keine bemerkenswerten Typen enthielten, sei hingewiesen auf zwei Objekte, die in einem, im August 1905 beim Schönenbrunnen oberhalb Neuenegg untersuchten Grabhügel zum Vorschein kamen.

Abb. 218 Bronzefibel; Abbildung aus der Publikation im JBSGU [134]

Auf dem Grunde des Hügels fanden sich nachlässig errichtete, spärliche und unregelmässige Steinsetzungen, von kleinen Brandstellen durchsetzt. Meist zwischen die Steine eingeklemmt, fanden sich einige vereinzelte Scherben, ein paar einfache Bronzeringe, ein schmaler, hübsch ornamentierter Tonnenarmring und zwei Bronzefibeln. Diese (Fig. 11) repräsentieren den in unsern Gegenden seltenen Archäo-Tène-Typus und sind bei weitem das Interessanteste, was uns der Hügel an eisenzeitlichen Objekten lieferte. Besonders seien noch die Einlagen von weissem Email erwähnt, welche die tonnenförmigen Verzierungen auf Fuss und Bügel füllten." [134]

[134] Jahrbuch der Schweizerischen Gesellschaft für Urgeschichte, Band 1, 45ff (1908)

Abb. 219 Der Grabhügel beim „Schönbrunne" (Foto: H. Moll)

33.2. Stoosesbode

Abb. 220 Die geografische Lage der Grabhügel (s. blauer Pfeil) in der Abteilung 39 des grossen Forstes [Karte: „Excursionsgebiet für die Jubiläumsversammlung des Schweizerischen Forstvereins am 22. Sept. 1893"]

„In Abteilung 39 des grossen Forstes, etwa 50 m nördlich der Bramberg-Laupenstrasse, lagen einige Grabhügel, die vom historischen Museum Bern untersucht wurden und über welche von Direktor Wiedmer in freundlicher Weise folgendermassen berichtet wird: „Sieben solcher Hügel liegen in einer Linie von West nach Ost einem Waldweg entlang, zwei weitere südlich neben Nr. 4 und 5. Des alten Buchenbestandes wegen konnten einstweilen nur sechs derselben untersucht werden.

Nr. 1 (von Westen gerechnet) wies bis unter das Niveau des Umgeländes Kohlenspuren und Asche auf, aber keine eigentliche Steinsetzung. Bloss ziemlich genau in der Mitte lagen zwei grössere Steine beisammen und unter diesen eine dreieckige bronzene Dolchklinge (Länge 10,5 cm, Breite oben 3 cm) mit zwei Nietnägeln und Überresten einer hölzernen Scheide ; daneben eine vielfach zerbrochene Bronzenadel (Länge 19,6 cm) mit rundem Kopf und verdicktem Hals. Kopf und Hals sind mit Horizontallinien verziert, die bei letzterem durch schräge Schraffierungen unterbrochen werden. Durch den Hals ist ein Loch gebohrt.

Abb. 221 Einer der sieben Grabhügel in der „Abteilung 39" („St[r]ossesbode") des grossen Forsts (Foto: H. Moll)

Nr. 2 enthielt eine Steinsetzung von ovalem Grundriss, an deren südlichem Rande eine Bronzenadel (Länge 16,6 cm) zum Vorschein kam. Die Spitze ist abgebrochen. Oben sitzt eine sehr fein gearbeitete horizontale Kopfscheibe und den Hals umzieht ein hübscher Ringwulst. Neben dieser Nadel lagen, durch Bronzeoxyd grün gefärbt, die Kronen von 5 menschlichen Backenzähnen, während sich sonst in der spärlichen Asche keine Knochenreste zeigten. Auf das Vorkommen von zweifellos absichtlich nicht dem Leichenbrande ausgesetzt gewesenen Zähnen in Brandgräbern sei speziell hingewiesen. Dr. E. v. Fellenberg fand sie in Hallstatthügeln im Zöpfen bei Aarwangen, der Berichterstatter in solchen bei Subingen (s. Anzeiger für Schweizer. Altertumskunde Bd. X, Heft 1-4, 1908/9) und Bäriswil (Jahresbericht des historischen Museums Bern pro 1908 und untenstehenden kurzen Bericht). In Subingen liess sich in einem Falle nachweisen, dass Zähne von zwei verschiedenen Individuen auf das gleiche Collier gereiht waren (aus Tumulus III). Es muss sich dabei um einen speziellen Brauch handeln, den die Hallstattleute noch aus der Bronzezeit übernommen haben, denn die Hügel im Forst sind nach ihren Beigaben der Bronzezeit, wenn auch dem Ende derselben, zuzurechnen.

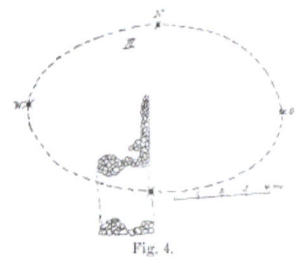

Abb. 222 Der Tumulus Nr. 3, gemäss [135]

Eine neue interessante Erscheinung boten die Hügel 3, (Fig. 4) 4 und 6 in ihren aus sorgfältig geschichteten Rollsteinen hergestellten Steinsetzungen laut umstehenden Abbildung (Fig. 5) nach sorgfältigen Aufnahmen an Ort und Stelle (Fig. 6). Die Formen dieser Setzungen in Verbindung mit der sehr sorgfältig ausgeführten Mauerung - zwischen die grösseren Steine waren überall noch kleinere eingekeilt in der Weise, dass vollständig ebene klare Umrisse entstanden - zwangen einem beim ersten Anblick den Eindruck auf, die Erbauer dieser kleinen Monumente haben ganz bestimmte Figuren (ithyphallische darzustellen beabsichtigt. Bei der Seltenheit des Vorkommnisses wage ich eine präzise Auslegung nicht, weise aber nochmals nachdrücklich darauf hin, dass die Konstruktion eine viel zu sorgfältig ausgeführte war, als dass die Figuren zufällig entstanden sein könnten. Hügel Nr. 5 (Fig. 7) wies eine exzentrische, ovale Steinsetzung auf.

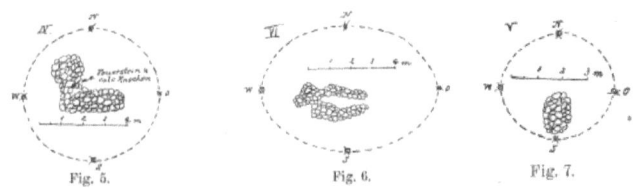

Abb. 223 Die Grabhügel Nr. 4, 6 und 5, gemäss [135]

In den Hügeln 3-6 fanden sich ziemliche Quantitäten Asche über die Steinsetzungen hin und zwischen hin eingesickert, ebenso allenthalben calcinierte verbrannte Menschenknochen in kleinen Bruchstücken. An Beigaben wies nur Hügel Nr. 4 einen einzigen Feuersteinsplitter auf." [136]

[135] Jahresbericht der Schweizerischen Gesellschaft für Urgeschichte, Band 1 S. 39ff (1908)

Gemäss O. Tschumi sind diese Grabhügel in die Bronzezeit zu datieren. [136]

[136] Tschumi Otto, Urgeschichte des Kantons Bern, S. 305 (1953)

33.3. Landstuhl

„Über den Tumulus von Landstuhl bei Neueneck spricht sich Herr von Bonstetten aus : Epoque gallo-romaine : L'offrande du porc est une coutume païenne que l'on retrouve dans des tombes gallo-romaines.

In Gold finden sich in einer der Tombelles d'Anet zwei schildförmige Stücke mit ähnlicher Ornamentik, wie unser vorliegendes Goldband zeigt.

(Confer, v. Bonstetten, Tombelles d'Anet, Planche XIV, Fig. 3. 4. 5. 6. 7.)

Der Verfasser spricht sich im Becueil etc. Suppl., Pag. 22 ff. aus:

„Ornements à cercles méandres etc., époque gallo-romaine, antérieure à la grande invasion."
Die Bronzefundreste mit den heidnischen Opferbeigaben vom Schwein lassen wohl unzweifelhaft auf vorrömische Zeit schliessen. Eisen war ja bekannt.

Münchenbuchsee, 23. October 1869. Dr. UHLMANN." [137]

[137] Mitteilungen der Antiquarischen Gesellschaft in Zürich, Band 17, S. 10 (1870)

Abb. 224 Fundstellen am Landstuhl, Neuenegg (s. blaue Pfeile)

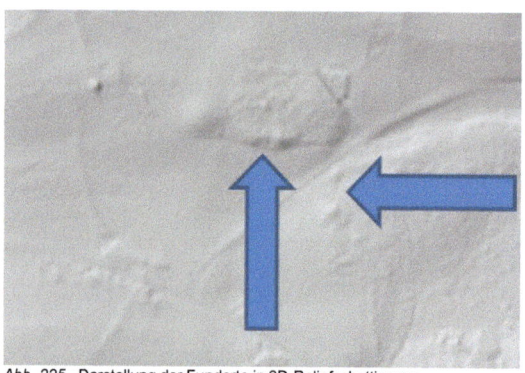

Abb. 225 Darstellung der Fundorte in 3D-Reliefschattierung
(s. blaue Pfeile)

Abb. 226 Einer der Tumuli am südlichen Waldrand zwischen „Landgarbe" und „Schoreholz" (Foto: H. Moll)

Abb. 227 Ein Grabhügel am nördlichen Waldrand des „Schoreholz" (Foto: H. Moll)

33.4. Hinteres Wydenholz

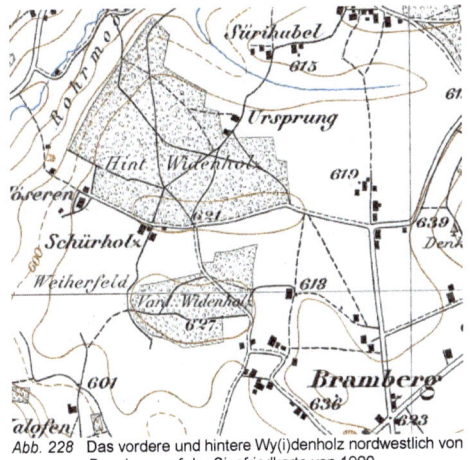
Abb. 228 Das vordere und hintere Wy(i)denholz nordwestlich von Bramberg auf der Siegfriedkarte von 1900

„Neue Vermessung eines hallstattzeitlichen(?) Grabhügels, der schon 1876 von Bonstetten, Quiquerez und Uhlmann als ausgeraubt bezeichnet worden war." [138]

[138] Suter, Peter J. und Bacher, René. In: AKBE 3A, S. 9-74 (1994)

Abb. 229 Der Grabhügel im „hinteren Wydenholz" (Foto: H. Moll)

34. Niederbipp

Abb. 230 Die Position der Fundstellen „Dörisrain", „Rüttihof" und „Egg" (s. blaue Pfeile) auf dem Gemeindeboden von Niederbipp

34.1 Dörisrain (Dürrisrain)

„Fast unmittelbar hinter dem Grenzstein gegen Kestenholz liegt ein sehr grosses Grab. Schatzsucher hatten es schon vor Jahren durchwühlt, wobei ihnen, nach einer Mitteilung von Pfarrer Flückiger in Niederbipp, eine bronzene Urne in die Hände gefallen sein soll. Wer die Schatzgräber waren und was aus ihrer Beute geworden ist, wusste er auch nicht. Immerhin brauchen wir uns durch diese Überlieferung nicht zu sehr betrüben zu lassen, da sie die Wahrscheinlichkeit nicht auf ihrer Seite hat; in all' den vielen Gräbern bis nach Langenthal hinüber ist weder eine Cista, noch eine Situla zum Vorschein gekommen. Das Glaubhafteste ist, dass jene Schatzgräber ein Tongefäss und Bronzeobjekte erbeutet haben. In der Legende schmolz dann, wie dies nicht selten geschieht, Form und Materie zu einem Bronzegefäss ineinander." [139]

Abb. 231 Der Grabhügel im „Dörisrain" (Foto: H. Moll)

34.2 Im Egg

„Grosser Tumulus etwas oberhalb der Strasse Bipp-Aarwangen „im Egg". 1895 schürfte Fellenberg den schon früher von Schatzgräbern arg mitgenommenen grossen Tumulus an und zog einen Graben quer durch. Er fand in arg gestörten Schichten gebratene Eicheln und einige Scherben." [139]

Abb. 232 Der Grabhügel im „Egg" (Foto: H. Moll)

34.3 Rütihof

„Ein mächtiger Brandhügel, in dessen Mitte Fellenberg 1895 einen Schacht grub. Er fand neben Kohlen und Asche einzelne Urnenscherben und einen Pferdeschädel, der von einem später hier verscharrten Tier herrühren dürfte. Kommt es doch oft vor, dass umgestandene Tiere der Bequemlichkeit halber in solche Hügel vergraben werden." [139]

Abb. 233   Der Grabhügel am Waldrand beim „Rütihof"   (Foto: H. Moll)

34.4 Tubebode

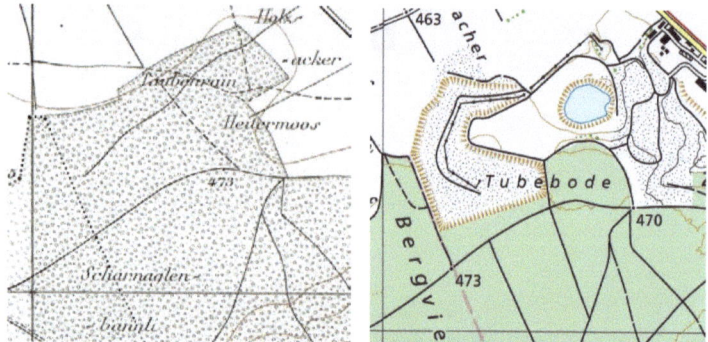

Abb. 234/235   Die Landschaft beim einstigen „Scharnaglenbännli" hat sich durch den Kiesabbau stark verändert. Vom „Taubenrain" (s. Siegfriedkarte) ist noch der „Tubebode" geblieben.

„Im Scharnaglenbann, hart an der Waldgrenze liegt ein Tumulus von wohl 20 m Durchmesser. Die Oberfläche zeigt schwache Spuren einer frühem Anschürfung von unbekannter Hand." [139]

Abb. 236   Auf dem „Tubebode" befindet sich heute ein wunderschönes Moor-Biotop (Foto: H. Moll)

[139] Wiedmer-Stern J., Archäologisches aus dem Oberaargau, in: Archiv des Historischen Vereins des Kantons Bern, Band 17, Heft 2, S. 343f (1903/1904)

35. Niederönz

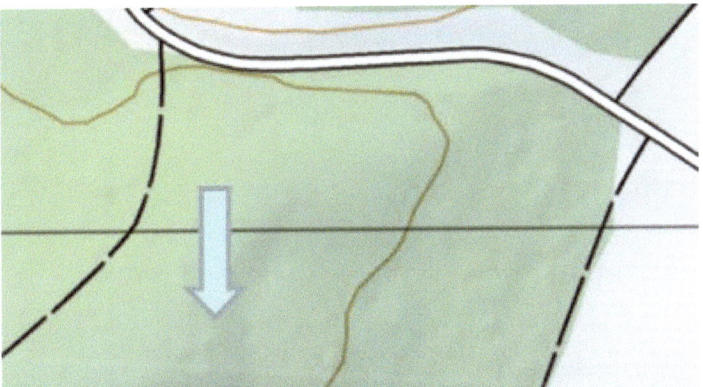

Abb. 237   Die Position (s. blauer Pfeil) des in Abb. 238 gezeigten Grabhügels auf dem „Oenzberg".

„Bonstetten erwähnt ohne genauere Angabe aus dem Önzberg einen Tumulus in seiner archäologischen Karte.
Das 3-4 Fuss hohe Grab war vom Bodeneigentümer zerstört worden, wobei eine Lanzenspitze und mehrere Bronzeobjekte zum Vorschein kamen. Die Funde sind verschollen." [140]

[140] Wiedmer-Stern J., Archäologisches aus dem Oberaargau, in: Archiv des Historischen Vereins des Kantons Bern, Band 17, Heft 2, S. 454 (1903/1904)

Abb. 238 Grabhügel auf dem „Oenzberg" (Foto: H. Moll)

36. Orpund-Zihlwil

Abb. 239 Die geographische Lage des grössten Tumulus (s. blauer Pfeil) gemäss [141]

„Von mehreren Grabhügeln in der sogenannten «Alten Ban», d. h. im südlichen Ausläufer des Längwaldes wurde 1846 der grösste von A. Jahn (?) «gründlich» untersucht. Koord.-Punkt 588 500/220200.
Offenbar zu ebener Erde im Zentrum hat sich ein Steinkern befunden («im Mittelpunkt der Tiefe des Hügels, der als Kern gleichsam mit einer Hülse von gespaltenen Granitstücken verwahrt war»). «Durch den ganzen Hügel kamen Kohlen und Scherben vor. Offensichtlich unter dem Steinkern lagen Skelettreste mit «Bei-gaben»: «eine niedliche Kleiderheftnadel *(*Bügelfibelreste*)*, verschiedener, zum Teil in keltischer Streichmanier verzierter Ringschmuck (d. h. kleine Bronzeringlein, die zur Gürtelgarnitur gehört hatten), ein in grösseren Fragmenten erhaltenes vier-eckiges Blech mit durchgeschlagenen Kreis-, Strich- und Punktverzierungen ... (d. i. ein fragmentiertes Gürtelblech*)*. «An einer feinen, bronzenen Kette, die aber sogleich in Grünspanstaub zerfiel, befand sich eine wohlerhaltene Glaskoralle, die aus acht länglichen Wulsten mit schräggewundenen, schwarzen und gelben Streifen besteht» (gemeint ist die Glasperle). Unweit dieses Begräbnisses muss auch Keramik zum Vorschein gekommen sein: «Von Töpferware fand man mehrere kleine Krüglein

aus grauer und brauner Erde; mit dem Knochenresiduum und mit den übrigen Beigaben lagen sie, theils ganz, theils zerbrochen, in- und durcheinander » Da Jahn von einem «Brandhügel», d.h. einem «Depositorium von Leichenbrandresten» spricht, müssen starke Überreste von Brand vorhanden gewesen sein, so dass die Annahme zu Recht besteht, es wäre zumindest noch eine Brandbestattung (?) vorhanden gewesen. (Zitate nach A. Jahn).

Literatur: A. Jahn, Der Kanton Bern deutschen Theils, topographisch-antiquarisch beschrieben (usw.) (Bern und Zürich 1850) S. 90 f. - 0. Tschumi, Urgeschichte des Kantons Bern (Bern und Stuttgart l95 3) S. 321.
Museum: Museum Schwab, Biel." [141]

[141] Drack Walter, Ältere Eisenzeit der Schweiz, Kanton Bern, I. Teil, S. 28 (1958)

Abb. 240 Gürtelblech aus Zihlwil (Gemeinde Orpund) [142]

„Fragmente eines Gürtelbleches, Bronze, mit punziertem Dekor. Die vorhandenen Fragmente lassen weder Breite noch Länge, jedoch trotzdem weitgehend den einstigen Dekor erkennen. Sicher war die Schmalseite durch eine mit ansehnlichen getriebenen Buckeln belebte schmale Zierzone ausgezeichnet und nach außen hin durch eine starke Rippe abgegrenzt. Die Langseiten wiesen eine unverzierte Randzone auf. Die Schaufläche muss recht groß und reich gewesen sein. Sie war von einem Zierband umzogen, das seinerseits aus einfachen Rippen und einer Doppellinie aus x-Motiven bestand. Gegen die Innenseite zu folgten dann 3 parallele Rippen, und ebenfalls durch je 3 Parallelrippenlinien müssen die eigentlichen Zierzonen gegeneinander abgetrennt gewesen sein. Von diesen Zierzonen sind noch vier fassbar. Je außen dürfte eine Zone gelegen haben, die kontinuierlich mit mäanderartig gebrochenen Doppellinien und dazwischen mit perlbandartig aufge-reihten Buckelchen gefüllt war. Dann folgten alternierend gehaltene, in den Motiven aber gleichförmig gestaltete Zierzonen: Je durch senkrechte Doppelrippchen gegeneinander abgegrenzt, wechselten Zierleisten mit je 3 Augenmustern und x-Motiven zwischen «Perlbuckel-Linien» miteinander ab. - Aus einem der Grabhügel im sogenannten «Alten Ban» bei Zihlwil, Gem. Orpund, 1846 ausgegraben.
- Museum: MSCH Biel. - Literatur: W. Drack 1958, 28f, Taf. 26, 2." [142]

[142] Drack Walter, Die Gürtelhacken und Gürtelbleche der Hallstattzeit aus dem schweizerischen Mittelland und Jura, in: Jahrbuch der Schweizerischen Gesellschaft für Ur- und Frühgeschichte S. 48 und Tafel 9, Band 54, (1968-1969)

37. Rapperswil - Bittwil

Bittwil, eine Ortschaft der politischen Gemeinde Rapperswil, wird an mehreren Literaturstellen im Zusammenhang mit dem Fund von Grabhügeln erwähnt. Es ist jedoch offensichtlich, dass dabei die Tumuli im sogenannten „Küngelihübel" angesprochen werden, die auf dem Boden der Gemeinde Messen im Kanton Solothurn liegen:

„In einem Grabhügel, der angeschnitten wurde, fand man ein Eisenmesserchen (Anzeiger für Schw. Altertumskunde 1907, N. F. IX, p. 1)." [143, 144]

[143] Jahresbericht der Schweizerischen Gesellschaft für Urgeschichte, S. 51 (1908)
[144] Tschumi Otto, Urgeschichte des Kantons Bern, S. 330 (1953)

„In der Nähe von Bittwil wurden im Mai einige Grabhügel, die tief im Walde versteckt lagen, durch Herrn Direktor Wiedmer-Stern aufgedeckt. Die Ausgrabung ergab germanische Bestattungen aus der Völkerwanderungszeit. Die Ausbeute an Funden war eine verhältnismäßig geringe; doch fand man immerhin die Reste einer zer-störten Urne, Gurtschnallen, Messer und den für germanische Gräber so charakteristischen Scramasax. - Der Bund, 7. Juni 1909." [145]

[145] Anzeiger für Schweizer. Altertumskunde 1908, N. F. IX, S. 186

„Direktor Wiedmer untersuchte einige Grabhügel im Walde bei Bittwil. Er fand eine in Scherben liegende Urne, frühgermanische Gürtelschnallen, Messer und einen Scramasax. (Anzeiger für Schw. Altertumskunde 1909, N.F. XI p. 186 und 189)." [146]

[146] Jahresbericht der Schweizerischen Gesellschaft für Urgeschichte, S. 82 (1909)

Abb. 241 Zwei der fünf Tumuli im „Küngelihübel" (Foto: H . Moll)

„Die im 1. JB. SGU., 1908, 111, erwähnten Tumuli im Küngelihübel liegen (TA. 139, 54 mm v. r., 79 mm v. u.) an der sicher uralten Straße von Brunnental über Bittwil nach Zimlisberg. Es sind deren noch fünf erkennbar. Die frühmittelalterlichen Brandgräber stellen zusammen mit den naheliegenden der Gemeinde Scheunen das Problem, ob nicht die in der Nähe befindliche „Burg" von Messen der Sitz eines altalamannischen Führers (nicht der Edlen von Messen) gewesen sei und die Grabhügel damit in

Zusammenhang stehen. E.Tatarinoff in Präh.- arch. Stat. d. Kts. Sol. 6. Folge, 1932."
[147]

[147] Jahresbericht der Schweizerischen Gesellschaft für Urgeschichte, 24, S. 99 (1932)

38. Safnern

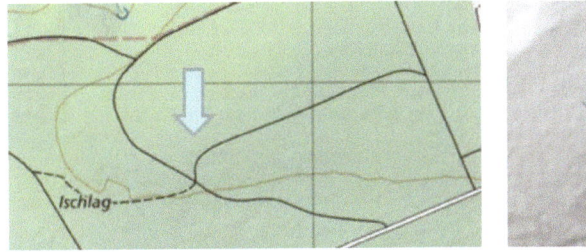
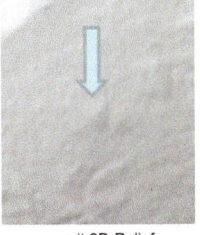

Abb. 242/243 Die Position des Grabhügels (s. blauer Pfeil) im „Ischlag"... ... mit 3D-Reliefschattierung

„Aus einem Grabhügel aus keltischer Zeit stammen ein eisernes Schwert, der älteren La Tène Zeit angehörend, ferner eine Bronzesichel, sowie eine eiserne Tabakpfeife, von welcher Reber in seiner Studie über prähistorische Tabakpfeifen kürzlich in diesen Blättern berichtet hat." [148]

[148] Bühler A., Die Ruinen auf dem Klosterhubel beim Bartholomähof im Büttenberg, in: Anzeiger für schweizerische Altertumskunde, Band 19, S. 18 (1917)

Abb. 244 Der Tumulus auf dem Gemeindegebiet von Safnern ist momentan mit jungen Eichen bepflanzt (Foto: H. Moll)

39. Schalunen

„Der Platz, wo der Ring gefunden wurde, liegt etwas westlich oben im Dorf, an einer nach Alpen und Jura aussichtsfreien Gegend. - Als ich die Lokalität diesen Nachsommer besuchte, war der Acker mit bald reifem Korn bepflanzt und erlaubte daher momentan keine weiteren Nachforschungen. Er ist gegenwärtig beinahe eben, und fällt nur allmählig gegen Westen ab. Er soll vor circa 50 Jahren noch Allmend (Weideplatz) gewesen fein und große alte Eichen getragen haben. Der jetzige Besitzer, Hr. Sterchi, Landwirth, tauschte denselben früher vom Staat ein und ließ die Waldresten ausreuten. Zwei geringe hügelähnliche Erhöhungen, welche darauf etwa 50 Schritte voneinander entfernt lagen, (ob es altheidnische Grabhügel, Tumuli gewesen, ist leider nicht mehr zu entscheiden), sind durch Abtragung zum Verebnen in nebenliegenden Vertiefungen verschwunden. Den Rest hat der Pflug beim Umackern horizontal gemacht. Gegenwärtig ist alles eben, wo die ungefähre Fundstelle des Ringes mir verzeigt wurde. Derselbe sei 1864 beim Pflügen zu Tage gekommen. Dem oben genannten Knaben zu Liebe wurde er, für Messing gehalten, wie. altes Eisen aufbewahrt. Ob andere Gegenstände in feiner Nähe liegend noch vorhanden gewesen, wurde nicht beachtet; selbst nicht einmal Knochen wurden dabei bemerkt." [149]

Abb. 245 Der goldene Armring von Schalunen, gefunden 1864, in der Originalpublikation von 1867 [149]

Abb. 246 Der goldene Armring von Schalunen, wie er sich heute präsentiert (Foto: H. Moll im BHM)

Die Form des Ringes, welchen die beiliegende Tafel, nach genau natürlicher Größe, in der untern Figur von der Seite, in der obern von oben gesehen, darstellt, ist beinahe noch kreisrund (er wurde vermuthlich durch den Druck in der Erde etwas verbogen), und besteht aus einem massiv runden, ganz glatten und unverzierten Drath, welcher vermuthlich gegossen und erst in erwärmtem Zustande rundlich aus= gehämmert worden ist; dadurch wurden die beiden Enden nach und nach schlangenschwanzähnlich dünner und kleiner, und das Ganze erhielt durch Umbiegen die Kreisform und Ring= gestalt, indem das eine dünne Ende des Draths schnörkelartig um das entgegengesetzte Ringende zehnmal aufgewunden wurde. Er behielt so eine noch ganz geringe Beweglichkeit zum Er= weitern oder Verengern des Durchmessers, indem das um= wundene Stück in dem umwindenden frei liegt und ein wenig darin hin und her geschoben werden kann.

Sein specifisches Gewicht ist 18,51. — Sein absolutes Gewicht wiegt ganz genau gleich schwer wie dasjenige eines 13 ³/₄ in Gold unserer Zeit ausgeprägten französischen Na= poleond'or. Seine Farbe ist hellgoldgelb, nicht in's orange= kupferfarbene spielend, wie das kupferhaltige gemünzte Gold, etwas mattglänzend. Kenner (namentlich Hr. Professor von Fellenberg=Rivier) halten ihn für naturreines Gold, welches

— 301 —

etwas wenig (vielleicht 5 %) silberhaltig sei; es wäre daher leicht möglich, sogar wahrscheinlich, daß der Ring aus in= ländischem Waschgold, etwa aus dem Flußsande der nahen Emme, seiner Zeit angefertigt worden wäre.

Abb. 247 Originaltext mit der Beschreibung des gefundenen Armrings [149]

„Fassen wir nun schließlich Alles oben citirte zusammen: Das gute alte Gold, die schnörkelartige Verzierung nebst sonstiger Einfachheit der Form und die massive Erstellung dann die Skizzirung der Schmucksachen bei Galliern und vorgermanischen (keltischen) Völkern, und wenden es auf die, vorliegende Form unseres Handgelenk- oder Armringes an, so dürfen wir die gegründete Vermuthung aussprechen, dass derselbe von Völkern ans kelto-helvetischem Zeitalter unseres Vaterlandes herstamme, und dass er, weil in allen obigen Citaten sich keine einzige ähnliche Abbildung vorfindet, in seiner speciellen Form eine bedeutende Seltenheit darstelle." [149]

[149] Uhlmann Johann, Goldener Armring von Schalunen, untenher Fraubrunnen, Kant. Bern, im Archiv des Historischen Vereins des Kantons Bern, Band 6, S. 296ff (1867)

40. Schüpfen

40.1. Stockere – Hindere Ischlag

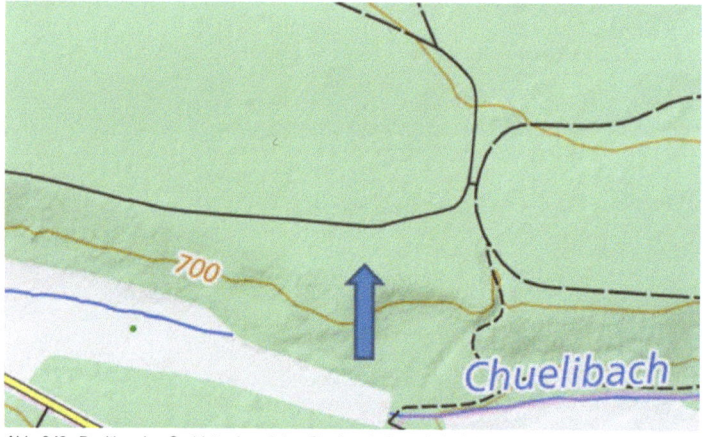

Abb. 248   Position des Grabhügels auf der „Stockere", Gemeinde Schüpfen

„Schüpfen; Stockere/Hindere Ischlag (011.003.2007.01 bzw. 594000 / 207450) Bestandaufnahme, Grabhügel, Eisenzeit?
Bei der Erneuerung eines Waldwegs konnten zwei vermutlich hallstattzeitliche Grabhügel im Gelände eingemessen werden." [150]

[150] ADB, Fundbericht 2007, S. 38

Abb. 249 Der Tumulus auf der Stockere, Gemeinde Schüpfen (Foto: H. Moll)

40.2. Schwandeberg – Bäreriedwald

Der Grabhügel im Bäreriedwald ist unter „Münchenbuchsee-Bäreriedwald" beschrieben, da dieser – hart an der Gemeindegrenze liegend – regelmässig im Zusammenhang mit den übrigen urgeschichtlichen Fundstellen des Schwandebergs bzw. Bäreriedwaldes erwähnt wird.

41. Seeberg

41.1. Eichi

Abb. 250 Die Position des grossen Grabhügels auf der „Eichi" in Seeberg (Foto: H. Moll)

Abb. 251 Der eindrückliche Tumulus auf der „Eichi" ... (Foto: H. Moll)

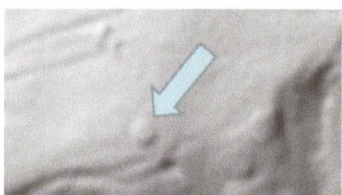
Abb. 252 ... der auch mit der 3D-Reliefschattierung deutlich erkennbar ist (s. blauer Pfeil).

„Über eine nordwestlich vom Dorf vorgenommene Ausgrabung meldet der Bericht des Gymnasiums Burgdorf von 1879:
«Am 2. April 1877 wurden in Seeberg Grabungen vorgenommen. Auf einer bewaldeten Anhöhe nordwestlich der Kirche daselbst (Eichiwald) stehen zwei Grabhügel.
Den grössern derselben liess von Bonstetten durch Konservator Jenner in Bern öffnen (ohne Funde).
Ebenso resultatlos war die Arbeit des Gymnasiums Burgdorf an dem östlichen Hügel, trotzdem er völlig ausgehöhlt wurde. Durchmesser 12 m, Höhe 1,7 m.»
Dagegen erwähnt Bonstetten „im Eichiwald 2 grosse Tumuli von 7-10' Höhe; sie enthielten nur einige Silexfragmente." [151]

[151] Wiedmer-Stern J., Archäologisches aus dem Oberaargau, in: Archiv des Historischen Vereins des Kantons Bern, Band 17, Heft 2, S. 459 (1903/1904)

41.2. Chräjeberg

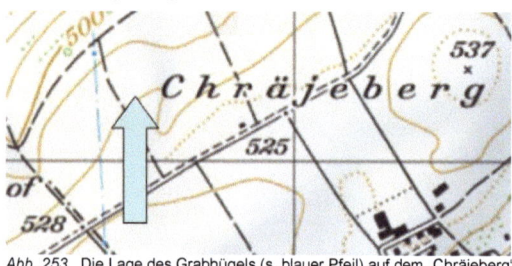
Abb. 253 Die Lage des Grabhügels (s. blauer Pfeil) auf dem „Chräjeberg"

Abb. 254 Auf dem „Chräjeberg" in der Gemeinde Seeberg ist noch heute eine leichte Erhebung erkennbar, die mit diesem Blick Richtung Nord-Ost den Standort des ehemaligen Grabhügels erahnen lässt (Foto: H. Moll)

42. Seedorf

42.1. Frienisberg-Staatswald

„Grabhügel I: Dieser Tumulus muss, weil in der Carte archéologique du Canton de Berne erwähnt, schon vor 1876 geöffnet worden sein. Daraus stammen nach der Carte archéologique:

- «Urne», ton bräunlich, auf der Schulter Zickzackdekor
- Messerfragment, Eisen
- Schwertfragment, Eisen" [156]

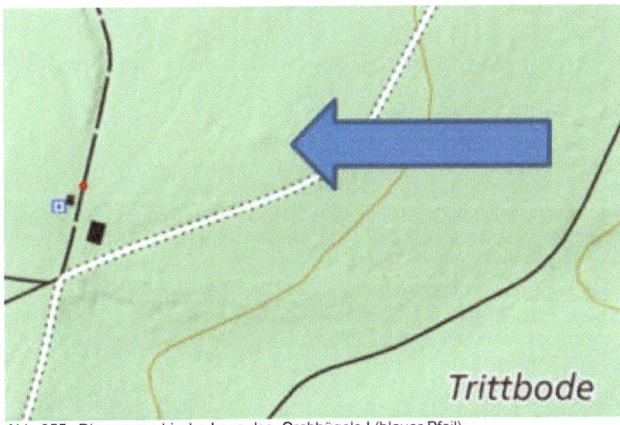

Abb. 255 Die geographische Lage des Grabhügels I (blauer Pfeil) auf dem Frienisberg, Gde. Seedorf, gemäss [152]

Abb. 256 Der Tumulus auf dem Frienisberg ... (Foto: H. Moll)

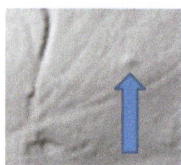

Abb. 257 ...ist auch mit der 3D- Reliefschattierung erkennbar (blauer Pfeil)

42.2. Ischlag

Abb. 258 Die Position des Grabhügels im Gebiet Seedorf-Ischlag gemäss [152]

„Grabhügel II: Um die Mitte der dreissiger Jahre unseres Jahrhunderts öffnete Lehrer Künzi aus Wahlendorf einen Grabhügel, ohne darüber Meldung zu erstatten. Durch diese Raubgrabung kamen folgende Objeket zum Vorschein:

- Zierscheibe, Bronze, durchbrochen, gegossen, dazu vier konzentrische Ringe, graviert, fragmentarisch. - «Kleine Reste organischen Materials» wurden als vermutlich mangelhaft gegerbtes Leder (von a. Gansser-Burckhardt) bestimmt.

- Fingerring, Bronze, massiv

- Armring, Lignit, fragmentarisch" [152]

[152] Drack Walter, Ältere Eisenzeit der Schweiz, Kanton Bern, II. Teil, S. 8 und Taf. 7 und F (1959)

„Als letztes Beispiel sei die Zierscheibe (Nr. 15) von Frienisberg BE angeführt. Sie sticht völlig von den bisher behandelten Scheiben ab: Zwar besteht die eigentliche Zierscheibe aus einem doppelseitigen Umbilicus, aber im Gegensatz zu den andern ist dieser je 9mal durchbrochen, und um ihn herum sind bloß 2 durchbrochene Zonen gelegt, von welchen die innere 4 übers Kreuz angeordnete Kreise und je 2 dazwischen liegende Stege, die äußere aber 8 Kreise und dazwischen je ein V-förmiges Doppelsteg-Element aufweist. Darüber hinaus sind die vier losen, konzentrischen Ringe nicht wie diejenigen der andern Zierscheiben mit dem Wolfszahn-, sondern mit dem Augenmuster dekoriert. Innerhalb des schweizerischen Materials ist die Zierscheibe von Frienisberg ein Unikum. Ob es etwas Ähnliches in Savoyen oder im Doubsgebiet gibt, ist mir leider unbekannt. Die Gliederung der Zierscheibe sowohl als auch der Dekor der losen Ringe möchten glauben machen, es handle sich hier um ein Produkt einer lokalen Werkstatt, die in Anlehnung an die gängigen Zierscheiben mit den Wolfszahnmuster-Ringen ein einfacheres «tintinnabulum» geschaffen hat." [153]

[153] Walter Drack, Anhängeschmuck der Hallstattzeit aus dem schweizerischen Mittelland und Jura, im: Jahrbuch der Schweizerischen Gesellschaft für Ur- und Frühgeschichte, Band 53, S. 38f (1966-1967)

Abb. 259   Ringlein vom Frienisberg [153]

„Aus einem der beiden Grabhügel im Frienisbergwald durch Raubgrabung zum Vorschein gefördert in den dreißiger Jahren unseres Jahrhunderts. Zierscheibe vom Typ Frienisberg : mit doppelseitigem Umbilicus mit Mittehoch und je 9 seitlichen Öffnungen sowie zwei durchbrochenen Zonen, von denen die innere 4 übers Kreuz angeordnete Kreise und je 2 dazwischenliegende Stege, die äußere aber 8 Kreise und je ein V-förmiges Doppelstegelement dazwischen aufweist. Stark beschädigt. Vier fragmentierte, lose, konzentrische Ringe, die mit Augenmustern dekoriert sind.
Mitfunde : Aus demselben Grabhügel stammen bloß ein kleiner Fingerring aus Bronze und das Fragment eines Lignitarmbandes. - Museum: BHM Bern." [154]

[154] Walter Drack, Anhängeschmuck der Hallstattzeit aus dem schweizerischen Mittelland und Jura, im: Jahrbuch der Schweizerischen Gesellschaft für Ur- und Frühgeschichte, Band 53, S. 56 (1966-1967)

Abb. 260 Querschnitt der Zierscheibe mit dem doppelseitigen Umbilicus [153]

Abb. 261 Große, durchbrochene Zierscheiben mit mehreren losen, konzentrischen Ringen; Fundort: Frienisberg [155]

[155] Walter Drack, Anhängeschmuck der Hallstattzeit aus dem schweizerischen Mittelland und Jura, im: Jahrbuch der Schweizerischen Gesellschaft für Ur- und Frühgeschichte, Band 53, Tafel 14 (1966-1967)

43. Stettlen-Deisswil

Abb. 262 Die Lage des Gräberfeldes von Stettlen-Deisswil (s. blauer Pfeil)

„Südwestrand Kiesgrube Deisswil, TA. 320, 135 mm v.l., 35 mm v.u., Grab mit Goldring. Drei Spiralen, Dm. 1,9 cm, Höhe 1 cm, innen flach, außen doppelkonisch, Mittelrippe mit Perlkreis. „Die Goldfunde der Latènezeit sind bei uns selten. Es sind meistens Fingerringe, die vorwiegend in den Gräbern der Latène II vorkommen." [156]

[156] Tschumi Otto, Jahrb. bern. Hist. Mus., 41 (1936)

„Wie O. Tschumi im JB. Hist. Mus. Bern 1941, 50, meldet, kamen im Gräberfeld Deisswil (28. JB. SGU., 1936, 55) neuerdings Gräber zum Vorschein. Eines dieser Gräber enthielt zwei Bronzearmringe und eine Frühlatènefibel.
Ein Kindergrab zeichnete sich durch einen Bronzering mit gerippten, verjüngten Enden, die sich über einem Griffdorn schließen, aus. - In Ur-Schweiz 1941, Nr. 1,3 ff., veröffentlichte Tschumi mit zahlreichen Abbildungen die bisherigen Funde aus diesem Gräberfeld. Er berechnet die Zahl der bisherigen Gräber auf 14." [157]

[157] Jahrbuch der Schweizerischen Gesellschaft für Urgeschichte, 32, S. 108 (1940)

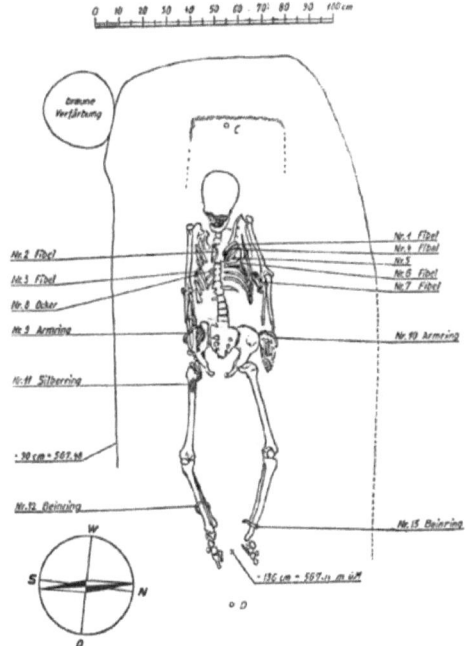

Abb. 263 Stettlen-Deisswil, Frauengrab [158]

[158] Jahrbuch der Schweizerischen Gesellschaft für Urgeschichte 33, S. 69 (1942)

„Das latènezeitliche Gräberfeld von Stettlen-Deisswil BE kam zwischen 1936 und 1946 beim Kiesabbau zutage. Insgesamt können 40 Bestattungen erschlossen werden. 1942 wurden bei einer dreitägigen Grabung fünf Gräber genauer beobachtet. Das Fundmaterial umfasst gegen 100 Objekte. Sie gehören in die Stufen LT B1 bis LT C2. Der Grossteil davon lässt sich nicht einer bestimmten Bestattung zuordnen. Einige der Objekte sind wichtige Zeugnisse frühlatènezeitlicher Kunst. Einzigartig ist ein Armring mit Widderkopf-Enden und Zierzonen, die Herkulesknotenmotive zeigen. Er scheint als Schlangenkörper gestaltet, so dass hier eine Widderschlange dargestellt ist. Bemerkenswert ist ein Schädel mit viereckiger Trepanation, der aus einem der vier Gräber mit Schwertbeigabe stammt. Die waffenführenden Männergräber befanden sich – unabhängig von ihrer Zeitstellung – am Nordwestrand des Friedhofs." [159]

[159] Rey, Toni. In: JbSGUF 82, Das latènezeitliche Gräberfeld von Stettlen-Deisswil BE
S. 117-148 (1999)

1948 kam beim Bau der Wohnhäuser durch die Kartonfabrik *Deisswil (Gde. Stettlen)* ein weiteres Gräberfeld von 6 Gräbern mit reichhaltigen Beigaben ans Licht: Grab I enthielt eine Bronzekette mit Ringhaken, einen Gagatring und eine Eisenfibel; Grab 111 einen Halsring mit Ringanhänger, eine Bernsteinperle, einen verzierten Fingerring, Armringe, zwei gerippte Fussringe sowie eine Eisenfibel. Zu einem weiteren Grab gehören Armringe, ein tordierter Fingerring aus Silberdraht und eine Gürtelkette aus Bronze mit zwei massiven Gürtelhaken und einem Kettengehänge. Die Art der Beigaben lassen auf Frauengräber schliessen (alle Funde befinden sich im Bernischen Historischen Museum, Bern). Grab IV war ein Steinkistengrab. [160]

[160] Müller Peter, in: Geschichte der Gemeinde Vechigen, S. 117ff (1995)

Abb. 264/265 Spiralfingerring aus Gold aus dem Gräberfeld von Stettlen-Deisswil
(Foto: H. Moll im Bernischen Hstorischen Museum)

„Bei der Ausbeutung einer Kiesgrube kamen zwischen den Jahren 1936 und 1946 in mehreren Schüben gegen vierzig Gräber zum Vorschein. Vielfach sind die Inventare durcheinander geraten und nur ein Teil der Gräber wurde bis jetzt in der Literatur erwähnt. Soweit bekannt handelt es sich ausschliesslich um Körperbestattungen der Früh- und Mittellatènezeit. (*)
(*) Quellen: O. Tschumi, Das Gräberfeld von Deisswil, 1936-1942.
  JbBHM 22, 1942 (1943) 60-67; Jahresbericht BHM 1988 (1989) 48-50." [165]

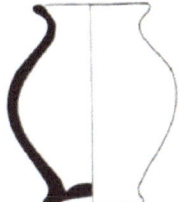

Abb. 266 Brauner, feinkeramischer Becher mit eingesetztem Boden. Sehr unregelmässig, vermutlich von Hand geformt. Ganz erhalten. Höhe um 12 cm. [161]

[161] F. Müller, Latènezeitliche Grabkeramik aus dem Berner Aaretal, S.52 u. 62
Jahrbuch der Schweizerischen Gesellschaft für Ur- und Frühgeschichte 79 (1996)

44. Thunstetten – Bützberg

44.1. Hard-Tannwäldli

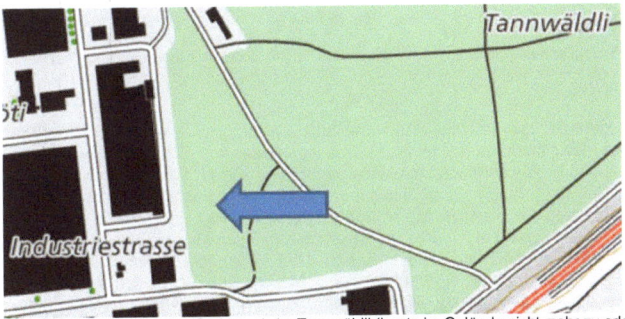

Abb. 267 Die Position des Grabhügels im Tannwäldli (heute im Gelände nicht mehr zu erkennen)

„Oberhalb Langenthal liegt in dem zu Bützberg gehörenden Stück des Hardwaldes ein Tumulus, den Dr. E. von Fellenberg im Jahr 1899 untersuchte. Er schreibt darüber im Jahresbericht des bernischen historischen Museums:
„Der Hügel im Hardwalde bei Bützberg liegt vereinzelt im bürgerlichen Tannwalde von Bützberg, Hard genannt, am äussersten westlichen Ende desselben, zirka 60 m von der Eisenbahnlinie Langenthal-Bützberg entfernt.

Dank dem Entgegenkommen der Burgergemeinde Bützberg erhielt das historische Museum von Bern die Erlaubnis, diesen Grabhügel abzutragen gegen eine geringe Entschädigung für den Waldschaden, der durch die Entfernung einer Anzahl junger Tannen des sowieso in kurzer Zeit zu durchforstenden Dickichts entstand.

Der Hügel schien durchaus unberührt zu sein, wenig erhöht über die Fläche der Ebene, und sehr stark abgeschwemmt, daher die bis an die äusserste Grenze der Erhöhung gemessenen Durchmesser von 14 m von Süd nach Nord und 13 m von Ost nach West sich bei der vollendeten Abgrabung als viel zu gross erwiesen und 8-9 m Durchmesser als der richtige angesehen werden muss. Grösste Höhe 1-1,20 m. Auch hier wurde zuerst ein U/2 m breiter Graben von Süden her gegen die Mitte des Hügels ausgehoben, um im Niveau des Naturbodens eine allfällige zen-trale Steinsetzung zu treffen und dieselbe durch Umgraben isolieren zu können. Erst in zirka 2 m Entfernung vom Anfange des Grabens am Südrande fing die mit Kohlen gemengte Aschenerde an (der sogenannte Zieger) und zwar sehr rein, sandig und ohne Gerölle. Auf der Westseite des Grabens fand sich in geringer Tiefe (30 cm) ein Haufen halbierter, verkohlter Eicheln, wie solche schon in manchen Grabhügeln (so bei Kallnach etc.) gefunden worden sind. In 6½ m Entfernung vom Anfang des Grabens stiessen wir in bloss 60 cm Tiefe auf sorgfältig mit Lehm zusammen verbundene grössere und kleinere Rollsteine und erratische Blöcke. Nun wurde die Steinsetzung sorgfältig blossgelegt und erwies sich als ein länglicher, fest zusam-mengefügter Bau von 1,90 m Länge und 90 cm mittlerer Breite bei 90 cm bis 1 m Höhe.

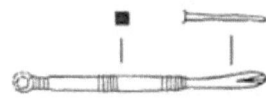

Abb. 268 Sonde von einem Toiletten-Necessaire [162]

[162] Walter Drack, Waffen und Messer der Hallstattzeit, im: Jahrbuch der Schweizerischen Gesellschaft für Ur- und Frühgeschichte Band 57, S. 165f (1972-1973)

Ehe diese zentrale Steinsetzung in Anwesenheit einiger Mitglieder des Verwaltungsausschusses des Museums und einer Korona Zuschauer von Bützberg, worunter die liebe Schuljugend mit Lehrer, auseinander genommen wurde, liessen wir das ganze Innere des Hügels in einem Durchmesser von 5—5 ½ m ausgraben. Hierbei fanden sich in der blossen Aschenerde östlich von der Steinsetzung, 1,10 m von derselben entfernt, in 70 cm Tiefe, sehr mürbe Knochen eines jungen Rindes und zwar nur die unteren Extremitätenknochen. Auffallend war, dass gegen die Steinsetzung zu die Aschen- und Kohlen-haltige Branderde sich ziemlich steil unter das Niveau des Naturbodens senkte, dass so die Steinsetzung offenbar in eine trichterförmige Grube, tiefer als der umliegende Naturboden, eingesetzt war. Ausser den in der Nähe der Steinsetzung gefundenen Tierknochen, fand sich im Norden derselben, in 1,50 m Abstand und zirka 80 cm Tiefe ein vierkantiges Stäbchen aus Bronze, mit einer abgebrochenen Öse am oberen Ende, am unteren Ende zuerst dünner werdend, dann spatelförmig sich erweiternd; das spatelförmige Ende ausgekehlt, wie ein Ohrlöffelchen. Die beiden oberen Drittel sind verziert durch Bänder mit je drei und sechs umlaufenden Leistchen; Länge 8 cm, Durchmesser 5 mm, vielleicht ein Ziergehänge. Ferner ein Stift mit Knöpfchen aus Bronzeblech, ursprünglich vergoldet, Länge 15 mm, und unweit davon, ein kleiner bronzener Ring. Ferner süd-östlich der Steinsetzung, in 1 m Entfernung von derselben, eine wohlerhaltene kleine Tonurne von roher Arbeit, mit zylinderförmigem, kurzem Hals und konvexspindel-förmigem Bauche, wahrscheinlich ein Kinderspielzeug.

Die Erwartung, im Innern der Steinsetzung wichtigere Funde zu machen, wurde leider nicht erfüllt. Die ganze Steinsetzung, festgefügt und altarähnlich aufgebaut, bestand aus Rollsteinen und kleineren Blöcken erratischer Provenienz, die lagenförmig geordnet waren, unter sich durch Lehm fest verbunden. Letzterer war voller Kohlenschmitzen und einzelne Lagen von Kohle und Asche, durch die ganze Steinsetzung sich durchziehend, waren deutlich sichtbar. Einzelne Bruchstücke verbran-nter Knochen fanden sich auch vor, aber keine Urne. Als die Steinsetzung bis auf die unterste Steinlage abgebrochen war, fanden sich Überreste halbverbrannter, starker Extremitätenknochen, ein Wirbel und ein unverbranntes Gebissstück von einem jungen Rind, offenbar zu den schon früher, höher oben und östlich der Steinsetzung gefundenen Extremitätenknochen eines jungen Rindes (Kalbes) gehörig. Ferner halbkalzinierte Röhrenknochen eines sehr grossen Vogels (Professor Th. Studer). Unter dieser Knochenlage fand sich eine mit Kohle und Asche bedeckte, rohe Steinpflasterung, die im Naturboden, der dort trichterförmig ausgehöhlt war, lag. Nun wurde an der Basis der Steinsetzung noch tiefer gegraben und da fand sich bestätigt, dass dieselbe in eine zirka 60 cm in den Naturboden gegrabene schüssel-förmige Vertiefung aufgebaut war. Die Steinsetzung selbst hatte ihr nordöstliches Ende ziemlich im geometrischen Mittelpunkt des Hügels; sie erstreckte sich von Nordwest nach Südost. Endlich wurde vom Zentrum aus das Innere des Hügels abgegraben, soweit sich noch Spuren von Asche und Kohle zeigten. So ergab sich das Resultat, dass derselbe ursprünglich höchstens 9 m Durchmesser gehabt hatte, daher in seiner jetzigen Gestalt stark abgeschwemmt war. Von Tonscherben fanden sich bloss der Boden und Stücke der Wandung von einer dünnwandigen gelblich-grauen Schale von geglättetem Ton und ein Randstück mit Hals und Bruchstück des Bauches von grauem, glimmerigem Ton, verziert durch das Kreisornament mit zentralem Punkt (Sonnenbild?) sowie einzelne Scherben verschiedener Gefässe im ganzen Aufwurf des Hügels zerstreut. Alles in allem unterscheidet sich dieser Grabhügel wesentlich von allen bis jetzt untersuchten, namentlich durch das Eingraben der Steinsetzung in eine trichterförmige Grube, und durch das Vorkommen eines grössern, halbverbrannten (Opfer?) Tieres. Es liegt die der Gedanke nahe, ob wir es hier nicht eher mit einem Tieropferaltar, als mit einem Brandgrab zu tun haben, da verbrannte menschliche Gebeine nicht konnten konstatiert werden (Professor Th. Studer). Wenn auch hier Leichenbrand stattgefunden hat, so würde das Vorkommen eines verbrannten Nutztieres auf den Gebrauch, dem Bestatteten Brandopfer darzubringen, hindeuten." [163]

[163] Wiedmer-Stern J., Archäologisches aus dem Oberaargau, in: Archiv des Historischen Vereins des Kantons Bern, Band 17, Heft 2, S. 423ff (1903/1904)

„Rekapitulation:
«Tumulus im Hard bei Bützberg, kleine Urne aus grauschwarzem Ton; Höhe 6 cm, Durchmesser am Rande 4 cm, grösster Umfang 18 cm, Durchmesser am Boden 3,5 cm; Bronzering Durchmesser 2,5 cm; viekantiges Stäbchen aus Bronze mit ausgebrochener Öse, Länge 8 cm, Durchmesser 5 mm; Stift mit Knöpfchen (unter der Patina Spuren von Vergoldung zeigend), Länge 15 mm.»" [164]

[164] Wiedmer-Stern J., Archäologisches aus dem Oberaargau, in: Archiv des Historischen Vereins des Kantons Bern, Band 17, Heft 2, S. 436 (1903/1904)

Ein detaillierter Bericht über die Ausgrabungen im Tannwäldli ist zu finden in:

Hennig Hilke, Der Grabhügel von Thunstetten, Flur Tannwäldli, in: Zwei hallstattzeitliche Grabhügel aus dem Berner Mittelland, Schriftenreihe der Erziehungsdirektion des Kantons Bern, S. 21, Bern (1992)

44.2. Weissenried

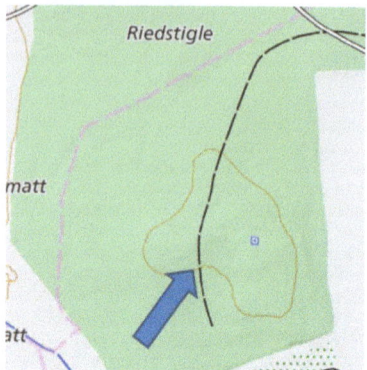

Abb. 269 Die Position der beiden Grabhügel im „Riedstiglewald" bei Weissenried (Bützberg).

„Nördlich vom Weissenried bei Bützberg, im sogenannten Riedstiglenwald, liegen zwei weitere, nunmehr untersuchte Gräber.

Dr. E. von Fellenberg schreibt im Jahresbericht des bernischen historischen Museums pro 1899 darüber: Schon während den Ausgrabungen bei Bannwyl hatte Referent die beiden Grabhügel im Riedstiglenwald besucht, und, da nur ein dünner, allerdings hochstämmiger Buchenwald darauf stand, sich erkundigt, ob eine Ausgrabung derselben gestattet würde. Es erhoben sich jedoch Schwierigkeiten, indem eine Flurgrenze den einen derselben durchschnitt; die eine Hälfte gehörte einem minderjährigen, landesabwesenden Jüngling, für den eine Vormundschaftsbehörde zu handeln hatte, welche es vorzog, keinen Entscheid zu treffen, da die Mehrjährigkeit des Besitzers in naher Zeit in Aussicht stand. Glücklicherweise lösten sich im Frühjahr 1899 alle Schwierigkeiten und konnte die wichtige Vervollständigung der systematischen Untersuchung in der dortigen Gegend an die Hand genommen und sogleich durchgeführt werden, worüber hier nur ein kurzer, summarischer Bericht folgen möge

Abb. 270 Der angegrabene Tumulus (Nr. I gemäss [167]) im „Riedstiglewald" ... (Foto: H. Moll)

Abb. 271 ...und der andere Grabhügel (Nr. II gemäss [167]). (Foto: H. Moll)

Die Grabhügel im Riedstiglenwald befinden sich nördlich der Häusergruppe Weissenried und zwischen Herzogenbuchsee-Graben und ersterem, in einem mittelhochstämmigen Bestand von Buchen und Tannen. Etwa 150 Meter nördlich derselben und, etwas tiefer gelegen, geht die Strasse von Bützberg nach Herzogenbuchsee-Graben. Von letzterer, wie auch von den schönen Feldern des prächtigen Hofes Graben sah man früher durch den gelichteten Wald die beiden dicht beieinander stehenden Hügel. Im Volksmund hiessen sie Heidehuble. Sie stehen am Rande des Plateaus von Weissenried, welches sich gegen Graben leicht absenkt, so dass, vom Wald befreit, diese Grabhügel, namentlich von Norden her, weithin sichtbar gewesen sein müssen. Beide stehen nahe beieinander in einer Linie WSW-ENE, etwa 10 Meter voneinander. Ich bezeichne den westlichen dieses Grabhügelpaares mit I, den östlichen mit II.

Seit einem Besuche der Hügel im Jahre 1895 war auf Nr. II der Wald geschlagen worden; eine Ausgrabung wurde nun von Herrn Alt-Grossrat Jutzeler in Bützberg gewünscht, da nach derselben der Boden sofort wieder angepflanzt werden musste. Die Arbeiten wurden im Monat April und Mai des vorigen Jahres mit 4—5 Arbeitern und, in Abwesenheit des Referenten, unter Aufsicht von Herrn Jutzeler Sohn in Bützberg ausgeführt.

A. Hügel I. Nicht mehr intakt, indem eine in der Mitte des Hügels gelegene tiefe Grabe mit unregelmässig daneben aufgeworfener Erde von einer frühern Untersuchung Zeugnis gibt. Es hatten im Jahre 1893 Herr Pfarrer Flüekiger in Niederbipp und Herr Jenzer, Landwirt in Weissenried, den Hügel in der Mitte, von oben herunter, soweit es die locker stehenden, jungen Buchen erlaubten, angestochen und ein zirka 1½ Meter breites Loch bis in eine Tiefe von 1½ Meter gegraben und die Grube teilweise wieder zugedeckt. Das Resultat der Ausgrabung war: zwei geschlossene Oberarm- oder Waden-(Unterschenkel) Ringe aus dickem Bronzedraht, unverziert, schön patiniert; ferner die Scherben einer vollständig erhaltenen Aschen-urne von konischer Gestalt mit ausladendem Hals und schnurverziertem Rand, eine Anzahl dünner, durch Linearornamente verzierter Bronzebleche von irgend einem Belege (mit kleinen Nietlöchern, zur Befestigung auf Leder?). Ferner ein eisernes, sehr verrostetes Messer mit kurzer Griffzunge, ein kleiner Schaber oder eine Lamelle aus weisslich-grauem Feuerstein. Es zeigt diese Lamelle einen gekrümmten, dreikantigen Fortsatz, der auch als Bohrer gebraucht worden sein könnte. Ferner fanden sich verschiedene vorkrümmte hohle Beschläge aus Bronzeblech, das Bruchstück einer kleinen

Bronzenadel mit kugelförmigem Kopf, verschiedene Bruchstücke eines Armbandes aus dünnem Bronzeblech, inwendig hohl, von 5 mm Durchmesser, ein kleines, an einem dünnen Blech befestigtes, scheibenförmiges Bronzebeschläge mit Knopf, ein mit kleinen Buckeln verziertes, rautenförmiges Bronzeblechbeschläge mit zentralem Knopf, und endlich ein stark verrostetes, zugespitztes Stück eines zylindrischen Eisenstabes mit hohler Dülle (vielleicht ein später auf dem Hügel verloren gegangener, mittelalterlicher eiserner Pfeil oder Armbrustbolzen). Zugleich konstatierten die HH. Flückiger und Jenzer einen Steinkern oder Steinkegel aus grösseren rohen Steinen und Lehm konstruiert, unter welchem die zerdrückte Urne lag. Die gefundenen Gegenstände wurden von den Findern dem historischen Museum in Bern übergeben. Da ja nur ein sehr kleiner Teil des Hügels untersucht war, musste durch eine systematische Abgrabung des ganzen Grabhügels noch manches zutage gefördert werden. Diese Hoffnung hat sich wirklich als nicht trügerisch erwiesen, allerdings nicht in dem erwarteten Massstabe.

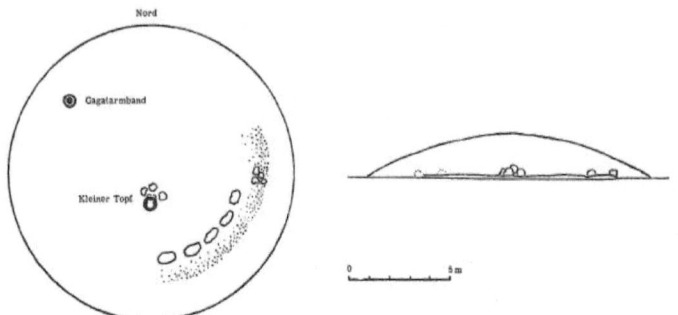

Abb. 272 Grundriss und Querschnitt des Grabhügels I im Riedstiglenwald bei Weissenried. Nach der Bleistift-Skizze von E. von Fellenberg umgezeichnet von W. Stäuble, Zürich. [165]

[165] Drack Walter, Ältere Eisenzeit der Schweiz, Kanton Bern, III. Teil, S. 26f (1960)

Der Hügel mass von Ost nach West (genau etwa WSW-ENE) 15½ m Durchmesser, von Nord nach Süd (SSW-NNE) 13,90—14 m Durchmesser bei gut 2 m grösster Höhe über dem Naturboden (neben dem Loche der alten Ausgrabung). Um nun alte und neue Ausgrabung nicht zu vermengen, wurde, dem Naturboden eben, am Ostrand des Hügels begonnen und derselbe horizontal, immer dem allmählich sich leicht senkenden Naturboden nachgehend, abgetragen. Sehr bald traten in der reineren, feinen, sandigen (offenbar absichtlich hergetragenen) Erde Kohlenpartikeln und Aschenerde (sogen. Zieger) auf. Dann zeigte sich bald eine dünne Schicht rotgebrannten Lehms (2 cm), auf welcher eine schwarze Kohlenschicht lag, die zu-erst nur als dünner Streifen, bald sich langsam gegen die Mitte des Hügels hebend, mächtiger wurde. Mit der Kohlenschicht gemengt, trat die grauliche feine Aschen-erde, die gegen das Innere an Höhe zunahm, auf. Bald stiessen wir in einer Tiefe von 1,50 m unter der Oberfläche auf eine regelmässige, in gewissen Abständen liegende, der Peripherie des Hügels parallel laufende Reihe roher Feldsteine, teils kleiner erratischer Blöcke und Gerölle, teils Bruchstücke grösserer zerschlagener Blöcke von Gneis und kristallinischen Schiefern. In dem zuerst abgetragenen Süd ostquadranten des Hügels wurde ein Segment von nicht ganz einem Viertelkreis eines Steinkranzes konstatiert.

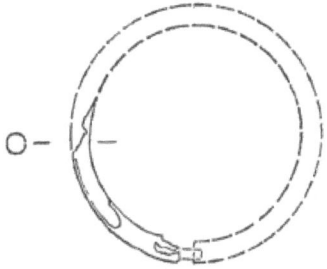

Abb. 273 Fragment eines Armringes [166]

[166] Walter Drack, Zum bronzenen Ringschmuck der Hallstattzeit aus dem schweizerischen Mittelland und Jura, im: Jahrbuch der Schweizerischen Gesellschaft für Ur- und Frühgeschichte, Band 55, S. 66 (1970)

Von dem angenommenen und abgesteckten Mittelpunkt des Hügels, der so ziemlich an der südlichen Ecke des frühern Ausgrabungsloches der HH. Flückiger und Jenzer lag, waren die Steine des Steinkranzes zirka 5-5,20 m entfernt. Sie lagen unregel-mässig, nicht aneinander stossend, sondern in ungleichen Abständen voneinander. Die rotgebrannte Lehmschicht verlief nicht durchweg bis zum äussern Steinkranz; sie hob sich, wie die darauf liegende Aschenschicht, zusehends. Als wir auf der Ost- und Südseite die alte Ausgrabung Flückiger erreichten, fanden sich eine Menge grösserer Rollsteine und Blöcke erratischer Provenienz von der damals entdeckten und die zerbrochene Urne bedeckenden Steinsetzung herrührend. Wir konstatierten, dass die frühere Ausgrabung nicht bis auf den Grund des Grabhügels gereicht hatte, sondern wir fanden unter derselben noch einzelne Scherben von der zentralen Urne, eingebettet in Aschenerde (Zieger), darunter endlich die hier 8-10 cm dicke schwarze Kohlen- und 3-5 cm dicke rotgebrannte Lehmschicht und zu unserem Erstaunen einen zweiten, sehr regelmässigen Steinkranz aus Rollsteinen. Unter der roten Lehmschicht wurde stellenweise eine flache Steinpflasterung konstatiert. Nachdem nun in einem Quadranten bis über den Mittelpunkt hinaus die Konstruktion des Hügels blossgelegt war, wurden die 3 übrigen Quadranten von innen heraus abgegraben. Leider war im Südwestquadranten die ursprüngliche Anlage sehr durch die frühere Ausgrabung zerstört. Eine Anzahl Stücke von der zentralen Steinsetzung, wobei grosse gespaltene Stücke von Chloritgneissplatten zum Vorschein kamen, wurden herausgeschafft und von innen nach aussen die Fortsetzung des äussern Steinkranzes gesucht. Merkwürdigerweise fand sich in dem äussern unbe-rührten Terrain noch hie und da ein grösserer Rollstein, aber in ungleichem Abstand vom Zentrum; von einer Fortsetzung des im Südostquadranten konstatierten Stein-kranzes war nichts mehr zu finden, obgleich die Abgrabung, soweit einzelne stehen-gebliebene Buchen erlaubten, bis zum äussersten Rand des Hügels getrieben wurde. Im Nordostquadranten wurde ebenso wenig ein äusserer Steinkranz konstatiert, obgleich auch hier einzelne grössere Blöcke zum Vorschein kamen. Gegen die Mitte zu hingegen wurde in derselben Tiefe wie auf der Südseite des Hügels der innere unregelmässige Steinkranz blossgelegt, in 1,80 bis 1,90 m Tiefe vom Gipfel des Hügels, ebenso die rote Lehm- und Kohlenschicht und darüber in grosser Mächtigkeit die Aschenerde (Zieger).

Dieselben Resultate ergab die Abgrabung im Nordwestquadranten; auch hier kein äusserer Steinkranz, wohl aber der innere und die rote Ton- und Kohlenschicht und Aschenerde. Waren wir in betreff des erwarteten zusammenhängenden äusseren Steinkranzes getäuscht worden, so lieferten uns nun die Süd- und Westseite des Hügels eine Anzahl schöner Fundstücke. So fanden wir in 1 m Abstand vom innern Steinkranz und in 2½ m Abstand vom Mittelpunkt gegen NNW 60 cm tiefer als die frühere Ausgrabung der HH. Flückiger und Jenzer, über der sich zuspitzenden Kohlen- und Aschenschicht ein sehr defektes Armband aus Gagat (Pechkohle, Jais). Etwas westlich davon, in ungefähr gleicher Höhe und Abstand vom innern Steinkranz, fanden sich, nebeneinander liegend, die zerbrochenen Überreste eines kleinen Näpfchens oder rohen Tonschälchens (Kinderspielzeug?), rotgebrannt und ohne Verzierung, von Hand gefertigt. Da alle Bruchstücke beieinander lagen, liess es sich wieder zusammensetzen. Im Südwesten, im Abstand von zirka 3 m vom Zentrum und zirka 1 m vom innern Steinkranz lagen nahe beieinander 2 massive geschlossene Ringe (Oberarm-, Bein- oder Waden-Ringe) von dickem Bronzedraht, gleich, aber etwas grösser, als die seiner Zeit von Flückiger und Jenzer gefundenen. Dieselben lagen zirka 60 cm höher als der Steinkranz in der reinen Aschenerde (Zieger). Noch weiter nach Westen einzelne Scherben von Tongefässen, die zur Aufschüttung des Hügels gehörten; gegen Süden, im Rest des noch nicht durch- suchten Südwestquadranten, kam endlich noch eine vollständige kleine rohe Urne von gewöhnlicher, birnförmiger Gestalt (Kinderspielzeug?) und am Rande der Ausgrabung Flückiger und Jenzer eine ziemliche Anzahl verzierter, mit feinen einpunzierten Linearornamenten bedeckter Bronzeblechfragmente zum Vorschein, die Vervollständigung der schon von Flückiger und Jenzer gefundenen Überreste eines verzierten Bronzebleches bildend. Sämtliche dort gefundenen Bronzeblechfragmente gehörten allem Anschein nach einem flachen, fein ornierten Belege an, welches durch kleine Bronzenieten wahrscheinlich auf Leder befestigt gewesen war (Brustverzierung eines Lederkollers oder Schildes Endlich fanden sich im Südwestquadranten, ebenfalls am Rande der alten Ausgrabung, ein zweiter bearbeiteter Feuerstein, der sowohl als Schaber (Messer), oder, weil gezähnelt, als Säge gedeu-tet werden kann, und einige Scherben von der grossen Aschenurne, welche Flük-kiger und Jenzer zutage gefördert hatten. Nach der Lage dieser Scherben stand die Urne nicht im Zentrum des innern Steinkreises, sondern einseitig näher am Rand desselben, und die sie bedeckende Steinsetzung wurde nicht im gleichen Abstand vom innern Steinkreis umgeben. Fassen wir nun das Bild, welches uns die beiden Ausgrabungen im Grabhügel I im Riedstiglenwald bei Weissenried geben, näher zusammen, so konstatieren wir Bestattung durch Leichenbrand. Auf dem Naturboden eine sich durch die ganze Bodenfläche des Hügels hindurchziehende Schicht rotgebrannten Lehms teilweise mit Kieseln unterlegt. Auf der Südseite, auf der innern Seite der Peripherie, ein Segment von nicht ganz einem Viertelkreis eines lockeren, aus grösseren Natursteinen (erratischen Blöcken) und zerschlagenen grossen Gneisplatten gebildeten äusseren Steinkranzes. In der Peripherie des Westquadranten lagen einzelne Steine in unregelmässigen Abständen, ohne auch nur die Anordnung eines Steinkranzes anzudeuten.

In den übrigen Quadranten fand sich keine Spur eines äusseren Kranzes. Im Zent-rum des Hügels dagegen ein regelmässiger innerer Steinkranz, 60 cm höher lie-gend, als der äussere, Form etwas oval. (Durchmesser 2x/2—3 m). Darüber erhob sich (anscheinend nicht in der Mitte) eine grössere Steinsetzung (Steinkern), in welcher die zentrale Aschenurne lag. (Flückiger und Jenzer). Die Fundstücke, vier grosse geschlossene Bronzeringe, lagen paarweise in ungleichem Abstände von der zentralen

Urne entfernt, zum Teil weit ab, im Mantel des Hügels (5,30 m). Die übrigen Beigaben Feuersteinlamellen (Messer), ein einfaches, sehr verrostetes einschneidiges, kleines eisernes Messer, Bronzebleche, Gagatarmring, kleines Näpfchen und kleine Urne lagen meist im äussern Teil des Hügels und zwar vorherrschend im nordwestlichen, westlichen und südwestlichen Teile, ungleich entfernt von der zentralen Steinsetzung und auch in ungleicher Höhe, sämtlich über, einige dicht auf der roten Schicht gebrannten Lehms, alle in purer Aschenerde.

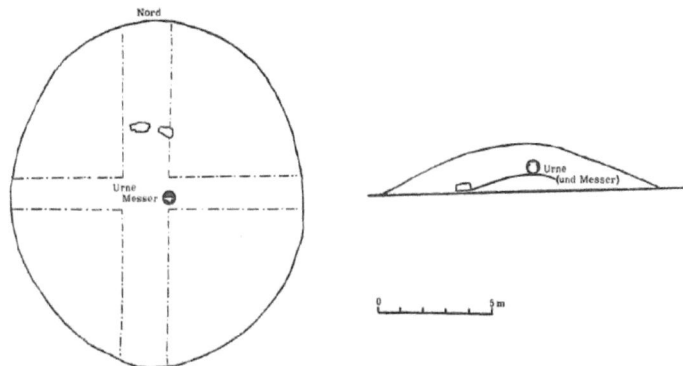

Abb. 274 Grundriss und Querschnitt des Grabhügels II im Riedstiglenwald bei Weissenried. Nach der Bleistift-Skizze von E. von Fellenberg umgezeichnet von W. Stäuble, Zürich. [165]

B. Grabhügel II. Dieser anscheinend ganz unberührte, hohe und trefflich erhaltene Grabhügel in zirka 10 m Abstand nordöstlich des obigen gelegen, war vielversprechend, indem offenbar in demselben noch nie irgendwelche Grabungen vorgenommen worden waren. Der Hügel wies folgende Dimensionen auf: 16 m Durchmesser von Norden nach Süden und 15 m von Westen nach Osten, bei einer grössten Höhe im Zentrum von gut 3 m. Ich liess zuerst zur Untersuchung von Osten her einen 1,20 m breiten Graben gegen das Zentrum zu ausheben. Gegen die Mitte des Hügels rückend, wurde nun der Gang zu einem 3 m breiten Schacht erweitert, der eine vermutete zentrale Steinsetzung mit Urne biossiegen sollte. Überall sowohl im Eingangsgraben, wie in der Mitte des Hügels, trafen wir auf feine Aschenerde mit Kohlenpartikeln vermengt, aber nirgends eine Steinsetzung, auch in der Mitte nicht.

Hier im Zentrum des Hügels nun fanden sich in unbedeutender Tiefe inmitten von Kohle und Asche einzelne Scherben einer grössern Urne und ein einfaches, sehr verrostetes eisernes Messer, aber kein Steinkern oder Steinkreis. Um für die regelmässige Abtragung des Hügels von innen nach aussen mehr Raum zu haben, wurde auch ein Quergraben gezogen nach Norden zu und wie beim ersten, dem Naturboden entlang gehend. Auf der östlichen Seite dieses Grabens nun fand sich, direkt auf dem Naturboden liegend, ein Bruchstück eines grossen Gneisblocks, offenbar von einem grössern Ganzen abgeschlagen. Gegen Westen zu, im Nordwestquadranten, der nun systematisch abgetragen wurde, fanden sich in gleicher Tiefe (1,90—2,10 m unter der

Oberfläche des Hügels) noch eine Reihe grösserer Bruchsteine, die anscheinend zu einem Kreise gehörten; es waren deren 5, sämtlich roh abgeschlagene kantige Blöcke, offenbar von einem grossen Findling herrührend. Im Südostquadranten fand sich in gleicher Tiefe, auch direkt auf dem Naturboden liegend, ebenfalls ein grösserer Block, aber auch sonst weiter nichts.

Im ganzen Umfang des Hügels, der aus lauter feiner Aschenerde, mit Kohle durchmengt, zusammengesetzt war, fand sich, ausser einigen nicht zusammengehörigen Scherben verschiedener Gefässe und Urnen, nichts anderes vor. Das Resultat war also: im Südwestquadranten einzelne rohe Steine auf dem Naturboden (Merksteine?) ohne sicher nachzuweisende kreisförmige Anordnung; dann in der Mitte, in halber Höhe, Scherben von Urnen und ein eisernes Messer einfachster Form, sonst gar nichts — also ein typischer Brandhügel. (Unter Merksteinen denkt sich Fellenberg Steine, welche vielleicht die Stelle der Verbrennung einer Leiche bezeichnen sollten, da offenbar in einem solchen Brandhügel viele Leichen während langer Zeiträume verbrannt worden sein mögen.)

Rekapitulation:

Tumulus I Riedstiglenwald bei Weissenried, ornam. Bronzebleche; geschlossene Bronzeringe (Flückiger und Jenzer), Durchmesser 11 cm, Dicke 3 mm, geschlos-sene Bronzeringe (Ausgrabung 1899), Durchmesser 12 cm, Dicke 5 mm. Aschenurne unter der zentralen Steinsetzung, zusammengesetzt und ergänzt, Höhe 39 cm, grösster Umfang 117 cm, Durchmesser am oberen Rande 19 cm, Umfang des Halses 35 cm, Durchmesser des Bodens 15 cm; eiserne Messer Länge 16 cm; kleines rotes Näpfchen (1899) Höhe 3,7 cm, Durchmesser am obern Rande 4 cm, Boden abgerundet; kleine, gelblich-braune Urne (1899) Höhe 4 cm, Durchmesser am oberen Rande 3 cm, Umfang 15 cm; Armring aus Gagat (1899) äusserer Durchmesser 8,5 cm, Dicke 12 mm.

Tumulus II Riedstiglenwald bei Weissenried, eisernes Messer, ganze Länge 20 cm, Länge der Griffzunge 5½ cm." [167]

[167] Wiedmer-Stern J., Archäologisches aus dem Oberaargau, in: Archiv des Historischen Vereins des Kantons Bern, Band 17, Heft 2, S. 427ff (1903/1904)

45. Urtenen-Schönbühl

45.1. Sand und Rödelberg

„Im Jahre 1908 wollte J. Wiedmer-Stern den oben geschilderten interessanten Befund mittels einer netten Grabung nachprüfen. - Offenbar durch die Veröffentlichung von G. v. Bonstetten dazu verleitet, hielt sich Wiedmer-Stern bei der Lokalisierung des Hügels an diesbezügliche genaue Angaben von A. Jahn für einen grösseren Grabhügel nächst «Sand», wie er auch seinen Nachforschungen nicht den Bericht Uhlmanns, sondern vielmehr die darauf basierende Neufassung und Übersetzung von G. v. Bonstetten zugrunde gelegt hat , was anscheinend O. Tschumi und anderen entgangen, dem Bearbeiter hingegen bei der ersten Gegenüberstellung der beiden Beschreibungen, einerseits von Uhlmann und andererseits von Bonstetten, aufgefallen ist. Dieses Vorgehen wurde Wiedmer-Stern zum Verhängnis. Wie nämlich nun im Zuge von Vorbereitungsarbeiten für einen Exkursionsführer Fräulein stud. phil. Hanni Schwab aus Bern den handschriftlichen Bericht Uhlmanns nochmals überprüfte und anhand der dort angeführten alten Ortsangabe «eine Viertelstunde östlich der (heute nicht mehr existierenden) Ziegelhütte» im Gelände Nachschau hielt, fand sie überraschenderweise am Nordwestabhang des Rödelberges, ungefähr 2 km südöstlich von Urtenen, einen von einem Waldweg durchschnittenen und mit den von Uhlmann gegebenen Massen übereinstimmenden Hügel, welchem Uhlmann seine Wagenradreste und Goldfunde entnommen haben muss. So ist dank der Aufmerksamkeit von Fräulein Schwab der Nachweis erbracht, dass Uhlmanns Grabhügel mit den Wagenresten und der von unbekannter Hand vordem durchwühlte, von A. Jahn erwähnte Hügel beim «Sand» im Junkereholz, an dem Wiedmer-Stern seine Nachgrabungen durchgeführt hat, zwei völlig verschiedene Tumuli sind.

Es sei darum hier resümierend auch der Grabungsbericht von Wiedmer-Stern angeführt, auch wenn er nach der Entdeckung von Fräulein Schwab in einem ganz anderen Licht erscheint." [168]

[168] Drack Walter Ältere Eisenzeit der Schweiz, Kanton Bern, II. Teil, S. 27 (1959)

Abb. 275 Der Tumulus im Sand (Foto: H. Moll)

„Im Frühjahr 1908 bot sich Gelegenheit, den von Bonstetten im Jahr 1895 durchschnittenen Grabhügel im „Sand" bei Schönbühl, Gemeinde Urtenen (s. Anzeiger für Schweizer. Altertumskunde 1859, 1/6 und Bonstetten, Recueil d'Antiquités Suisses, Supplementum 1861 S. 21 und T. 13-16) gründlich zu untersuchen. Obwohl nennenswerte Funde nicht mehr zu Tage kamen, war das Bild des Aufbaues ein desto interessanteres.

Besonders bemerkenswert ist, dass die kleine Kammer, die annähernd im ursprünglichen Zentrum liegt und welche die reichen Beigaben barg, mit ganz feinem Flusssand belegt war, der ziemlich weit hatte herbeigeholt werden müssen*).

*) Gefl. Bericht unseres Präsidenten, Direktor Wiedmer in Bern." [169]

[169] Jahrbuch der Schweizerischen Gesellschaft für Urgeschichte, Band 1, 45ff (1908)

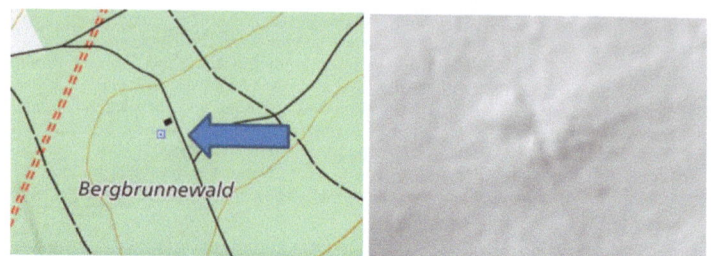

Abb. 276/277 Die Position des Grabhügels am Rödelberg (s. blauer Pfeil)- Die 3D-Reliefschattierung (rechts) zeigt den durch den im Herbst 1857 gebauten Weg aufgebrochenen Grabhügel recht deutlich.

„Heute interessiert uns am meisten der ehemals gewaltige Häuptlingsgrabhügel im Sand, weil er bei der sachverständigen Ausgrabung unversehrt ein Musterbeispiel eines Hallstattgrabhügels aus der I. Periode darbot. An Hand des eingehenden Fundberichtes von UHLMANN wollen wir denselben kurz besprechen.
Er hat der Ausgrabung persönlich beigewohnt und über seine Beobachtungen genaue Notizen und Zeichnungen in sein Kollektaneabuch eingetragen (Kollektanea 2 A 28, im Besitze des Historischen Museums Bern. Die auf S. 151 stehende Beschreibung folgt unter dem Titel: „Heidnischer Grabhügel im Wald vom Grauholz.").

Der Hügel lag 2 ½ Meter hoch mit einem Durchmesser von 20 Meter östlich hart an der Strassengabelung, wo vom Grauholzweg die Strasse nach Burgdorf in den Oberaargau und diejenige über den Moränenwall nach Urtenen und Solothurn abzweigen. Im Jahre 1857, bei Anlage eines Waldweges, wurde er angeschnitten. Oberflächlich fand sich ein Feuerstahl mit Kohlen recenter Natur. Im Centrum war eine Kammer von Feld- und Kieselsteinen errichtet. Daran lehnten eiserne Wagenradreifen mit durchgeschlagenen Nägeln und Holzspuren. In der Nähe etwas höher war ein menschliches Skelett aus einer Nachbestattung eingebettet mit vermoderten, einst sehr starken Extremitätenknochen und besonders dicken Schädelknochen. Noch ausserhalb der Steinkammer fand sich an einem Häufchen zusammenliegend, plattgedrückt ein Goldschmuck von 29 Stück halbkugeligen Knöpfen aus dünn-geschlagenem Goldblech. Sie waren verziert mit zirkulär gestellten, punktierten Dreiecken und oben durchlocht. Je zwei bildeten eine Kugel und konnten an eine Schnur gezogen werden. Nicht weit davon lagen 2 goldene Ohrringe. Zu dem Skelett gehörten 4 schwarze, hölzerne Arm- oder Fussringe. Das unversehrte Kammergewölbe von 1,80 m Durchmesser war ganz mit Sand gefüllt und darin stand auf einer Steinplatte ein Kessel aus Bronzeblech von 35 cm Durchmesser und 25 cm Höhe mit zwei starken Handhaben, ebenfalls mit Sand gefüllt. Alle andern detaillierten Angaben übergehen wir, da sich jedermann von der Beschaffenheit der Fundgegenstände, ausgestellt im Historischen Museum Bern, überzeugen kann." [170]

[170] F. König, Die Siedelungen im Moosseegebiet seit der Urzeit, in: Mitteilungen der Bernischen Naturforschenden Gesellschaft S. 183f (1926)

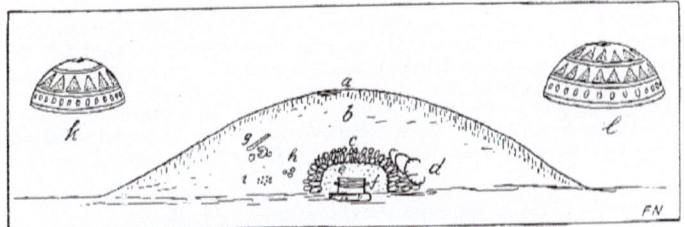

Fig. 22. Querschnitt durch den Grabhügel im Sand.
a Feuerstelle mit Kohlen (recent), *b* Walderde, *c* Steingewölbe, *d* Radbeschläge, *e* Sand, *f* Kupferkessel, *g* menschliche Knochen, *h* hölzerne Ringe, *i* Goldschmuck, *k* u. *l* Halbkugeln des Goldschmuckes.

Abb. 278 Auszug aus der Wiedergabe des Berichts von Uhlmann zum Grabhügel im Sand [171]

[171] König Franz, Nussbaum F., Neue Beiträge zur Heimatkunde des Moosseetales (Teil 16), in „Pionier der schweizerischen permanenten Schulausstellung in Bern, Band 48, S. 89 (1927)

„Neben dem Gewölbe, und vermutlich von dem Bestatteten herstammend, dessen Gebeinsresten oben bemerkt wurden, fanden sich noch ferner: Reste von 4 hölzernen, schwarzen, rundlichen Hand- und Fussgelenkringen von 2½ und 3 Zoll Durchmesser, endlich an einem Häufchen zusammenliegend und flachgedrückt ein Goldschmuck, bestehend aus 29 Stück dünngeschlagenen Halbkugeln aus Goldblech, die meisten ganz gut erhalten, schwer, 7-10 Linien (21 -30 mm) Durchmesser, reichlich verziert, und zwar so, dass die Zeichnungen von innen nach aussen gepresst oder geschlagen wurden.» — Sie bestehen aus mehreren Feldern, die mit kleinen Dreiecken ausgefüllt und durch Streifen abgeteilt sind (vgl. Fig. 22, Zeichnungen k und l). Dreiecke und Streifen sind teilweise durch Punkte ausgefüllt. Oben war ein Loch, das vermutlich dazu diente, eine Schnur durchzuziehen und die Schmuckstücke um den Hals zu tragen, wobei je zwei Halbkugeln zusammen eine Kugel bildeten. Neben diesen halbkugeligen Knöpfen lagen zwei ebenfalls goldene Ringelchen (vermutlich Ohrringe) von dickem Goldblech, 28 Gramm schwer und nicht ganz ½ Zoll im Durchmesser.

Abb. 279 Reste des Grabhügels am Rödelberg (Foto: H. Moll)

Aus der Grösse dieses Hügels, sowie aus dem Reichtum und der Art der Fundgegenstände, die als Beigaben dem Bestatteten ins Grab gelegt wurden, erkennen wir unschwer, dass es sich hier um das Grabmal eines Vornehmen, vermutlich des Häuptlings eines keltischen Stammes, handeln dürfte, zu dessen Bedarfsgegenständen Boss und Wagen gehörten und dessen Schmuck aus edelstem Metall bestand. Möglicherweise ging der Bestattung die Verbrennung der Leiche voraus, deren Asche wohl im Kessel aufbewahrt wurde, während die an der Seite des Gewölbes vorgefundenen Skelettreste eine Nachbestattung darstellen dürften." [172]

[172] König Franz, Nussbaum F., Neue Beiträge zur Heimatkunde des Mooseetales (Teil 17), in „Pionier der schweizerischen permanenten Schulausstellung in Bern, Band 48, S. 99f (1927)

Abb. 280 Die Bronzeziste und die Goldkügelchen aus dem Grabhügel von Urtenen-Rödelberg. (Foto im BHM: H. Moll)

Es findet sich ein Beitrag zum Thema „Vierzehn Hohlkugeln" mit schönem Farbfoto in der Serie der „Glanzlichter aus dem Historischen Museum des Kantons Bern":

Müller, Felix; Das keltische Schatzkästlein, BHM, Chronos Verlag, 24f (1999)

45.2. Buebeloo-Chrache

Für detaillierte Informationen zum Grabhügel im „Buebeloo-Chrache" sei auf das ausführliche Schriftstück von H. Hennig hingewiesen:

Hennig Hilke, Der Grabhügel von Urtenen, Flur Buebeloo-Chrache , in: Zwei hallstattzeitliche Grabhügel aus dem Berner Mittelland, S. 13, Staatlicher Lehrmittelverlag, Bern (Schriftenreihe der Erziehungsdirektion des Kantons Bern, 1992)

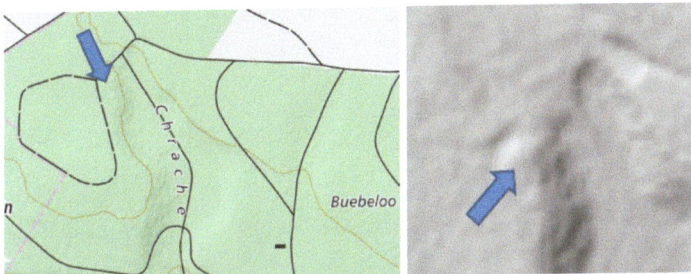

Abb. 281/282 Die Position des Grabhügels (s. blauer Pfeil) im „Buebeloo-Chrache", Gemeinde Urtenen-Schönbühl. Rechts die Darstellung des Grabhügels (s. blauer Pfeil) mit der 3D-Reliefschattierung

Abb. 283 Der in der „Fig. 27" von [173] (s. Abb. 284) eingezeichnete Grabhügel (Foto: H. Moll)

„In dem Kärtchen (Fig. 27) ist versucht worden, das topographische Bild nach den Beobachtungen der Verfasser darzustellen: Es zeigt sich, dass die Isohypsen 540, 550 und 560 in steigendem Masse gegen Norden ausbuchten, was auf der Zeichnung der erwähnten topographischen Karte nicht der Fall ist. In 570 m Meereshöhe bildet der Vorsprung einen allseitig abfallenden flachen Buckel, auf dem sich wohl ein Grabhügel und, nach Funden von Leistenziegelwerk zu schliessen, ein römischer Wachtturm *) befanden; gegen Osten fällt der Vorsprung steil zu dem geschilderten Bachtälchen ab, während er sich südwärts mit etwas geringerer Böschung nach dem Moossee zu senkt. Hier lassen sich nun drei parallel zu einander in östlicher Richtung verlaufende Terrassen in 550, 555 und 560 m Höhe feststellen. Sie beginnen etwas unbestimmt auf der Westseite des Vorsprunges beim

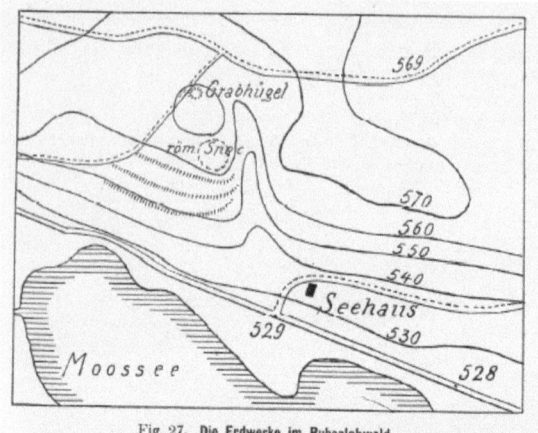

Fig. 27. Die Erdwerke im Bubenlohwald.

Abb. 284 Auszug aus dem Bericht von [173]

Weg, der nach dem Seerain hinabführt, und biegen an der Ostseite leicht gegen Norden um. Eine hier im Sommer 1926 ausgeführte Grabung förderte in 30-40 cm Tiefe unter Waldboden Branderde und Kohle, aber sonst nichts anderes zutage. Offenbar bestanden hier Wälle einer keltischen Befestigungsanlage, und in der römischen Zeit wurde der gleiche Platz für eine Specula benutzt, da von hier aus der benachbarte Römerweg leicht überblickt und bewacht werden konnte, der von dem schon damals bewohnten Wiggiswil nach Jegenstorf führte und der noch heute als Weg zwischen Wiggiswil und Urtenen benutzt wird (auf Fig. 27).

*) Vgl. Fr. König, Land und Leute des Moosseetales, Münchenbuchsee, 1920, S. 19 [173]

[173] König Franz, Nussbaum F., Neue Beiträge zur Heimatkunde des Moosseetales (Teil 17), in „Pionier der schweizerischen permanenten Schulausstellung in Bern, Band 48, S. 109f (1927)

„In Urtenen-Buebeloo/Chrache wurde ein Tumulus - ohne besseres Wissen, jedoch zielstrebig und mit der festen Absicht, eine interessante Primanerarbeit abzuliefern - von zwei Gymnasiastinnen angegraben. Frau M. Willener-Mordasini übergab mir Jahre später die seinerzeit geborgenen Fundobjekte und die von den beiden Ausgräberinnen erstellte Dokumentation.

Die «Ausgrabung» der damaligen Gymnasiastinnen erfolgte im Jahre 1967. Dabei bargen sie im peripheren Bereich des Grabhügels von Urtenen-Buebeloo/Chrache diverse Ha C/01-zeitliche Grabbeigaben, die heute nicht mehr mit Sicherheit einem einzigen oder zwei unterschiedlichen Individuen zugewiesen werden können." [174]

[174] Grütter Hans, in: Hennig Hilke, Zwei hallstattzeitliche Grabhügel aus dem Berner Mittelland, S. 6 (1992)

46. Vechigen-Sinneringen

„1860 kamen in Sangern oder Sandern (Strassacker) westlich von Sinneringen in einer Kiesgrube Gräber der Latènezeit zum Vorschein. Sie enthielten als Beigaben blaue Glasringe mit gelben und weissem Knötchen verziert, eine Kette mit Anhängern, eine Bronzespange sowie Messer aus Eisen. [175]

[175] Müller Peter, in: Geschichte der Gemeinde Vechigen, S. 117ff (1995)

Abb. 285 Der Strassacker in Sinneringen (rechts im Bild)
(Foto: http://mapio.net/s/45837736/)

Bereits im letzten Jahrhundert und dann vor allem im November 1948 kamen in der «Sangeren-Kiesgrube» wiederholt Skelettgräber zum Vorschein. Anlässlich der Beschreibung der letzten sechs Grablegungen wurde unter der Rubrik «Einzelfund» im Eingangsbuch des BHM ein kleiner Topf vermerkt. Seine Herkunft aus einem Grab, das nicht als solches erkannt werden konnte, ist nicht gesichert, aber auch nicht unwahrscheinlich. (*)

(*) Quellen: O. Tschumi, Das Latène-Gräberfeld von Sinneringen (Sangeren).
JbBHM 28,1948 (1949) 28-31. - Siehe auch JbBHM 51/52,1971/72, 33-35
Abb. 30-32 (mit z.T. unvollständigen Inventaren)." [180]

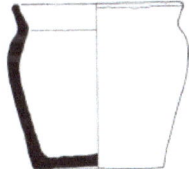

Abb. 286 Dunkelgrauer, handgeformter Topf aus grobem Ton. Vollständig erhalten. Höhe 9,0 cm. [176]

[176] F. Müller, Latènezeitliche Grabkeramik aus dem Berner Aaretal, S.52 und 62
Jahrbuch der Schweizerischen Gesellschaft für Ur- und Frühgeschichte 79 (1996)

47. Walliswil bei Niederbipp

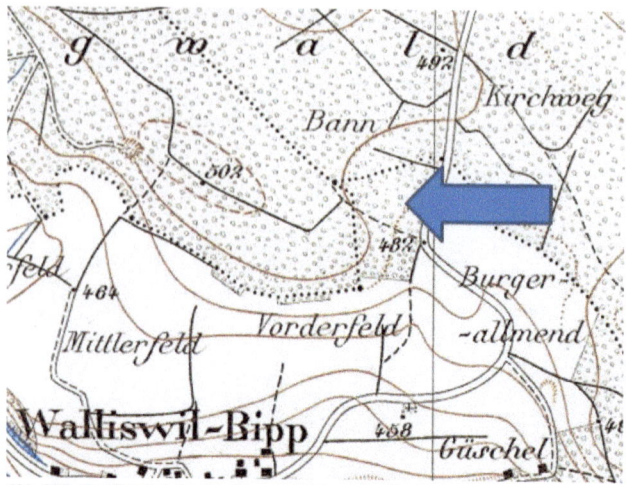

Abb. 287 Der Standort des Hügels nach [177] auf der Siegfriedkarte

„Im Walde von Walliswyl-Bipp (Kirchweg-Bann) liegt gegenüber der Burgerallmend, einige Meter nördlich vom Punkt 482 der topographischen Karte ein Tumulus von zirka 25 Meter Basisdurchmesser und 2 Meter Maximalhöhe. Der verstorbene Pfarrer Flückiger von Niederbipp liess ihn vor einigen Jahren durchgraben, fand aber nur Kohlenschmitzen und Geschiebeplatten. Immerhin geschah die Untersuchung nur sehr flüchtig." [177]

[177] Wiedmer-Stern J., Archäologisches aus dem Oberaargau, in: Archiv des Historischen Vereins des Kantons Bern, Band 17, Heft 2, S. 335 (1903/1904)

Abb. 288 Der Hügel gegenüber der Burgerallmend auf dem Gemeindegebiet von Walliswil bei Niederbipp (Foto: H. Moll)

48. Wiedlisbach

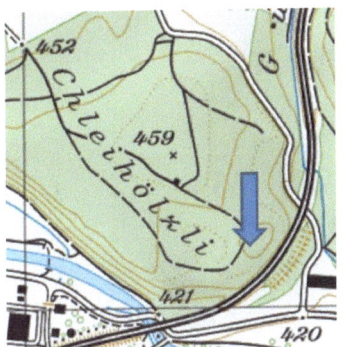

Abb. 289 Die Position des Grabhügels (s. blauer Pfeil) im „Chleihölzli", Gemeinde Wiedlisbach

„Am südlichsten Ende des Kleinhölzli zwischen Wiedlisbach und Walliswyl-Bipp liegt auf einer natürlichen Kuppe ein Tumulus von 7 Schritt Basisdurchmesser und 7 Fuss Höhe. Er besteht aus aufgeschüttetem grobem Kiessand und kleinem Geröll. 1843 gruben ihn zwei „Forscher" von Ost nach West durch, wobei sie in halber Höhe auf ein Gerippe stiessen. Zur Rechten desselben lag ein langes, schmales, einschneidiges Messer, dessen Schneide spitzig auslief. Der Hefteinlass war im Verhältnis zur Klinge sehr kurz und trug noch Spuren kalzinierter Holzfasern.

Soweit Jahns Bericht im Archiv des bernischen historischen Vereins 1848. Unzweifelhaft haben wir es hier mit einer alamannischen Nachbestattung (oder Bestattung) zu tun, so dass sehr wohl auf dem Grunde des Hügels noch eine frühere Grabanlage existieren könnte." [178]

[178] Wiedmer-Stern J., Archäologisches aus dem Oberaargau, in: Archiv des Historischen Vereins des Kantons Bern, Band 17, Heft 2, S. 334 (1903/1904)

Abb. 290 Der Tumulus im „Kleinhölzli", Gemeinde Wiedlisbach (Foto: H. Moll)

49. Wohlen

49.1. Buechwald

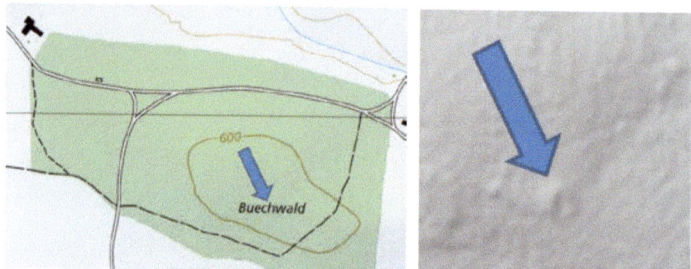

Abb 291/292 Die Position des Grabhügels (s. blaue Pfeile) im „Buechwald", rechts mittels der 3D-Reliefschattierung dargestellt

„EISENZEIT: Wohlen bei Bern, Buechwald: Einzelfund 2000. Grabhügel.

Am 26. Dezember 1999 brachte der Sturm „Lothar" im Buechwald nördlich von Oberdettigen (Gemeinde Wohlen) zahlreiche Bäume zu Fall. Betroffen war auch der baumbestandene Grabhügel am höchsten Punkt des Waldes. In einem baumausriss fand J. Jenni im Frühling 2000 ein gut gebranntes prähistorisches Keramikfragment " [179]

[179] Suter, Peter J. und Ramstein, Marianne; Archäologie im Kanton Bern/Band 6. Fundberichte und Aufsätze, Archäologischer Dienst des Kantons Bern (AKBE 6A und 6B; Schriftenreihe der Erziehungsdirektion des Kantons Bern), S. 166 (2005)

Abb. 293 Der mit vielen Pflanzen überwachsene Grabhügel im „Buechwald", Gemeinde Wohlen. Die vom Sturm „Lothar" angerichteten Schäden sind immer noch erkennbar. (Foto: H. Moll)

49.2. Murzelen-Büelhölzli

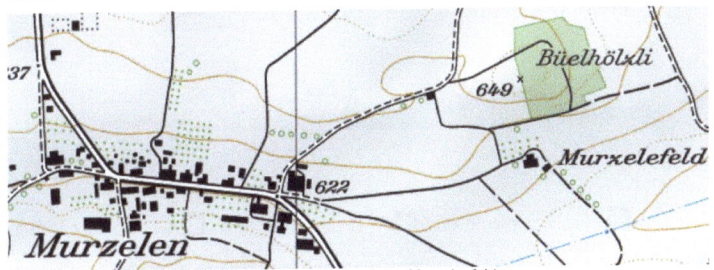

Abb. 294 Die geografische Lagen des Büelhölzli und des Murzelenfeldes

«En défrichant un bois des chênes entre Säriswil et Murzelen (Murzendon dans les anciennes chartes, de Mur, marais, et Zenden, ad finem.), les paysans de ce dernier village mirent a découvert , en mars 1846, cinq grands tumuli construits sur le plateau d 'une colline entourée de prairies marécageuses. Entre ces tumuli disposes a peu près en cercle , on remarquait un enfoncement très prononce ou les paysans supposent qu'on a pris la terre dont ces buttes étaient formées. Deux tumuli avaient été déjà détruits avant mon arrivée; ils renfermaient, au dire des ouvriers, beaucoup d'objets en fer et en bronze enfonces sous de grands amas de pierres ; tout fut brise ou disperse a la seule exception d'une épée en fer ' d'un bracelet' d'un fer à cheval et de petits fragments de bronze travaille ou repousse.

Abb. 295 Schwert (Fig. 16 gemäss [180])

L' épée (Fig. 16) est à deux tranchants et a pointé arrondie ; elle a 66 cent. de long et 5 cent. dans sa plus grande largeur; poignée en bronze, en deux parties, garnies intérieurement de bois; encore bien conservée (Fig. 15); longueur 8 cent., garde d'un seul côté.

La rosette de bronze qu'on a placé au haut de la lame et qui ornait la partie supérieure du fourreau se compose d'une mince feuille de bronze gravée en double cercle radie; cette feuille de bronze est soudée sur une rondelle de fer qui porte en- dessous des traces de deux crochets ou tiges qui la fixaient au fourreau. Cette rondelle a dû servir à retenir le baudrier.

Fer à cheval, brise et fort étroit. L'usage des fers à cheval de cette forme n a été introduit que tard chez les Romains; les fers qu'on voit à Rome et an musée Borbonico de Naples, sont des espèces de souliers qui s'attachaient avec des courroies aux pieds du cheval, comme l'indique l'induere de Pline.

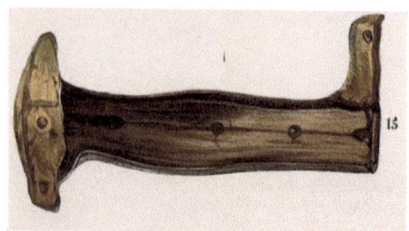

Abb. 296   Handgriff des Schwerts

Le troisième tumulus que je fis fouiller, en l'attaquant par le cote, était à noyau cônique de pierres, et paraît avoir contenu deux corps, celui d'une femme dans la couche supérieure au-dessus du cône, et dans la couche inferieure sous le cône, celui d'un guerrier.

I. Couche supérieure. Fig. 8. Boucle d'oreilles en or strié, creusé intérieurement, l'extrémité étroite entrant dans l'extrémité large pour fermer la boucle.

Petit anneau uni, composition de cuivre, plomb et étain.

Abb. 297   Goldener Ohrring (Fig. 8 gemäss [180])

Cinq gros boutons d'ambre formés chacun de trois parties; deux demi-cylindres, ornés de 20 creux circulaires et un disque plat a striés entre ces deux cylindres. Ces boutons sont percés d'un trou, et l'un d'eux contient encore le reste d'une tige de bronze. On a trouvé des objets pareils dans un tumulus de Trüllikon (Canton de Zurich) ; chaque bouton formait la tête d' une épingle en bronze, et cinq ou six de ces épingles, disposées en auréole sur une bande de cuir ou d'étoffe, se portaient comme coiffure chez les dames helvètes. Les femmes des environs de Côme ont encore des ornements de tête semblables.

Nombreux débris de bois, recouverts comme celui-ci des restes d'une étoffe en laine a gros grains:

La laine ferme et à gros grains est connue très anciennement, comme propre à donner aux étoffes beaucoup de grâce et d'éclat , dit Pline en parlant des Gaulois (VIII. 48). Plusieurs grands fragments de feuilles de bronze ornées de stries et fixées sur du bois ou du cuir; ce bronze est en partie recouvert de restes d'étoffe pareille à celle de la Fig. 2, et imprégné d'oxide de bronze.

Cote humaine sur laquelle on reconnait des restes de cette même étoffe, qui reparaissaient aussi sur plusieurs os de l'épine dorsale.

Abb. 298 Das Büelhölzli nordöstllich von Murzelen; rechts anschliessend das Murzelenfeld
(Foto: H. Moll)

A. <u>Bracelet forme d'un fil de bronze tourne en spirales</u> (non reproduit ici).

Tous ces objets se trouvaient enfoncés dans une pate noirâtre formant une couche d'environ deux centimètres d'épaisseur dans toute la longueur de la tombe, et paraissant être du bois ou du cuir décomposé par l'humidités. Cette matière représente les restes d'un cercueil en bois (arca), dont quelques parties, à l'abri des infiltrations de l'eau de pluie, ont pu se conserver intactes. Ces fragments , après la destruction du cercueil, sont restes adhérents, par la pression des terres, aux vêtements du mort. Le cuir dont j'ai cru retrouver des traces dans cette matière noirâtres faisait probablement partie du vêtement.

Apres avoir enlevé le cône de pierres, on trouva a '1½ ou 2 pieds au-dessus du niveau du sol' la seconde tombe.

Brassard en bois; forme ovale ; 12 cent. de hauteur; il contenait encore l'os de l'avant-bras. Les tumuli d'Anet m'ont fourni des brassards pareils (v. Tombelles d'Anet) , on en a trouvé, à Echallens et dans une carrière près de Payerne, en lignite et de plus petite dimension que celui-ci. On en voit aussi dans les musées de Naples et de Rome, mais ils sont en bronze et à spirales (v. planche X, Fig. 5 et 4). Les anciens archers romains portaient des brassards (brachialia manicae) qui n'étaient plus en usage dans l'armée du temps de Végèce (I. 22). Les Assyriens employaient cette arme défensive pour préserver le bras du frottement de la corde de l'arc; enfin les Amazones du Dahomey (Guinée), qui servent de garde du corps dans Je palais du roi, portent encore aujourd'hui des brassards en argent et en or (voyage du Lieutenant Bouët , mai 1851).

B. brassards en bois de moins grande dimension , reproduit Fig. 1 ; il contenait un petit bracelet forme d'un fil de bronze.

C. Petit anneau en fer qui n'est pas représenté ici.

Grand anneau massif qui se portait au pied. Fig. 10.

Abb. 299 Armband aus Holz (Fig. 1 gemäss [180])

Bracelet continu a six boutons. Fig. 11.

Bracelet a traits pointilles, se refermant par la seule élasticité te du bronze. Fig. 12.

Fragment d'un cercle de bouclier en bronze orne de triangles stries (Fig. 7.), et applique sur du cuir. On voit en-dessous une ligne verte produite par la pression d'un autre cercle pareil qui se trouvait place plus bas.

<u>Le 4ème tumulus</u> de ce groupe était également à noyau conique en pierres, mais moins élevé que le 5ème.

Deux grosses pierres, de 5 pieds de haut et un pied de large environ, étaient appuyées l'une sur l'autre, dans leur plus grande longueur, contre un des côtes du cône; une 5ème pierre se trouvait du cote opposé, et placée de la même manière. Ces blocs semblaient destinés à retenir les pierres de ce monument funéraire dans leur position conique. Ce tombeau contenait un bouclier pareil à celui du troisième tumulus, un brassard en bois, une fibule entière et deux autres brisées.

<u>Le 5ème tumulus</u> avait 8 à 10 pieds de haut; il était construit entièrement en terre, a l'exception d'une couche de pierres disposées en cercle a sa demi hauteur. Au-dessus de cette couche on trouva le morceau d'une plaque en bronze uni, et, sous les pierres, les restes d'une urne cinéraire, noirâtres et sans ornements.

Ces tumuli paraissent appartenir au même peuple et a la même époque (hevéto-romaine) que ceux d 'Anet. L'épée munie d'une garde, le fer à cheval, l'urne cinéraire, la présence probable de cercueils en bois (arca), indignent l'âge romain, tandis que les brassards en bois , la lame à bout arrondi et les anneaux de pieds, rappellent encore l'élément celtique (helvète-).

L'umbo de bouclier trouvé dans un tumulus de Murzelen est pareil a ceux découverts a Anet (v. notice sur l es tombelles d' Anet), son diamètre est de 12 cent.; il était entouré de cinq ou six cercles en bronze ornes de dessins a triangles striés. Quatre de ces cercles étaient entiers, les autres se trouvèrent brisés, et je n'en ai recueilli que des fragments.

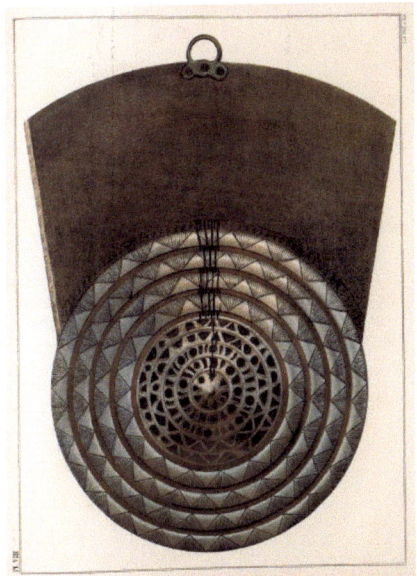

Abb. 300 Umbo aus einem Tumulus von Murzelen [180]

L'umbo et ses cercles se trouvant en plusieurs endroits encore recouverts de restes de lanières de cuir, j'ai essayé d'indiquer ici comment ils se fixaient au bouclier. Ces bronzes se plaçaient sur une feuille de cuir qu'on découpait en fines lanières tout autour du plus grand des cercles; la lanière qui couvrait le premier cercle disparaissait sous le second pour revenir sur le troisième, etc., et atteignait ainsi les petits cercles de l'umbo, qu'elle fixait de la même manière au moyen des trous ronds et triangulaires qui lui donnaient passage.

La seconde lanière glissait sous le premier cercle, reparaissait sur le second, etc.; la troisième lanière se tressait comme la première; la quatrième comme la seconde, etc. Le centre du bouclier devait ressembler ainsi aux rondaches nattées du moyen-âge' et offrait l'aspect d'un tissu serré ou le bronze étincelait entre les intervalles du cuir. Le bouton de l'umbo s'avançait en saillie , et le reste du bouclier présentait une surface unie, à partir du cercle extérieur. Ce premier travail achevé, on collait successivement derrière la première feuille de cuir d'autres feuilles en nombre suffisant pour donner au bouclier une force convenable. Peut-être les doublait-on encore de bois intérieurement.

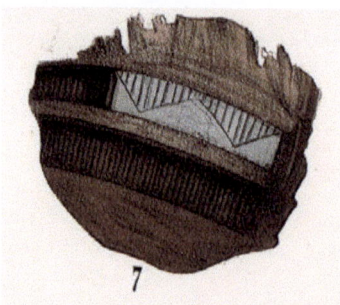

Abb. 301 Fragment eines Schildes (Fig. 7 gemäss [180])

Le fragment du corps du bouclier (Fig. 7) que j'avais pu détacher intact, était encore humide quand je le retirai du tumulus , et il devint si friable en se séchant qu'il tomba en grande partie en poussière; tel qu'il est, il a encore 1 ½ centimètres d ' épaisseur. Ce .bouclier doit avoir été rond et parait rappeler la parma romaine, qui avait trois pieds de diamètre.

Abb. 302 Armband aus Holz, von den Tumuli aus Murzelen (Fig. 6 gemäss [180])

[180] de Bonstetten G., Recueil d'antiquités suisses, S. 29ff und Tafeln VI und IX, Bern (1855)

„G. de Bonstetten a fouillé près de Murzelen un groupe de tumuli [4]). Le troisième recouvrait deux tombes à inhumation. La tombe supérieure a livré des boucles d'oreilles en or et des épingles à tête d'ambre. La tombe inférieure, placée sous un noyau de pierres, renfermait un disque ajouré, des brassards de lignite et des bracelets tubulaires (Musée de Bern).

Le quatrième tumulus du même groupe renfermait un disque ajouré (perdu), un brassard de lignite et trois fibules [5]) (Musée de Berne).

[4]) G. de Bonstetten, Recueil d'antiquités suisses, Berne 1855, p. 29 et pl. VIII.

[5]) D. Viollier, l. c. n°. 75 et 88." [181]

[181] Viollier, D., « Un groupe de tumuli hallstattiens à propos des plaques ajourées avec cercles concentriques mobiles » in: Anzeiger für schweizerische Altertumskunde, Band 12, Heft 4 S. 258 (1910)

50. Worb-Richigen

50.1. Richigen-Buechliwald

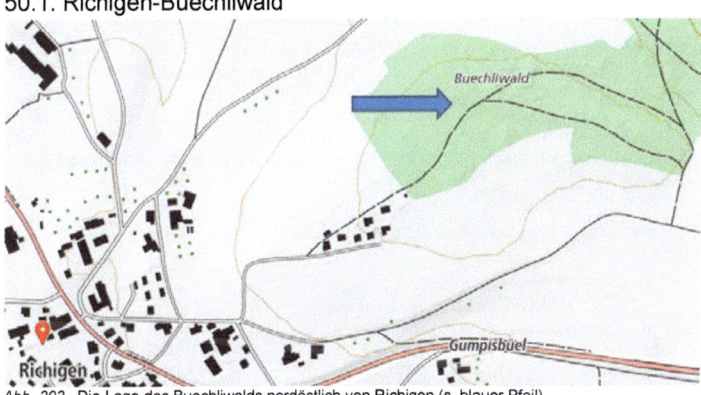

Abb. 303 Die Lage des Buechliwalds nordöstlich von Richigen (s. blauer Pfeil)

„Zwei Grabhügel im Buchli(spitz)wald bei Richigen wurden offenbar kurz nach der Mitte des 19. Jahrhunderts (in Anwesenheit von E. v. Fellenberg ?) ausgegraben.

Grabhügel I: Durchmesser: 25 bzw. 17m; Höhe unbekannt.
Es handelte sich um einen «Grabhügel mit mächtigen *Steinsetzungen* ... , (und) der einen *Bronzekessel* mit Henkeln, bronzene *Armringe (aus Draht)* ... unter einem zentralen *Steinkern* enthielt ... ». Diese Beschreibung Fellenbergs ist leider zu summarisch. Zum Glück hat uns dieser Laienforscher Situationsskizzen hinterlassen, woraus hervorgeht, dass die erwähnten Funde an zwei Stellen gefunden worden sind:

In einer Art Steinkiste muss der Bronzekessel deponiert gewesen sein, während die Drahtarmringe über einer *Brandschicht* in einer aus Steinplatten gebildeten kleinen Kammer gelegen haben müssen. Über diesen beiden «Depots» scheint der Steinkern errichtet gewesen zu sein. Für die «mächtigen Steinsetzungen» bieten die Skizzen nur bedingt Anhaltspunkte.

Abb. 304 Einer der Grabhügel im Buechliwald (Foto: H. Moll)

Grabhügel II: Durchmesser: 28 bzw. I 5 m; Höhe unbekannt.
Nach den vorhandenen Skizzen E. v. Fellenbergs enthielt dieser zweite Tumulus *3 Steinsetzungen* – im Minimum; denn bei der einen Zeichnung fehlt sogar ein Stück des Hügelgrundrisses. Vielleicht hatte v. Fellenberg beim Beschrieb des einen - hier ersten - Grabhügels diese Steinsetzungen vor Augen (s. oben).
Leider ergab dieser Hügel keine Funde -, oder diese wurden bedauerlicherweise nicht beobachtet." [182]

[182] Drack Walter, Ältere Eisenzeit der Schweiz, Kanton Bern, III. Teil, S.28f (1960)

Abb. 305 Becken mit Kreuzattaschen und Griffbügeln von Richigen-Buechliwald [183]

„Becken mit Kreuzattaschen und Griffbügeln von Richigen: Wandungsfragmente, Kreuzattaschen und 2 Griffbügel, alles Bronze. Die Bodenpartie fehlt. Dem Rand der Wandung entlang mehrteiliges graviertes und ziseliertes Dekorationsmotiv, bestehend aus Wolfzahnmuster und gegeneinanderstehenden Diagonallinien. Die Kreuzattaschen sind längsgerippt, die Griffbügel tordiert, deren Hakenenden schwanenhalsartig ausgebildet.

Gefunden im Grabhügel I im Buchli(spitz)wald Mitte des 19. Jahrhunderts. Als Mitfunde werden bronzene Drahtarmringe erwähnt.

- Museum: BHM Bern. - Lit.: Drack 1960, 28f." [183]

[183] Drack Walter, Die Metallgefäße der Hallstattzeit aus dem schweizerischen Mittelland und Jura, im: Jahrbuch der Schweizerischen Gesellschaft für Ur- und Frühgeschichte, Band 60, S. 111 und 118 (1977)

50.2. Richigen-Stockere

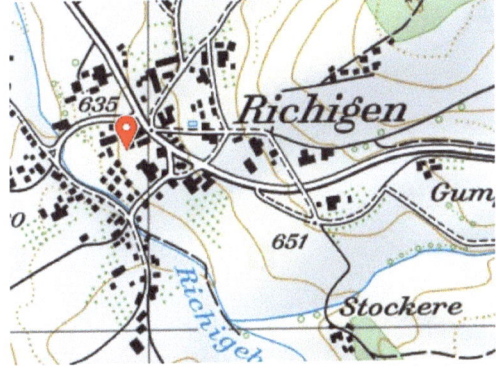

Abb. 306 Die „Stockere" (unten rechts) südöstlich des Dorfzentrums von Richigen

„Vor mehreren Jahren legte Herr Baumeister Riesen Worb südöstlich vom Dorfe Richigen in einem den Herren Gebrüder Bürki gehörenden Landstück eine Kiesgrube an; dieselbe befindet sich ziemlich genau in der Mitte zwischen der Häusergruppe „Unter-Rohrmoos" und dem Bauernhofe „Stockeren". Das Terrain bildet hier einige ganz schwache und Wellen. Eine solche Kuppe von rund 20 Meter Durchmesser und ½ Meter Scheitelhöhe über dem Umgelände - wie die Masse zeigen, ist die Erhebung sehr schwach und verläuft ziemlich allmählich - hat der vorschreitende Rand der Kiesgrube vor einiger Zeit angeschnitten. Diese Erhebungen sind natürlich und im vorliegenden Fall durch eine Zusammenschiebung der Ackererde entstanden; unter der Humusschicht zieht sich die Kiesbank horizontal hin.
Schon im Herbst 1903 stiessen die Arbeiter auf ein Skelett (Grab I), beachteten dasselbe aber nicht weiter, wollen auch keine Beigaben wahrgenommen haben.

Im Dezember 1905 wurde ein weiterer „Satz" zum Abbau blossgelegt, d. h. vom übergelagerten Humus entblösst. Dabei zeigte sich, dass letzterer an einer Stelle in

Form eines Schachtes sich in die Kiesbank hinabzog und bei gründlicher Säuberung dieses Schachtes stiessen die Arbeiter auf ein zweites menschliches Skelett (Grab II). Es zeigte sich, dass der Tote ringsum mit grossen Rollsteinen umgeben und teilweise zugedeckt worden war. Immerhin wurde auch in diesem Falle nicht weiter nachgeforscht; einer der Arbeiter hob eine Buckelperle aus Kobaltglas und drei kleine Glasringlein aus gleichem Material (äusserer Durchmesser 7 mm) auf. Die Buckelperle ist ähnlich derjenigen von Zollikofen (Heft 3, dieser Blätter), hat aber nur „Augen". Die kleinen Glasringlein entsprechen genau denjenigen, welche besonders in tessinischen Gräbern häufig sind und wohl über den Gotthard zu uns kamen.

Diesem, Mitte Dezember entdeckten Grabe, folgten Mitte Januar d. J. zwei weitere (Grab III und Grab IV). Grab III enthielt ein blosses Skelett; reicher waren die Beigaben in Grab IV, nämlich: zwei goldene Fingerringe, acht Bronzefibeln und Fragmente einer Eisenfibel. Von den Fingerringen entspricht Fig. 1 demjenigen von Münsingen (Heft 3 dieser Blätter 1905), Fig. 2 aber stellt die seltsame typische Früh-Latène-Form dar, wie sie in den Gräbern vom Schwarzthor-Bern, Gempenach, Steinhausen-Zug, Dachelsen und Ober-Ebersol etc. vorkommt. Es ist der „gebogene Ring", wie er ähnlich heute noch in Ostindien als Fussschmuck getragen wird. In der Früh-Latène-Zeit muss dieser Typus bei uns sehr beliebt gewesen sein.

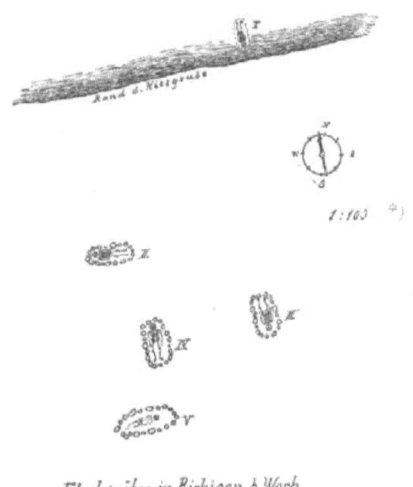

Abb. 307 Situationsplan der Flachgräber in Richigen-Stockere [184]

Bemerkenswert ist die der gleichen Epoche angehörende Fibel, Fig. 4, die aus den Gräbern von Gempenach ebenfalls ist. Der umgebogene Fuss erweitert sich zu einer sehr breiten, ursprünglich kreisrunden und durchlochten Pfanne und schliesst mit einem Knopf ab. Die Pfanne zeigt noch Spuren von Email und zweifellos sollten die Löcher in irgendwelcher Weise das Aufhaften der Paste sichern. Die übrigen Fibeln sind von verschiedener Grösse, ziemlich einfach und zeigen Übergangsformen zum Mittel-Latène. Von der Eisenfibel sind nur der Fuss und die mit vier Windungen erhalten.

Am 29. Januar wurde alsdann das durch Sondierungen konstatierte Grab V geöffnet. Es enthielt innerhalb der Einfassung aus Rollsteinen ein sehr stark zersetztes Skelett. Die Knochen waren eine dünne schwarze Schicht eingelagert, die deutliche Holzstruktur in ihren minimen Überresten verrät und wohl von einem Brett herrührt, auf welchem der Tote ins Grab gelegt worden war. An Beigaben fanden sich:
a) Am Ringfinger der rechten Hand ein Bronzering Fig. 3), der Typus des Goldringes Fig. 1) in etwas roherer Ausführung zeigt.
b) Auf der rechten Schulter zwei sehr verrostete Eisenfibeln mit Spuren Gewebe, in den Rost eingebacken. Wie der Situationsplan zeigt, sind die Gräber unregelmässig orientiert; ebenso variiert die Tiefe der Schachte in der Weise, dass sie mit dem Ansteigen des Terrains zunimmt. Das Skelett V, welches auf der Mitte des Hügelchens beerdigt wurde, lag in einer Tiefe von 1,6, Nr. II in einer solchen von 0,9 Meter. Durchschnittlich reichen die Schachte 72 Meter in das Kieslager hinab, so dass die effektive Tiefe der Gräber von der Mächtigkeit der Humusschicht abhängt.

Einheitlich für alle ist der Charakter der Bestattung: Die Holzunterlage der Leiche, die Einfassung und teilweise Überwölbung mit Rollsteinen, die dann freilich beim Verwesen des Leichnams einsanken einzelne Knochen zerdrückten. Nach dem Typus der Beigaben dürften die Gräber dem IV. bis III. vorchristlichen Jahrhundert zuzuweisen sein."

Abb. 308 Fingerringe und Fibel von Richigen-Stockere [184]

[184] Wiedmer-Stern J., Ein neuer Gräberfund in Richigen b. Worb. in: Blätter für bernische Geschichte, Kunst und Altertumskunde, Heft 1, S. 10ff (1906)

„In Heft 1, 1906 dieser Zeitschrift und im Jahresbericht des bernischen historischen Museums 1906 beschrieb der Verfasser die bis dahin in der Stockeren-Kiesgrube bei Richigen konstatierten fünf Gräber. Die Vermutung, dass noch weitere Funde zu erwarten seien, hat sich bewahrheitet, indem bei weiterem Abdecken des südlichen Grubenrandes am 10. August d. J. drei fernere Bestattungen zum Vorschein kamen.
Die nun folgende Nummerierung schliesst an die frühere an; es sei dafür auf den dem obenerwähnten Artikel beigegebenen kleinen Plan verwiesen.

<u>Grab 6</u>. Fussende genau 3 m östlich vom Kopf des Grabes 3. Das schlecht erhal-tene Skelett lag Kopf SSO, Füsse NNW) in 80 cm Tiefe innerhalb einer deutlichen Sarglinie von 170 cm Länge und 55 cm mittlerer Der nasse, lehmige Boden war der Erhaltung der Knochen und Gegenstände wie sich auch bei den folgenden Gräbern zeigen sollte) nicht günstig und die vielen beinahe zu einer Breccie zusammengekitteten Kiesel erschwerten und verzögerten die sorgfältige Untersuchung. Von den Knochen war nur mehr der rechte Oberschenkel messbar Länge 41 cm). Ziemlich gut erhalten, wenn auch unter dem Erddruck geborsten, war dagegen der Schädel, der ebenfalls aufgehoben wurde.

Von Beigaben fanden sich: Am linken Ellenbogen ein Armring aus dickem glattem Bronzedraht in zwei vollständigen, spiralförmigen Windungen, ein Typus, der sich sonst vorzugsweise in frühgermanischen Gräbern findet. Auf der Brust lagen drei Eisenfibeln Mittel-Latène) mit sehr breiter Federspirale. Eine kleinere Eisenfibel mit gewöhnlicher lag im Genick. Im Becken fand sich ein kleiner Fingerring aus schlechtem Silber. Er besteht aus anderthalb Windungen eines breitgedrückten, glatten Drahtes. Da von den Händen nichts mehr erhalten war, lässt sich nicht bestimmen, ob er rechts oder links getragen wurde.
Nach den Beigaben und der Zierlichkeit der Knochen zu urteilen, hier eine junge Frau bestattet. Die Weisheitszähne sind noch nicht vollständig durchgebrochen.

Abb. 309 Goldenes Ringlein [185]

<u>Grab 7</u>, parallel mit 6, das Fussende um 40 cm gegenüber diesem vorspringend, lag 1,7 m östlich vom vorigen, in 1,8 Tiefe. Auch hier liess sich deutlich eine Sarg-einfassung von 2,15 m Länge nachweisen. Bei Brust und Becken war sie 45 cm breit, nach unten aber verjüngte sie sich und mass von der Mitte der Unterschenkel weg bis zum Fussende nur noch 25 cm. An den Knochen war nur noch zu erkennen, dass es sich um einen jüngeren Menschen handelt, bei dem die Epiphysen noch nicht festgewachsen waren, doch erlaubte die schlechte Erhaltung keine Mes-sungen. Auf dem Brustbein lag ein unkenntlicher Klumpen von Eisenrost.

<u>Grab 8</u> lag 1 m östlich von Nr. 7, auch SSO-aber diesmal mit dem Kopfende gegen NNW. Die Tiefe betrug 1,6 m, die Länge des auch hier wieder nachweisbaren rechteckigen Sarges 2,05 m bei 55 cm Breite. Der starke Schädel war arg zerdrückt und die kräftigen Extremitätenknochen und das Becken nur noch da einigermassen erhalten, wo sie mit den weiter unten zu erwähnenden Eisengegenständen in unmittel-

barer Berührung blieben. Etwas unterhalb der linken Schläfe der Kopf lag auf der rechten Wange) fand sich als erstes ein sehr zierliches goldenes Ringlein siehe Abbildung) aus drei gerippten Drähten kabelartig hergestellt.

Nach seiner Einlagerung scheint es am nächsten, den hübschen Schmuckgegen-stand als Ohrring zu deuten. Die Hoffnung, auf der rechten Kopfseite ein entsprechendes zweites Stück zu finden, verwirklichte sich leider nicht. Von der Stirn weg bis unterhalb des Beckens zeigte sich in der Länge von ca. 90 cm die Umrisse waren unten etwas verschwommen) eine deutliche braune Verfärbung, die sich nach beiden Seiten ausbreitete bis hart an den Rand des Sarges. Bei einer wechselnden Tiefe von 2-4 cm ging sie nach ihrer Unterseite ins Schwärzliche über. Stellenweise liess sich an ihrer Peripherie eine leichte Biegung erkennen. In der Mitte aber zeichnete sich deutlich ein allerdings völlig zersetztes eisernes Beschläge ab. Es war evident: der Oberkörper des Toten war mit dem ovalen Schild bedeckt gewesen! Ob die braune Verfärbung des Lehms einem Lederüberzug, der den Holzschild bedeckte brauner Moder oben, schwärzlicher unten und Abdrücke von Holzfasern auf den spärlichen Eisenbruchstücken) zuzuschreiben ist, bleibe dahingestellt. Sicher und deutlich liessen sich an Ort und Stelle die obigen Beobachtungen machen, wenngleich in dem für die Erhaltung überaus ungünstigen lehmigen Erdreich wenig mehr vorhanden war, als eben der umso deutlichere Abdruck der zersetzten Objekte. Von der Mitte des rechten Oberarmes bis zum Knie reichte, auf Arm und Oberschenkel liegend, ein eisernes Mittel-Latène-Schwert mit 87 cm Länge, wovon 16 cm auf den Griffdorn entfallen. Auf der nur teilweise erhaltenen eisernen Scheide zeigen sich deutliche Abdrücke eines groben Gewebes. Unmittelbar auf dem obersten Teil der Scheide lag ein Speereisen, von dem sozusagen nur noch die Dulie und der Ansatz der Mittelrippe vorhanden sind; etwas ausser- und unterhalb des rechten Fusses fand sich dann auch der zugehörige Speerschuh, der mittels eines Domes am unteren Ende des Schaftes befestigt gewesen war. Der Abstand von diesem Fuss bis zur Dulie ergibt für den Speerschaft eine Länge von ca. 160 cm. Im Becken lag eine ganz zerbröckelte eiserne Fibel. Sonstige Schmuckstücke fanden sich nicht.

Zu bemerken ist noch, dass sich sowohl über, wie unter den Skeletten dieselbe schwarze Moderschicht fand, wie auf den Seiten, als Reste des Sargdeckels, resp. des Bodens. Irgendeine nähere Form des Deckels liess sich jedoch nicht erkennen, da alles zu einer waagrechten Schicht zusammengedrückt war. Alle drei Gräber gehören dem vorgerückten Latène II an und weitere, für zu erwartende Entdeckungen werden erst lehren, ob wir hier den Anfang oder das Ende des Gräberfeldes vor uns haben oder ob diese Gräber nur eine zeitlich eng begrenzte kleinere Gruppe bilden." [185]

[185] Wiedmer-Stern J., Ein neuer Gräberfund in Richigen b. Worb. in: Blätter für bernische Geschichte, Kunst und Altertumskunde, Heft 3, S. 165ff (1907)

„Als Fortsetzung der Untersuchungen der Nekropole in der Stockern von Richigen (vgl. 11. JB. SGU., 54 f.) notieren wir:

Grab 14. In ungefähr 1,3 m Tiefe Skelett, Richtung N—S. Auf der 1. Seite des Schädels zwei kleine Bronzefibeln T. II, auf der Schulterhöhe kleine gut erhaltene Armbrustfibel T. II, im Schädel eingerutschte Fibel T. II. An der linken Hand Ring aus dreimal

gewundenem Silberdraht. Schädel hoch gelagert, auf einem Kieselstein ruhend. Sarg?
Grab 15. Tiefe 1,5 m, Richtung ONO-WSW, Skelett fast ganz vermodert. Randsteine in opus spicatum angeordnet („känelartig"). Massiver glatter Fussring aus Bronze, auf der Höhe des 1. Oberarmes unbestimmbare Eisenfibel.

Grab 16. Tiefe 0,7 m. Deutliche Brandspuren, wenige Reste. Richtung N-S. Hohler Buckelarmring. In der Brustgegend 4 bronzene Fibeln T. I c, 2 solche mit abgebrochenem Fuss und hohem Bügel, vielleicht T. I a, Reste einer Bronzefibel und eines gebuckelten Fussringes.

In der Beckengegend „geknickter" Fingerring aus Bronze; auf der 1. Seite unterhalb des Beckens vollständiger gebuckelter Armring aus Bronze und das Bruchstück eines gebuckelten Fussringes. In der Fussgegend Gewebeabdrücke.

Grab 17. Skelett in 0,7 m Tiefe, von einem vollständigen Steinkranz umgeben. Schwarze Erdschicht, vielleicht von Sarg. Auf der Brust: Eine grosse Bronzefibel T. II, eine kleine Armbrustfibel aus Bronze und eine Fibel von Eisen, beide T. II. Glasperle vom Typus der Perlen mit geschichteten Augen. Vgl. auch Alt. uns. heidn. Vorz. 5, Taf. 14, Nr. 240, wohl aus einer jüngeren Phase der T.

Die Funde liegen im Hist. Mus. Bern, die Inventarnummern s. Hist. Mus. Bern, JB. 1919, 20 f.; den Fundbericht p. 11/12." [186]

[186] Jahresbericht der Schweizerischen Gesellschaft für Urgeschichte, Band 12, S.90 (1919-1920)

50.3. Vielbringen

Abb. 310 Der Gschneitwald liegt östlich von Vielbringen

„Am Westausgang des Gschneitwaldes bei Vielbringen (TA. 322, 84 mm v. r., 78 mm v. u.) kam bei Verbreiterung des Waldweges in 30 cm Tiefe ein Skelett, Richtung O-W, zum Vorschein. An den Armen je zwei Hohlringe, auf der Brust zwei Bronzefibeln Latène Ic. Die eine Fibel ist nur im Bügel erhalten, verwandt mit Typus Viollier,
Taf. 4, S. 165. Die andere ist völlig erhalten und kommt dem Typus Viollier, Taf. 5, S. 200, nahe. Die Ringe können dem Typus Viollier, Taf. 27, Abb. 29, 33, zugewiesen werden. Tschumi, Jahrb. Hist. Mus. Bern 1932, dem wir diese Angaben entnehmen, schreibt: Die Aaregegend muss in dieser Zeit, Latène I, ziemlich dicht besiedelt gewe-

sen sein, wie aus den zwei Gräberfeldern von Münsingen, denen von Richigen und unserm neuen Fundort hervorgeht." [187]

[187] Jahresbericht der Schweizerischen Gesellschaft für Urgeschichte, Band 24, S. 55 (1932)

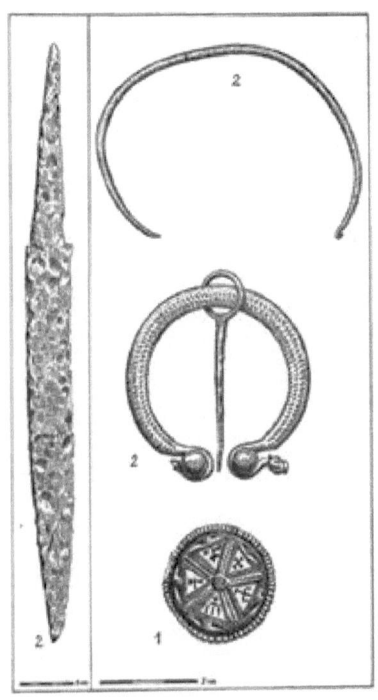

Abb. 311 Funde aus dem Gräberfeld von Vielbringen-Worb [188]

„Die zwei Flachgräber von Vielbringen (Jb. Hist. Mus. Bern 1906,21 f.; 1. JB. SGU., 1908,109 f.) veröffentlicht ausführlich O. Tschumi im JB. Hist. Mus. Bern 1941, 76 f. Das erste Grab enthielt einen interessanten Zierknopf aus Bronze (Abb. 48, 1). Ein Kreis ist durch Perlenreihen in 5 auf die Spitze gestellte Dreiecke eingeteilt, die sich in der Kreismitte treffen. In die Dreiecke sind mit Niello kreuzähnliche Zeichen eingelegt. Den Rand umsäumt eine Perlenreihe. Aus Grab 2 interessiert eine Omegafibel, wie sie schon in frührömischen Brandgräbern vorkommt (Abb. 48, 2). Sie hat sich zählebig gehalten und ist bei den einwandernden Alamannen kurz nach der Landnahme im Ende des 5. Jh. als römisches Erbgut zu betrachten." [188]

[188] Jahrbuch der Schweizerischen Gesellschaft für Urgeschichte, Band 32, S. 170f (1940-1941)

51. Wynau

Abb. 312 Die Position des Grabhügels von Wynau gemäss [191]

„In den Gemeindewaldungen von Wynau fand man einen keltischen Grabhügel. Die auf Anordnung des Dr. Fellenberg vorgenommenen Nachgrabungen haben aber leider nichts zu Tage gefördert (»Schw. Grenzp.« v. 16. Sept., Nr. 220)." [189]

[189] von Fellenberg E., Kleinere Nachrichten, in: Anzeiger für schweizerische Altertumskunde, Band 5, S. 135 (1885)

„Anfangs der verflossenen 80er Jahre grub Fellenberg einen Tumulus im Burgerwald von Wynau an; da sich bei der Sondierung nur einige Kohlenbrocken zeigten, wurde die gründliche Untersuchung unterlassen." [190]

[190] Wiedmer-Stern J., Archäologisches aus dem Oberaargau, in: Archiv des Historischen Vereins des Kantons Bern, Band 17, S. 402 (1904)

Abb. 313 Der Tumulus am Bannhubel, Gemeinde Wynau (Foto: H. Moll)

„Im Juni 1994 konnte H. Grütter den bisher nicht genau lokalisierten eisenzeitlichen Grabhügel auf der Höchi bei Wynau wiederauffinden. Die genaue Vermessung erfolgte erst anfangs 1997.

Der vermutlich hallstattzeitliche Grabhügel weist heute einen Durchmesser von knapp 12 m auf, und seine Höhe beträgt etwa 1,2 m. Er ist bereits 1880 von E. von Fellenberg ausgegraben worden, doch sind uns keine Funde bekannt. Somit bleibt seine hallstattzeitliche Datierung hypothetisch. Auch hier führt ein Hohlweg unbestimmten Alters nahe am Grabhügel vorbei." [191]

[191] Gutscher Daniel, Suter Peter J. et al., Archäologie im Kanton Bern, Band 4A, S. 62 (1999)

52. Wynigen-Bickigen

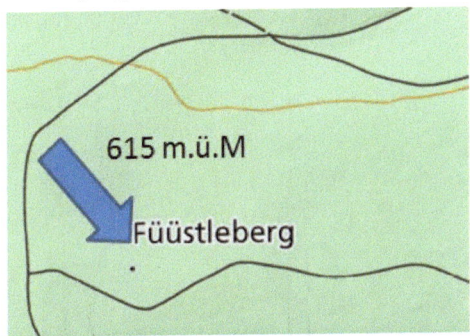

Abb. 314 Die Position des Tumulus auf dem Füüstleberg bei Bickigen nach [192]

„Ein Grabhügel auf dem Füstleberg nördlich von Burgdorf und westlich Bickigen wurde im Februar 1877 von Gymnasiallehrer Keiser von Burgdorf untersucht. Koord.-Punkt etwa 615 200/215 500. - Durchmesser: 11m; Höhe: 1,2 m.

Anscheinend zu ebener Erde standen im Ostteil des Tumulus ein Topf (3,3 m vom Rand entfernt) und mehr gegen das Zentrum zu eine Schale und hart daneben ein kleines Tässchen, letztere Gefässe 4,2 m vom Ostrand des Hügels entfernt. Über diesen beiden Kleingefässen lag, mit der Spitze nach Osten, «ein eisernes Schwert von 34 cm Länge und 3 cm Breite», das heisst also ein Dolch, der aber vom Rost so stark zerfressen war, dass ihn Keiser nicht aufbewahrte, sondern bloss skizzierte. In den kleinen Gefässen sollen sich Aschenreste befunden haben, was mit einiger Sicherheit auf eine Brandbestattung hindeutet. (Zitate von J. Keiser).

Literatur: - A. Heuer, Die ältesten Zeiten Burgdorfs, in: Berner Taschenbuch auf das Jahr 1879, S. 83f.- J. Keiser, Antiquarische Notizen aus der Umgebung von Burgdorf, in: Jahresbericht des Gymnasiums Burgdorf pro 1877/78, Burgdorf 1879, S. 13 und Taf. II, 6-8. - O. Tschumi, Urgeschichte des Kantons Bern, Bern und Stuttgart 1953, S. 216 (sub.: Burgdorf).
Museum: Historische Sammlung des Rittersaalvereins, Burgdorf." [192]

[192] Drack Walter, Ältere Eisenzeit der Schweiz, Kanton Bern, III. Teil, S.15 (1960)

Abb. 315 Der Wald auf dem Füüstleberg (Gemeide Wynigen-Bickigen), in dem sich der Grabhügel nach [196] befindet. (Foto: H. Moll)

53. Zollikofen

Abb. 316 Die Fundstelle (s. blauer Pfeil) südlich des Hauptbahnhofs von Zollikofen

„Am Montag, 24. Juli, benachrichtigte Herr Notar J. TL Leuenberger in Bern den Verfasser, dass am Samstag vorher bei den Fundament Grabungen für eine Neu-baute der Kaffeerösterei Zollikofen Skelette mit Beigaben zum Torschein gekommen seien. Ich begab mich sogleich mit den beiden Eigentümern jener Neubaute, Herren Bauer & Bleuler in Bern, an Ort und Stelle. Leider waren durch die fortschreitenden Arbeiten die zwei entdeckten Gräber bereits zerstört worden, ihre Einlagerung an den Wänden der Fundamentgräben aber noch deutlich erkennbar. Beide Skelette hatten in 0,8 m Tiefe in sandigem, mit Kieseln und Geschiebe durchsetztem Lehm gelegen, in west-östlicher Richtung, ziemlich parallel, die Köpfe gegen Westen. Das eine berührte beinahe den Südrand der Abtrittgrube, das andere lag quer vor dem Einschnitt für die Kellertreppe; zwischen beiden war ein Abstand von nicht ganz zwei Metern in nord-südlicher Richtung.

Grab I, das südlich, näher der Bahnlinie gelegene, war zuerst blossgelegt worden. Die Arbeiter stiessen am Samstag, 22. Juli, zuerst auf einige Knochen, fanden aber dann in der Gegend der Arme, teilweise an diesen selbst, gläserne Ringe und schliesslich eine gläserne Perle (Gehänge). Zwei der Armringe waren leider durch einen Pickelhieb zerschlagen worden.
Die Funde wurden beiseitegelegt, ebenso wie die Calotte des Schädels. Der erste Blick zeigte indessen, dass sowohl der eine Armreif nicht vollständig war, als auch der Schädel neue Brüche aufwies. Ich liess daher die ausgehobene Erde, soweit sie noch nicht weggeführt war, umschaufeln und fand dabei ausser einer Fibel Fragmente einer zweiten solchen, sowie Knochen; in einem Sandhaufen zeigten sich schliesslich auch die schmerzlich vermissten drei kleinen Bruchstücke des einen gläsernen Armringes. Soweit überhaupt noch beizubringen, war nun also der Inhalt des ersten Grabes beieinander. Er besteht aus:

1. Einem Armring aus Kobaltglas von 75 mm Durchmesser in der Höhlung, vollständig intakt. Die Aussenseite ist mit neun Seilrippen zwischen doppelten Randleisten verziert. Die äussere Randleiste auf jeder Seite trägt je zwei gegenüberstehende, zwischen 4 und 5 cm lange, aufgetragene Zickzacklinien aus gelbem Schmelz. Gleichartig, aber in weiss, sind die etwas stärkeren innern Randleisten verziert und zwar so, dass hier das Ornament unterhalb der durch die oberen Zickzacklinien gelassenen Lücken zu stehen kommt. Die gleiche Verzierung, nur etwas kräftiger, schmückt auch die Rippen des breiten Mittelraumes in der Weise, dass gelb und weiss von Wulst zu Wulst abwechseln. Da der Umfang des Ringes aber 9 Rippen aufweist, wären entweder zwei gelbe oder zwei weisse derartige Ornamente nebeneinander zu stehen gekommen. Das hat der Dekorateur geschickt vermieden dadurch, dass er den Zickzack auf dem letzten Wulst halb gelb, halb weiss auftrug. Das schöne Stück entspricht denjenigen von Orpund und Bikingen bei Burgdorf. („Figur 10"). Die Breite der Aussenseite beträgt 23 mm.

2. Spange aus hellem Glas mit gelber Folie auf der Innenseite (Schmelz). Durchmesser der Höhlung 68 mm, Breite der Wand 21 mm. Zwischen je zwei Randleisten zieht sich auch hier ein schartiges Reliefornament hin, hergestellt durch schräge Eindrücke in die noch weiche Glasmasse („Figur 11").

Fig. 11   Fig. 12

Abb. 317 Spange und Armring aus den Gräbern in Zollikofen [193]

3. Armring aus hellem Glas mit gelber Schmelzfolie auf der Innenseite. Durchmesser der Höhlung 68—70 mm, Breite 18—19 mm. Auch hier füllt ein seilartiges Relief das Mittelfeld zwischen zwei stark abgestuften Randleisten. Im Gegensatz zu Nr. 2 bestehen aber hier die schräggestellten Einkerbungen nicht aus einem Strich sondern

aus drei schräg aneinander gereihten Punkten (Grübchen), was das Ornament sehr hübsch belebt („Figur 12").
Die beiden hellen Ringe waren leider in einen Pickelhieb gekommen und in mehrere Stücke zerbrochen, doch gelang es schliesslich, alle Fragmente zusammenzufinden.

4. Anhänger (Perle) aus Kobaltglas mit 9 Buckelaugen, deren Mantel mit Kreisen aus weissem Schmelz verziert ist, während jede Kuppe einen Tupfen aus gelbem Schmelz trägt. Die Perle ist 18 mm hoch und hat eine senkrechte Durchbohrung von 10 mm Durchmesser (Figur 13).

5. Typische Mittel-La-Tène-Fibel aus Bronze. Die Bruchstücke dieses hübschen Stückes fanden sich im Aushub; der Fuss dagegen war und blieb verloren. Der Bügel ist etwas ornamentiert, die Spirale hat vier Windungen, zweimal zwei.

6. Spärliche Reste einer ähnlichen Fibel (Ornament, Bügelring, Bügel- und Nadelfragment). Mehr war von diesem zweiten, jedenfalls dem vorgenannten ganz ähnlichen Stück nicht beizubringen trotz stundenlangen Suchens.

Fig. 10   Fig. 13

Abb. 318 Armring und Perlen-Anhänger aus den Gräbern in Zollikofen [193]

Dagegen fanden sich noch einige Schädelknochen, sowie die beiden Äste des Unterkiefers mit etwas abgekauten, aber schön weissen Zähnen. Auffällig ist an dem Gebiss, dass nur zwei Mahlzähne vollständig entwickelt sind, der dritte dagegen verkümmert ist. Die hier Bestattete dürfte 25—30 Jahre alt gewesen sein. Der wieder hergestellte Schädel (von den Gesichtsknochen sind nur einige Fragmente vorhanden) hat folgende Masse : Länge 178, Breite 157 (Index 88), Höhe 128, Schläfenabstand 125 mm. Der vorliegende Schädel ist somit hochgradig brachy-cephal, ein neues Beispiel für das Vorkommen ausgesprochener Repräsentanten dieses Types inmitten des doch vorwiegend dolichocephalen La-Tène-Volkes. Nach der Biegung der Kieferfragmente zu urteilen, dürfte der Unterkiefer ziemlich breit gewesen sein, so dass der Kopf überhaupt den breitgesichtigen Kurzschädeln zugerechnet werden kann.

<u>Grab II</u>, schwach 2 m von dem vorbeschriebenen nach Norden abliegend, war beim Ausheben der Erde noch schlechter weggekommen. Ausser spärlichen Skelettresten (der Schädel war ganz vernichtet und weggeführt) Hessen sich nur Spirale, Nadel und ein Teil des Bügels einer Fibel auffinden ; dieselbe entspricht, soweit vorhanden, der Figur 14, nur ist hier der Bügel etwas massiver gehalten und zeigt einen fast runden Querschnitt ohne Seitenkanten. Dagegen liess sich in der Grabenwand inmitten des gelbgrauen Lehms genau das kistenähnliche Profil eines vermoderten Holzbehälters verfolgen, in welchem die Leiche bestattet worden war. Freilich war nur noch ein kurzes Stück des Kopfendes und ein meterlanges Brett der linken (Nord-)Seite intakt.

Die schwarzen, wie verkohlten, und ausserordentlich morschen Lagen waren aber so deutlich wahrnehmbar, dass kein Zweifel an ihrer Herkunft und Bestimmung möglich ist. Der Versuch, ein handgrosses Stück der Seitenwand zu retten, misslang linder trotz aller Sorgfalt, da die schwarzen Fasern beim Herausnehmen bei mehreren Versuchen zerfielen. Solche Särge in ungefähr gleichaltrigen Gräbern in Vevey hat auch Dr. A. Näf beobachtet (Anzeiger für Schweiz. Altertumskunde 1898, Nr. 2, Seite 60/62). Wir haben es nach dem Typus der Funde auch hier mit Bestattungen aus der voll entwickelten mittleren La-Tène-Periode, zirka 2. vorchristliches Jahrhundert, zu tun; vermutlich birgt das Fundterrain noch weitere Gräber, deren Erschliessung allerdings spätem Gelegenheiten vorbehalten bleiben muss.

Der Bericht sei aber nicht geschlossen, ohne dass erwähnt werde, dass die Herren Bauer und Bleuler in Bern nicht nur dem Verfasser seine Nachforschungen in jeder Weise erleichterten, sondern auch den ganzen Fund dem bernischen historischen Museum schenkten." [193]

[193] Wiedmer-Stern J., Die neuesten Flachgräberfunde im bernischen Mittelland, S. 232ff (1905)

„Von Zollikofen gelangte der Inhalt von zwei Mittel-La Tène-Gräbern ins historische Museum in Bern. Sie enthielten einen blauen und zwei gelbe Glasringe, eine grosse gebuckelte Glasperle und zwei Bronzefibeln." [194]

[194] Jahresbericht der Schweizerischen Gesellschaft für Urgeschichte, Band 1, S.61 (1908)

Literaturverzeichnis

[1] Drack Walter, Ältere Eisenzeit der Schweiz, Kanton Bern, III. Teil, S. 5 und Tafel 4 (1960)

[2] Wiedmer-Stern Jakob, Archäologisches aus dem Oberaargau, im Archiv des Historischen Vereins des Kantons Bern, Band 1, Heft 2, S. 389ff (1903-1904)

[3] Drack Walter, Die Gürtelhacken und Gürtelbleche der Hallstattzeit aus dem schweizerischen Mittelland und Jura, im Jahrbuch der Schweizerischen Gesellschaft für Ur- und Frühgeschichte, Band 54, S. 26 und 48 (1968-69)

[4] Wiedmer-Stern Jakob, Archäologisches aus dem Oberaargau, im Archiv des Historischen Vereins des Kantons Bern, Band 1, Heft 2, S. 364ff (1903-1904)

[5] Drack Walter, Anhängeschmuck der Hallstattzeit aus dem schweizerischen Mittelland und Jura, im Jahrbuch der Schweizerischen Gesellschaft für Ur- und Frühgeschichte, Band 53, S. 33 und 54 (1966-67)

[6] Drack Walter, Zum bronzenen Ringschmuck der Hallstattzeit aus dem schweizerischen Mittelland und Jura, im Jahrbuch der Schweizerischen Gesellschaft für Ur- und Frühgeschichte, Band 55, S. 72 und 83 (1970)

[7] Jahrbuch der Schweizerischen Gesellschaft für Urgeschichte, Band 51, S. 103 (1964)

[8] Jahrbuch der Schweizerischen Gesellschaft für Urgeschichte, Band 1, S. 45ff (1908)

[9] Anzeiger für schweizerische Altertumskunde, herausgegeben vom Schweizerischen Landesmuseum; Band 10, Heft 1, S. 82ff (1908)

[10] Blätter für bernische Geschichte, Kunst und Altertumskunde; Band 5, Heft 1, S. 26ff (1909)

[11] Müller, Felix; Das keltische Schatzkästlein, BHM, Chronos Verlag, S. 22f (1999)

[12] Wiedmer-Stern J., Das Gürtelblech von Bäriswil, in: Blätter für bernische Geschichte, Kunst und Altertumskunde, Band 5, S. 26 (1909)

[13] Drack Walter, Die hallstattzeitlichen Bronzeblech-Armbänder aus der Schweiz, in: Jahrbuch der Schweizerischen Gesellschaft für Urgeschichte, Band 52, S. 9 und 33 (1965)

[14] Gutscher, Daniel; Suter, Peter J.; In: AKBE 3A, S. 67 (1994) Fundberichte und Aufsätze, Eisenzeit

[15] Drack Walter, Ältere Eisenzeit der Schweiz, Kanton Bern, III. Teil S. 7 (1960)

[16] Wiedmer-Stern Jakob, Archäologisches aus dem Oberaargau, im Archiv des Historischen Vereins des Kantons Bern, Band 1, Heft 2, S. 344ff (1903-1904)

[17] Wiedmer-Stern Jakob, Archäologisches aus dem Oberaargau, im Archiv des Historischen Vereins des Kantons Bern, Band 1, Heft 2, S. 349 (1903-1904)

[18] Wiedmer-Stern Jakob, Archäologisches aus dem Oberaargau, im Archiv des Historischen Vereins des Kantons Bern, Band 1, Heft 2, S. 346f (1903-1904)

[19] Wiedmer-Stern Jakob, Archäologisches aus dem Oberaargau, im Archiv des Historischen Vereins des Kantons Bern, Band 1, Heft 2, S. 347f (1903-1904)

[20] Drack Walter, Die hallstattzeitlichen Bronzeblech-Armbänder aus der Schweiz, in: Jahrbuch der Schweizerischen Gesellschaft für Urgeschichte, Band 52, S. 9 (1965)

[21] Wiedmer-Stern Jakob, Archäologisches aus dem Oberaargau, im Archiv des Historischen Vereins des Kantons Bern, Band 1, Heft 2, S. 349ff (1903-1904)

[22] Drack Walter, Zum bronzenen Ringschmuck der Hallstattzeit aus dem schweizerischen Mittelland und Jura, in: Jahrbuch der Schweizerischen Gesellschaft für Urgeschichte, Band 55, S. 50, 54, 71 und 76 (1970)

[23] Drack Walter, Waffen und Messer der Hallstattzeit aus dem schweizerischen Mittelland und Jura, in: Jahrbuch der Schweizerischen Gesellschaft für Ur- und Frühgeschichte, Band 57, S. 162 und 164 (1972-73)

[24] Wiedmer-Stern Jakob, Archäologisches aus dem Oberaargau, im Archiv des Historischen Vereins des Kantons Bern, Band 1, Heft 2, S. 355ff (1903-1904)

[25] Wiedmer-Stern Jakob, Archäologisches aus dem Oberaargau, im Archiv des Historischen Vereins des Kantons Bern, Band 1, Heft 2, S. 353 (1903-1904)

[26] Drack Walter, Waffen und Messer der Hallstattzeit aus dem schweizerischen Mittelland und Jura, in: Jahrbuch der Schweizerischen Gesellschaft für Ur- und Frühgeschichte, Band 57, S. 128f (1972-73)

[27] Wiedmer-Stern Jakob, Archäologisches aus dem Oberaargau, im Archiv des Historischen Vereins des Kantons Bern, Band 1, Heft 2, S. 353f (1903-1904)

[28] Drack Walter, Ältere Eisenzeit der Schweiz, Kanton Bern, III. Teil, S. 13f (1960)

[29] Jahrbuch der Schweizerischen Gesellschaft für Urgeschichte, Band 1, 45ff (1908)

[30] Schmalz Karl Ludwig, Heimatkundlicher Führer Bolligen, Verlag Stämpfli Bern, S. 66 (1985)

[31] Tschumi Otto, Urgeschichte des Kantons Bern, S. 209, Bern (1953)

[32] König F., Nussbaum F., Neue Beiträge zur Heimatkunde des Mooseetales (Teil17), in: „Pionier der schweizerischen permanenten Schulausstellung in Bern Band 48, S. 105 (1927)

[33] Drack Walter, Wagengräber und Wagenbestandteile aus Hallstattgrabhügeln der Schweiz, in: Zeitschrift für schweizerische Archäologie und Kunstgeschichte, 18, S. 21 und 59 (1958)

[34] Schmid Eugen, Vorgeschichtliches aus der Gegend von Diessbach b. Büren, in: Jahresbericht der Schweizerischen Gesellschaft für Urgeschichte, Band 2, S. 157 (1909)

[35] Dubler Anne-Marie, Dotzigen, in: Historisches Lexikon der Schweiz (HLS), Band 3, S. 788f, Schwabe Verlag Basel (2004) - URL: http://www.hls-dhs-dss.ch/textes/d/D229.php

[36] Drack Walter, Die hallstattzeitlichen Bronzeblech-Armbänder aus der Schweiz, in: Jahrbuch der Schweizerischen Gesellschaft für Urgeschichte Band 52, S. 9, 22 33 und 37 (1965)

[37] Jahn Albert, Der Kanton Bern, deutschen Theils: antiquarisch-topographisch beschrieben, (mit Aufzählung der helvetischen und römischen Alterthümer ... ; Ein Handbuch für Freunde der vaterländischen Vorzeit), Bern, S. 14ff (1850)

[38] Drack Walther, Zum bronzenen Ringschmuck der Hallstattzeit aus dem schweizerischen Mittelland und Jura, in: Jahrbuch der Schweizerischen Gesellschaft für Ur- und Frühgeschichte, Band 55, S. 42 und 69 (1970)

[39] Wiedmer-Stern J., Archäologisches aus dem Oberaargau, in: Archiv des Historischen Vereins des Kantons Bern, Band 17, Heft 2, S. 463f (1903/1904)

[40] Drack Walter, Ältere Eisenzeit der Schweiz, Kanton Bern, III. Teil, S. 17f (1960)

[41] J. Keiser, Antiquarische Notizen aus der Umgegend von Burgdorf, in: Jahresbericht des Gymnasiums Burgdorf pro 1877/78, S. 13 Burgdorf (1879)

[42] Drack Walter, Wagengräber und Wagenbestandteile aus Hallstattgrabhügeln der Schweiz, S. 56ff (1958)

[43] Anne-Marie Dubler, Grafenried, in: Historisches Lexikon der Schweiz, Band 5, S. 586f (2006)

[44] Jahn A., Historisch-antiquarische Abhandlung über die Grabhügel bei Langenthal und Bannwyl, ein Beitrag zur Kunde der heidnischen Grab-Alterthümer des Kantons Bern, In: Abhandlungen des Historischen Vereins des Kantons Bern, 1, S. 191 und 221 (1848)

[45] de Bonstetten G., Recueil d'antiquités suisses, S. 34 und Tafel XI, Bern, Paris, Leipzig (1855)

[46] Walter Drack, Die Gürtelhaken und Gürtelbleche der Hallstattzeit Jahrbuch der Schweizerischen Gesellschaft für Ur- und Frühgeschichte 54, S. 47 (1968-1969)

[47] Jahresbericht der Schweizerischen Gesellschaft für Urgeschichte, Band 11, S. 46 (1918)

[48] Tschumi Otto, Urgeschichte des Kantons Bern, S. 229ff, Verlag Hans Huber, Bern (1953)

[49] Jahresbuch der Schweizerischen Gesellschaft für Urgeschichte, Band 51, S. 103 (1964)

[50] Schmid Eugen, Vorgeschichtliches aus der Gegend von Diessbach bei Büren (Kt. Bern), in: Jahresbericht der Schweizerischen Gesellschaft für Urgeschichte, Band 2, S. 160 (1909)

[51] Jahrbuch der Schweizerischen Gesellschaft für Urgeschichte, Band 40, S. 239 (1949-1950)

[52] Jahrbuch der Schweizerischen Gesellschaft für Urgeschichte, Band 41, S. 91 (1951)

[53] Drack Walter, Zum bronzenen Ringschmuck der Hallstattzeit aus dem schweizerischen Mittelland und Jura, in „Jahrbuch der Schweizerischen Gesellschaft für Ur- und Frühgeschichte" Band 55, S. 54 und 76 (1970)

[54] Drack Walter, Zum bronzenen Ringschmuck der Hallstattzeit aus dem schweizerischen Mittelland und Jura, in „Jahrbuch der Schweizerischen Gesellschaft für Ur- und Frühgeschichte" Band 55, S. 25, 39 und 71 (1970)

[55] Drack Walter, Die hallstattzeitlichen Bronzeblech-Armbänder aus der Schweiz, in: Jahrbuch der Schweizerischen Gesellschaft für Urgeschichte, Band 52, S. 9 und 33 (1965)

[56] Schmid Eugen, Vorgeschichtliches aus der Gegend von Diessbach bei Büren (Kt. Bern), in: Jahresbericht der Schweizerischen Gesellschaft für Urgeschichte, Band 2, S. 161 (1909)

[57] Tschumi Otto, Urgeschichte des Kantons Bern, S. 229, Verlag Hans Huber (1953)

[58] Jahresbuch der Schweizerischen Gesellschaft für Urgeschichte, Band 51, S. 103 (1964)

[59] „Der Bund", 28. Juni 1903

[60] Anzeiger für schweizerische Altertumskunde, Band 5, S. 224f (1903-1904)

[61] Müller, Felix, Das keltische Schatzkästlein (Glanzlichter aus dem Bernischen Historischen Museum 1), 64 S., Chronos Verlag Zürich (1999)

[62] Jahresbericht der Schweizerischen Gesellschaft für Urgeschichte Band 22, S. 51 (1930)

[63] Drack Walter, Ältere Eisenzeit der Schweiz, Kanton Bern, I. Teil S. 5 (1958)

[64] Drack Walter, Wagengräber und Wagenbestandteile aus Hallstattgrabhügeln der Schweiz, in: Zeitschrift für schweizerische Archäologie und Kunstgeschichte, 18, S. 60 (1958)

[65] Drack Walter, Die Gürtelhacken und Gürtelbleche der Hallstattzeit aus dem schweizerischen Mittelland und Jura, in: Jahrbuch der Schweizerischen Gesellschaft für Ur- und Frühgeschichte, Band 54, S. 25 und 47f (1968-1969)

[66] Drack Walter, Zum bronzenen Ringschmuck der Hallstattzeit aus dem schweizerischen Mittelland und Jura, in: Jahrbuch der Schweizerischen Gesellschaft für Ur- und Frühgeschichte, Band 55, S. 66 und 82 (1970)

[67] Drack Walter, Waffen und Messer der Hallstattzeit aus dem schweizerischen Mittelland und Jura, in: Jahrbuch der Schweizerischen Gesellschaft für Ur- und Frühgeschichte, Band 57, S. 164ff (1972 und 1973)

[68] Drack Walter, Die Metallgefäße der Hallstattzeit aus dem schweizerischen Mittelland und Jura, in: Jahrbuch der Schweizerischen Gesellschaft für Ur- und Frühgeschichte, Band 60, S. 106ff und 117 (1977)

[69] Wiedmer-Stern J., Archäologisches aus dem Oberaargau, in: Archiv des Historischen Vereins des Kantons Bern, Band 17, Heft 2, S. 453 (1903/1904)

[70] Wiedmer-Stern J., Archäologisches aus dem Oberaargau, in: Archiv des Historischen Vereins des Kantons Bern, Band 17, Heft 2, S. 455f (1903/1904)

[71] Wiedmer-Stern J., Archäologisches aus dem Oberaargau, in: Archiv des Historischen Vereins des Kantons Bern, Band 17, Heft 2, S. 456 (1903/1904)

[72] de Bonstetten G., Recueil d'antiquités suisses, S. 31ff und Tafeln VII, IX und X, Bern (1855)

[73] Viollier D., Un groupe de tumuli hallstattiens à propos des plaques ajourées avec cercles concentriques mobiles, in: Anzeiger für schweizerische Altertumskunde, Band 12, S. 258 (1910)

[74] Jahrbuch der Schweizerischen Gesellschaft für Urgeschichte, Band 1, 45ff (1908)

[75] Anzeiger für schweizerische Altertumskunde: Neue Folge, Band 10 S. 267f (1908)

[76] Drack Walter, Wagengräber und Wagenbestandteile aus Hallstattgrabhügeln der Schweiz, in: Zeitschrift für schweizerische Archäologie und Kunstgeschichte, 18, S. 60ff (1958)

[77] Drack Walter, Zum bronzenen Ringschmuck der Hallstattzeit aus dem schweizerischen Mittelland und Jura, in: Jahrbuch der Schweizerischen Gesellschaft für Ur- und Frühgeschichte, Band 55, S. 74 (1970)

[78] Felix Müller, Ins, in: Historisches Lexikon der Schweiz (HLS), Band 6, S. 645 (2007).
URL: http://www.hls-dhs-dss.ch/textes/d/D285.php

[79] Jahrbuch der Schweizerischen Gesellschaft für Urgeschichte, Band 1, 45ff (1908)

[80] Jahrbuch der Schweizerischen Gesellschaft für Urgeschichte Band 30, S. 91 (1938)

[81] Jahrbuch der Schweizerischen Gesellschaft für Urgeschichte, Band 49, S. 50 (1962)

[82] Drack Walter, Wagengräber und Wagenbestandteile aus Hallstattgrabhügeln der Schweiz, in: Zeitschrift für schweizerische Archäologie und Kunstgeschichte, 18, S. 62 (1958)

[83] Jahresbericht der Schweizerischen Gesellschaft für Urgeschichte, Band 3, S. 83f (1910)

[84] Tatarinoff, E., Prähistorisch-archäologische Statistik des Kantons Solothurn, 6. Folge, im: Jahrbuch für solothurnische Geschichte, Band 6, Seite 210 (1933)

[85] Drack Walter, Ältere Eisenzeit der Schweiz, Kanton Bern, II.Teil, S. 25f (1959)

[86] von Fellenberg Edmund, Die Grabhügel im Oberholz bei Kallnach, Anzeiger für schweizerische Altertumskunde, Band 3, Heft 2 S. 910ff (1876-1879)

[87] Jahrbuch der Schweizerischen Gesellschaft für Urgeschichte, Band 49, 50 (1962)

[88] Aeberhard Sandra, An der Zukunft gebaut - auf die Vergangenheit gestossen, in: VIA, das Magazin der Bahn, 16ff, 1/1998

[89] Fundbericht 1997 des ADB, in: JbSGUF 81, S. 256-324 (1998)

[90] Ramstein, Marianne und Suter, Peter J., Bahn 2000: die Nekropolen von Kernenried und Langenthal, in: AS 24, 3, S. 15-21 (2001)

[91] Jahrbuch der Schweizerischen Gesellschaft für Ur- und Frühgeschichte, Band 81, S. 281 (1998)

[92] König F., Nussbaum F., Neue Beiträge zur Heimatkunde des Moosseetales (Teil 17), in: „Pionier", Organ der schweiz. permanenten Schulausstellung in Bern, Band 48, S. 107 (1927)

[93] Tschumi Otto, Urgeschichte des Kantons Bern, S. 258, Bern (1953)

[94] Mitteilungen der Naturforschenden Gesellschaft in Bern. Neue Folge, 13, S. 29 (1956)

[95] Tschumi Otto, Urgeschichte des Kantons Bern, S. 258, Bern (1953)

[96] Wiedmer-Stern J., Archäologisches aus dem Oberaargau, in: Archiv des Historischen Vereins des Kantons Bern, Band 17, Heft 2, S. 460f (1903/1904)

[97] Stadt Langenthal Online: Geschichte
(http://www.langenthal.ch/de/portrait/geschichte/welcome.php?action=showinfo&info_id=5245)

[98] Drack Walter, Die hallstattzeitlichen Bronzeblech-Armbänder aus der Schweiz, im: Jahrbuch der Schweizerischen Gesellschaft für Urgeschichte, Band 52, S.28 und 38 (1965)

[99] Wiedmer-Stern J., Archäologisches aus dem Oberaargau, in: Archiv des Historischen Vereins des Kantons Bern, Band 17, Heft 2, S. 406ff (1903/1904)

[100] de Bonstetten G., Recueil d'antiquités suisses, S. 32 und Tafel IX Bern (1855)

[101] Jahrbuch der Schweizerischen Gesellschaft für Urgeschichte Band 43, S. 79f (1953)

[102] Drack Walter, Ältere Eisenzeit der Schweiz, Kanton BE , III. Teil, S. 18ff (1960)

[103] http://www.erz.be.ch/erz/de/index/kultur/archaeologie/fundstellen/oberaargau/langenthal_unterhard.html

[104] http://www.langenthal.ch/de/portrait/geschichte/welcome.php?action=showinfo&info_id=5245

[105] Tschumi Otto, Urgeschichte des Kantons Bern, S. 270 (1953)

[106] Tschumi Otto, Urgeschichte des Kantons Bern, S. 273 (1953)

[107] Gutscher Daniel, Suter Peter J. et al., Archäologie im Kanton Bern, Band 4A, S. 60f (1999)

[108] Schmid Eugen, Vorgeschichtliches aus der Gegend von Diessbach bei Büren (Kt. Bern), in: Jahresbericht der Schweizerischen Gesellschaft für Urgeschichte, Band 2, S. 164 (1909)

[109] Jahrbuch der Schweizerischen Gesellschaft für Urgeschichte Band 43, S. 80 (1953)

[110] Jahresbericht der Schweizerischen Gesellschaft für Urgeschichte, Band 4, S. 116ff (1911)

[111] Burgdorfer Tagblatt, 6. Januar 1912

[112] Jahresbericht der Schweizerischen Gesellschaft für Urgeschichte, Band 7, S. 64 (1914)

[113] Jahresbericht der Schweizerischen Gesellschaft für Urgeschichte, Band 5, S. 135f (1912)

[114] Jahresbericht der Schweizerischen Gesellschaft für Urgeschichte, Band 7, S. 65 (1914)

[115] Drack, Walter; Die Hallstattzeitlichen Bronzeblech-Armbänder aus der Schweiz, in: Jahrbuch der Schweizerischen Gesellschaft für Urgeschichte, Band 52, S. 27ff, 32, 39 (1965)

[116] Drack, Walter; Anhängeschmuck der Hallstattzeit aus dem schweizerischen Mittelland und Jura, in: Jahrbuch der Schw. Gesellschaft für Urgeschichte, Band 53, S. 34, 41 (1966-1967)

[117] Drack, Walter; Die Gürtelhaken und Gürtelbleche der Hallstattzeit aus dem schweizerischen Mittelland und Jura, in: Jahrbuch der Schweizerischen Gesellschaft für Urgeschichte, Band 55, S. 4, 16, 36f (1968-1969)

[118] Drack, Walter; Zum bronzenen Ringschmuck der Hallstattzeit aus dem schweizerischen Mittelland und Jura, in: Jahrbuch der Schweizerischen Gesellschaft für Urgeschichte, Band 55, S. 33, 38 und 67 (1970)

[119] Drack Walter, Ältere Eisenzeit der Schweiz, Kanton BE, II. Teil, S. 12 und Tafel 7 (1959)

[120] Jahn A.: Etruskische Alterthümer gefunden in der Schweiz : die Ausgrabungen zu Grächwyl im Kanton Bern, in: Mitteilungen der Antiquarischen Gesellschaft in Zürich, Band 7, S. 109ff (1853)

[121] Jahresbuch der Schweizerischen Gesellschaft für Urgeschichte, Band 51, S. 103 (1964)

[122] Drack Walter, Wagengräber und Wagenbestandteile aus Hallstattgrabhügeln der Schweiz, in: Zeitschrift für schweizerische Archäologie und Kunstgeschichte, Band 18, S. 21 und 59f (1958)

[123] Jahresbericht der Schweizerischen Gesellschaft für Urgeschichte, Band: 3, S. 86 (1910)

[124] Jahresbericht der Schweizerischen Gesellschaft für Urgeschichte, 5, S. 151ff (1912)

[125] Jahrbuch der Schweizerischen Gesellschaft für Urgeschichte, Band 1, 45ff (1908)

[126] von Fellenberg, E. und Jahn A. in: Die Grabhügel bei Allenlüften, Mitteilungen der Antiquarischen Gesellschaft in Zürich, 17, S. 1ff (1870)

[127] König Franz, Nussbaum F., Neue Beiträge zur Heimatkunde des Moosseetales (Teil 17), in „Pionier der schweizerischen permanenten Schulausstellung in Bern, Band 48, S. 104f (1927)

[128] Fundbericht 2008 des Archäologischen Dienstes des Kantons Bern, S. 40

[129] Drack, W., Zum bronzenen Ringschmuck der Hallstattzeit aus dem schweizerischen Mittelland und Jura, in: Jahrbuch der Schweizerischen Gesellschaft für Ur- und Frühgeschichte Band 55, S. 64 und 81 (1970)

[130] Jahresbericht der Schweizerischen Gesellschaft für Urgeschichte, Band 21, S. 75 (1929)

[131] Villars, Lucien. In: Rubli, Markus F. (Red.) , „Muri bei Bern. Eine Gemeinde – zwei Dörfer", Einwohnergemeinde Muri bei Bern, S. 132ff (1993)

[132] Drack Walter, Wagengräber und Wagenbestandteile aus Hallstattgrabhügeln der Schweiz, S. 62 (1958)

[133] Tschumi O., Bern in ur- und frühgeschichtlicher Zeit, in: Berner Zeitschrift für Geschichte und Heimatkunde, Band 3, S. 205 (1941)

[134] Jahrbuch der Schweizerischen Gesellschaft für Urgeschichte, Band 1, 45ff (1908)

[135] Jahresbericht der Schweizerischen Gesellschaft für Urgeschichte, Band 1 S. 39ff (1908)

[136] Tschumi Otto, Urgeschichte des Kantons Bern, S. 305 (1953)

[137] Mitteilungen der Antiquarischen Gesellschaft in Zürich, Band 17, S. 10 (1870)

[138] Suter, Peter J. und Bacher, René. In: AKBE 3A, S. 9-74 (1994)

[139] Wiedmer-Stern J., Archäologisches aus dem Oberaargau, in: Archiv des Historischen Vereins des Kantons Bern, Band 17, Heft 2, S. 343f (1903/1904)

[140] Wiedmer-Stern J., Archäologisches aus dem Oberaargau, in: Archiv des Historischen Vereins des Kantons Bern, Band 17, Heft 2, S. 454 (1903/1904)

[141] Drack Walter, Ältere Eisenzeit der Schweiz, Kanton Bern, I. Teil, S. 28 (1958)

[142] Drack Walter, Die Gürtelhacken und Gürtelbleche der Hallstattzeit aus dem schweizerischen Mittelland und Jura, in: Jahrbuch der Schweizerischen Gesellschaft für Ur- und Frühgeschichte S. 48 und Tafel 9, Band 54, (1968-1969)

[143] Jahresbericht der Schweizerischen Gesellschaft für Urgeschichte, S. 51 (1908)

[144] Tschumi Otto, Urgeschichte des Kantons Bern, S. 330 (1953)

[145] Anzeiger für Schweizer. Altertumskunde 1908, N. F. IX, S. 186

[146] Jahresbericht der Schweizerischen Gesellschaft für Urgeschichte, S. 82 (1909)

[147] Jahresbericht der Schweizerischen Gesellschaft für Urgeschichte, 24, S. 99 (1932)

[148] Bühler A., Die Ruinen auf dem Klosterhubel beim Bartholomähof im Büttenberg, in: Anzeiger für schweizerische Altertumskunde, Band 19, S. 18 (1917)

[149] Uhlmann Johann, Goldener Armring von Schalunen, untenher Fraubrunnen, Kant. Bern, im Archiv des Historischen Vereins des Kantons Bern, Band 6, S. 296f (1867)

[150] ADB, Fundbericht 2007, S. 38

[151] Wiedmer-Stern J., Archäologisches aus dem Oberaargau, in: Archiv des Historischen Vereins des Kantons Bern, Band 17, Heft 2, S. 459 (1903/1904)

[152] Drack Walter, Ältere Eisenzeit der Schweiz, Kanton Bern, II. Teil, S. 8 und Taf. 7 und F (1959)

[153] Walter Drack, Anhängeschmuck der Hallstattzeit aus dem schweizerischen Mittelland und Jura, im: Jahrbuch der Schweizerischen Gesellschaft für Ur- und Frühgeschichte, Band 53, S. 38f (1966-1967)

[154] Walter Drack, Anhängeschmuck der Hallstattzeit aus dem schweizerischen Mittelland und Jura, im: Jahrbuch der Schweizerischen Gesellschaft für Ur- und Frühgeschichte, Band 53, S. 56 (1966-1967)

[155] Walter Drack, Anhängeschmuck der Hallstattzeit aus dem schweizerischen Mittelland und Jura, im: Jahrbuch der Schweizerischen Gesellschaft für Ur- und Frühgeschichte, Band 53, Tafel 14 (1966-1967)

[156] Tschumi Otto, Jahrb. bern. Hist. Mus., 41 (1936)

[157] Jahrbuch der Schweizerischen Gesellschaft für Urgeschichte, 32, S. 108 (1940)

[158] Jahrbuch der Schweizerischen Gesellschaft für Urgeschichte 33, S. 69 (1942)

[159] Rey, Toni. In: JbSGUF 82, Das latènezeitliche Gräberfeld von Stettlen-Deisswil BE S. 117-148 (1999)

[160] Müller Peter, in: Geschichte der Gemeinde Vechigen, S. 117ff (1995)

[161] F. Müller, Latènezeitliche Grabkeramik aus dem Berner Aaretal, S.52 u. 62 Jahrbuch der Schweizerischen Gesellschaft für Ur- und Frühgeschichte 79 (1996)

[162] Walter Drack, Waffen und Messer der Hallstattzeit, im: Jahrbuch der Schweizerischen Gesellschaft für Ur- und Frühgeschichte Band 57, S. 165f (1972-1973)

[163] Wiedmer-Stern J., Archäologisches aus dem Oberaargau, in: Archiv des Historischen Vereins des Kantons Bern, Band 17, Heft 2, S. 423ff (1903/1904)

[164] Wiedmer-Stern J., Archäologisches aus dem Oberaargau, in: Archiv des Historischen Vereins des Kantons Bern, Band 17, Heft 2, S. 436 (1903/1904)

[165] Drack Walter, Ältere Eisenzeit der Schweiz, Kanton Bern, III. Teil, S. 26f (1960)

[166] Walter Drack, Zum bronzenen Ringschmuck der Hallstattzeit aus dem schweizerischen Mittelland und Jura, im: Jahrbuch der Schweizerischen Gesellschaft für Ur- und Frühgeschichte, Band 55, S. 66 (1970)

[167] Wiedmer-Stern J., Archäologisches aus dem Oberaargau, in: Archiv des Historischen Vereins des Kantons Bern, Band 17, Heft 2, S. 427ff (1903/1904)

[168] Drack Walter, Ältere Eisenzeit der Schweiz, Kanton Bern, II. Teil, S. 27 (1959)

[169] Jahrbuch der Schweizerischen Gesellschaft für Urgeschichte, Band 1, 45ff (1908)

[170] F. König, Die Siedelungen im Moosseegebiet seit der Urzeit, in: Mitteilungen der Bernischen Naturforschenden Gesellschaft S. 183f (1926)

[171] König Franz, Nussbaum F., Neue Beiträge zur Heimatkunde des Moosseetales (Teil 16), in „Pionier der schweizerischen permanenten Schulausstellung in Bern, Band 48, S. 89 (1927)

[172] König Franz, Nussbaum F., Neue Beiträge zur Heimatkunde des Moosseetales (Teil 17), in „Pionier der schweizerischen permanenten Schulausstellung in Bern, Band 48, S. 99f (1927)

[173] König Franz, Nussbaum F., Neue Beiträge zur Heimatkunde des Moosseetales (Teil 17), in „Pionier der schweizerischen permanenten Schulausstellung in Bern, Band 48, S. 109f (1927)

[174] Grütter Hans, in: Hennig Hilke, Zwei hallstattzeitliche Grabhügel aus dem Berner Mittelland, S. 6 (1992)

[175] Müller Peter, in: Geschichte der Gemeinde Vechigen, S. 117ff (1995)

[176] F. Müller, Latènezeitliche Grabkeramik aus dem Berner Aaretal, S.52 und 62
Jahrbuch der Schweizerischen Gesellschaft für Ur- und Frühgeschichte 79 (1996)

[177] Wiedmer-Stern J., Archäologisches aus dem Oberaargau, in: Archiv des Historischen Vereins des Kantons Bern, Band 17, Heft 2, S. 335 (1903/1904)

[178] Wiedmer-Stern J., Archäologisches aus dem Oberaargau, in: Archiv des Historischen Vereins des Kantons Bern, Band 17, Heft 2, S. 334 (1903/1904)

[179] Suter, Peter J. und Ramstein, Marianne; Archäologie im Kanton Bern/Band 6. Fundberichte und Aufsätze, Archäologischer Dienst des Kantons Bern (AKBE 6A und 6B; Schriftenreihe der Erziehungsdirektion des Kantons Bern), S. 166 (2005)

[180] de Bonstetten G., Recueil d'antiquités suisses, S. 29ff und Tafeln VI und IX, Bern (1855)

[181] Viollier, D., Un groupe de tumuli hallstattiens à propos des plaques ajourées avec cercles concentriques mobiles, in: Anzeiger für schweizerische Altertumskunde, Band 12, Heft 4 S. 258 (1910)

[182] Drack Walter, Ältere Eisenzeit der Schweiz, Kanton Bern, III. Teil, S.28f (1960)

[183] Drack Walter, Die Metallgefäße der Hallstattzeit aus dem schweizerischen Mittelland und Jura, im: Jahrbuch der Schweizerischen Gesellschaft für Ur- und Frühgeschichte, Band 60, S. 111 und 118 (1977)

[184] Wiedmer-Stern J., Ein neuer Gräberfund in Richigen b. Worb. in: Blätter für bernische Geschichte, Kunst und Altertumskunde, Heft 1, S. 10ff (1906)

[185] Wiedmer-Stern J., Ein neuer Gräberfund in Richigen b. Worb. in: Blätter für bernische Geschichte, Kunst und Altertumskunde, Heft 3, S. 165ff (1907)

[186] Jahresbericht der Schweizerischen Gesellschaft für Urgeschichte, Band 12, S.90 (1919-1920)

[187] Jahresbericht der Schweizerischen Gesellschaft für Urgeschichte, Band 24, S. 55 (1932)

[188] Jahrbuch der Schweizerischen Gesellschaft für Urgeschichte, Band 32, S. 170f (1940-1941)

[189] von Fellenberg E., Kleinere Nachrichten, in: Anzeiger für schweizerische Altertumskunde, Band 5, S. 135 (1885)

[190] Wiedmer-Stern J., Archäologisches aus dem Oberaargau, in: Archiv des Historischen Vereins des Kantons Bern, Band 17, S. 402 (1904)

[191] Gutscher Daniel, Suter Peter J. et al., Archäologie im Kanton Bern, Band 4A, S. 62 (1999)

[192] Drack Walter, Ältere Eisenzeit der Schweiz, Kanton Bern, III. Teil, S.15 (1960)

[193] Wiedmer-Stern J., Die neuesten Flachgräberfunde im bernischen Mittelland, S. 232ff (1905)

[194] Jahresbericht der Schweizerischen Gesellschaft für Urgeschichte, Band 1, S.61 (1908)